本书由上海财经大学出版基金资助出版

房地产市场研究

姚玲珍　编著

中国建筑工业出版社

图书在版编目（CIP）数据

房地产市场研究/姚玲珍编著. —北京：中国建筑工业
出版社，2008
ISBN 978 – 7 – 112 – 10394 – 2

Ⅰ. 房… Ⅱ. 姚… Ⅲ. 房地产 – 市场 – 研究 – 中国
Ⅳ. F299.233.5

中国版本图书馆 CIP 数据核字（2008）第 149007 号

本书由上海财经大学出版基金资助出版

房地产市场研究

姚玲珍　编著

*

中国建筑工业出版社出版 、发行(北京西郊百万庄)
各地新华书店、建筑书店经销
北京华艺制版公司制版
北京市彩桥印刷有限责任公司印刷

*

开本：787×960 毫米　1/16　印张：14¾　字数：300 千字
2008 年 11 月第一版　　2009 年 10 月第二次印刷
定价：**32.00** 元
ISBN 978-7-112-10394-2
（17318）

本书由基础篇、交易机制、价格机制篇、竞争机制篇以及调控机制篇组成，具体包括十章、8个专题。

基础篇主要界定基本概念和阐述相关理论。即在界定房地产、房地产市场的涵义和简要介绍中国房地产市场的发展历程之后，阐述了房地产市场的价格理论和周期理论。

交易机制篇主要分析房地产市场交易的形式和市场收益的分配。房地产市场交易的形式包括土地征用与转让、房屋买卖与租赁以及互换、抵押和典当等。交易价格不能完全反映房地产市场收益在相关主体间的分配，世界各国对这种收益分配的外部性一般根据庇古税或内部化理论采取相应对策进行治理。

价格机制篇主要分析房地产市场的供求以及价格的形成和传导机制。房地产市场的需求和供应既有一般商品市场的普遍性，又有其特殊性；同时，房地产市场的供求总量和结构都存在非均衡性。房地产市场价格的形成机制具体表现为供求价格机制和生产价格机制，但土地与住宅的价格形成又不完全一样。房地产市场价格的传导机制主要表现为房价与地价的相互推动和相互制约。

竞争机制篇主要分析房地产市场竞争结构和竞争战略。房地产市场竞争的不充分性可以用勒纳指数和贝恩指数度量，竞争的不充分将会影响开发商的定价和定产行为；用开发商集中度和房地产地区集中度可以衡量房地产业的集中度。房地产市场竞争战略包括总成本领先竞争战略、标歧立异竞争战略和目标集聚竞争战略。

调控机制篇主要研究房地产市场的调控手段和中国房地产市场调控模式的选择。房地产市场宏观调控的经济、行政和法律手段在不同国家具体应用时又有所区别，中国在调控房地产市场时需要根据调控目标进行合理组合。

在交易机制篇、价格机制篇、竞争机制篇和调控机制篇，本书结合各章主题，共有8个专题进行深入探讨。

＊　＊　＊

责任编辑：牛　松　王　跃
责任设计：赵明霞
责任校对：刘　钰　陈晶晶

前　言

在中国房地产市场快速发展的今天，需要从理论上对市场运行的交易机制、价格机制和竞争机制进行探讨，也需要对宏观调控机制在国际比较的基础上进行冷静思考。同时，房地产市场既遵循市场运行的一般规律，又有其自身的特点；房地产市场与国民经济又是相互促进、相互制约的关系，房地产市场的运行态势还受预期等心理因素的影响。这些都决定了房地产市场研究的广度和难度。在最近几年的教学研究中，这种感受越来越深。在为研究生开设六学期这方面的课程后，在上海财经大学出版基金的资助下，也在中国建筑工业出版社的大力帮助下，系统地对房地产市场进行研究的愿望终于得以实现。

本书包括基础篇、交易机制篇、价格机制篇、竞争机制篇以及调控机制篇。其中，交易机制着眼于市场交易形式及由交易产生的收益分配问题；价格机制从决定价格的供求关系分析着手，探讨了房地产市场价格的形成机制和传导机制；竞争机制主要运用现代产业组织结构理论对中国房地产市场的竞争程度、房地产企业的竞争手段进行阐述；调控机制主要从房地产市场宏观调控机制的国际比较入手，评价中国房地产市场宏观调控的阶段特点与成效，并对中国房地产市场宏观调控的改进取向进行探讨。

本书既可为房地产经济理论研究人员以及政府管理部门、房地产企业等相关人士的研究提供理论指导，也可作为高等院校房地产经济、投资经济等专业研究生的教材和教学参考用书。

在本书写作过程中，刘旦、张小勇、王秀宁、刘小华、邱慧君、朱晗等在资料收集和文稿校对方面做了许多工作，并参加了部分章节初稿的撰写。具体分工为：刘旦，专题5-1、9-1；张小勇，专题3-1、4-1；王秀宁，专题8-1；刘小华，第九章；邱慧君、范钰敏，专题6-1、7-1。此外，本书在编写过程中也参考了大量文献。在此，我们对所有文献的作者表示衷心的感谢。

鉴于房地产市场研究的广度和深度，对这一领域的理论研究还不是很成熟；同时，也由于本人水平有限，书中肯定还存在许多不足之处，欢迎各位同行和专家指正。

姚玲珍

2008 年 8 月 10 日于上海

目　录

基　础　篇

交易机制篇

价格机制篇

基 础 篇

第一章 概 述

第一节 房地产的涵义与特征

一、房地产的概念

房地产市场的客体是房地产，因此首先必须了解房地产的概念、特征等有关内容。

房地产，是房屋建筑与建筑地块有机组成的整体，在本质上包括土地和建筑物两大部分，既是最基本的生产资料，又是最基本的生活资料。由于房地产在物质形态上总是表现为房依地建、地为房载、房地不可分离以及难以移动等特征，所以在国外通常把房地产称为不动产，即 Real Estate 或 Real Property。

在理解房地产的概念时，必须把握房地产概念表述的多样性与本质的同一性。

对于房地产概念的表述，主要有以下几种：

（1）房地产是指土地、土地上的永久性建筑物、基础设施以及诸如水、矿藏、森林等自然资源。还包括与土地所有权有关的所有权利和利益、与分析房地产有关的知识，以及经营房地产买卖的商业界。

（2）房地产是指土地、土地上的永久性建筑物和由它们衍生的各种物权，如典权、地上权、抵押权、地役权以及租赁权等。

（3）房地产是指土地、建筑物及其地上定着物，如水、电、暖气、卫生、通信以及电梯等设备。

（4）房地产是指土地及其附着物。土地的附着物是指与土地连在一起并在不可分离的状态下使用的房屋、桥梁以及电梯等设备。

（5）房地产是土地和土地上的建筑物、定着物及其衍生的权利与义务的总和。

从本质上看，房地产只包括土地与建筑物两大部分。因为其他地上定着物，或者固定在土地或建筑物上，并与土地或建筑物不能分离，或者虽然可以分离，但是分离不经济，或者分离后要么破坏土地和建筑物的完整性、降低其使用价值或功能，要么使土地、建筑物的价值明显受到损害。因此，可以把这种其他地上定着物看成是土地或建筑物的构成部分。而由土地或建筑物衍生的各种物权，也可包含在土地或建筑物之中。

在从市场角度理解房地产的概念时必须注意，首先，房地产尽管是物质实体和权益的结合，但房地产经济活动主要表现为各种权益的运动过程。房地产购买和消费的实质是其产权的流转和利用。同时，即使是同一物质实体的房地产，由于附着的权益不同，它的目标顾客以及价格表现都将有所差异，房地产权利人的合法权益、责任和义务也会有所不同。其次，人们购买房地产产品的最终目的不是为了取得房地产产权，而是为了获得由房地产产品所提供的效用。但房地产产品效用的提供又必须通过房地产产品的质量（如地段、建筑材料、房屋设备以及建筑技术等）、特征、式样、品牌、物业管理以及其他服务等有效地实现。因此，房地产市场研究必须以消费者的需求为出发点，以房地产产品效用的发挥为核心来正确理解房地产产品的概念。

二、房地产的存在形态

房依地建、地为房载、房地不可分离，但并不是说只有房与地结合在一起才成为房地产。房地产的存在形态有三种。

（一）单纯的土地

城市中的空地就是房地产的存在形态之一。土地是指地球表面的陆地及其地上、地下一定范围内的空间，其范围可以从纵横两个方面加以规定。从横的方面看，土地是连绵无限的，但可以人为地确定其范围，因而土地实质上是由一定范围的面积所构成的使用单位；从纵的方面看，包括地面、地面以上扩展到一定高度以及地面以下延伸到地心的空间。《牛津法律大辞典》规定：一般地，土地的所有权包括土地的上空和地表以下一直到地球中心的土地。《法国民法典》第552条规定：土地包括地表及地上、地下的空间。《日本民法典》第270条也规定：土地包括地表及地表之上于法令限制的一定空间。❶ 这些法令意味着土地属谁所有，土地的上空及地下也属谁所有。但是在现实生活中，由于土地的使用、分配必然要影响社会公共利益，因此受多方面的制约，诸如政府对建筑容积率、建筑高度以及土地用途的限制，土地所有权或使用权与地下资源所有权的分离等等。

在房地产市场中，需要考虑的土地因素包括土地的坐落位置、周围设施、利用现状、土地权利、规划要求以及"生熟"程度等。其中，土地权利包括土地使用权的出让年限以及抵押权、典权等物权的设定情况。规划要求主要包括土地用

---

❶ 黄河.《房地产法》，中国政法大学出版社，1999年，第1～2页。

2

途、建筑容积率、建筑密度、建筑限高、地面标高、绿地率等指标。这些因素都会影响房地产的效用发挥，进而影响房地产的收益和价格。

（二）单纯的建筑物

建筑物是指直接供人们在其内部进行生产、生活和其他活动的场所，由人工建造而成，并由建筑材料、建筑构配件及有关设备（如给排水、卫生、燃气、照明、空调、电梯、通信、防灾等设备）组成的整体物。建筑物的主要类别是房屋。所谓房屋，是指能遮风避雨并供人居住、生产、储藏物品或进行其他活动的工程建筑，一般由基础、墙、门、窗、柱、屋顶等主要部件组成。与建筑物密切相关的是构筑物，即桥梁、水井、隧道、烟囱、水塔、道路等除房屋建筑物以外的工程建筑，人们一般不直接在内进行生产和生活活动。

在房地产市场研究中要考虑的建筑物因素主要有：建筑物的目标市场定位，竞争者提供的替代产品状况，由建筑物的坐落位置、面积、结构、层数、高度、用途、装修情况、平面布局、楼层、朝向、建成年限、新旧程度、权利状况及附属设备状况等所确定的房屋建筑物的特征等。这些因素有时又是相互作用的。

（三）房地合一，即房地产

土地与建筑物合为一体时，是房地产的完整实物形态。如前所述，房地产在物质形态上总是表现为房依地建、地为房载、房地不可分离，但在理论上可以对建筑物和土地分开讨论，在实践中也可以将土地作为单独的市场客体。

三、房地产的特征

与一般商品相比，房地产具有以下主要特征：

（一）固定性

建筑物是建造在一定区域的土地之上、并与土地密不可分的，而土地的存在又表现为一定的区域空间。这一特征，决定了房地产的开发和使用是以一定的地域空间为前提的，一旦房地产开发建设完毕，就无法改变其地理区位和坐落位置。

房地产的这种固定性，使区位环境条件在决定房地产的质量、功能及其价格等方面起着决定性的作用，即相同面积、结构和用途的房地产，由于位于不同的地段，其价格也有很大的差异。同时也由于区位的固定性，使房地产市场上交换流通的不是房地产商品的物质形态，而是各种物权的转移，进行的是一种观念上的价值流通而非物质本身的物理运动。

房地产的这种固定性，决定了房地产商品只能就地开发和使用，也决定了不同地区、不同地段的房地产价格可能相差很大。即使在设计图纸、建筑技术、建筑材料以及房屋设备等都相同的情况下，由于地理位置的差异，决定了交通条件和社会经济状况的不同。

（二）差异性

房地产商品的差异性，是指房地产市场供给产品的非标准化。因为房地产商品不能像工业产品那样进行批量生产，在不同的规划设计下，开发、建筑的房地产商品，其耗费必然不同；即使采用标准设计，由于地形、地质、建筑材料方面的差别，也不可能像对工业产品那样进行统一定价；即使是在同一幢楼中，由于层次、朝向的差别，其价格也各不相同。此外，土地资源的不可再生性和不可移动性，也决定了不可能有相同房地产商品的存在。因此，房地产的差异性，既在实物形态上表现为地理位置、建筑结构、房型、层次、朝向、新旧程度以及开发建设程度的不同，又在权益状态上表现为所有权、使用权、抵押权以及典权等的区别。

（三）昂贵性

房地产商品的价值量，无论从单位价值看，还是从总体价值看，都远远高于一般商品，每平方米房屋或土地的价格少则数百元、多则数千或数万元；而一套住宅的价格可以从数十万到数百万元，一个开发小区的价值量则可达数千万或数亿元。房地产价值量之所以大，主要是由房地产资源的有限性和巨额资金投入决定的。从房地产资源的有限性看，土地的不可再生性，决定了土地资源自然供给的刚性和房地产供给在一定条件下的相对有限性；同时，房地产的开发建设往往也受到用途、容积率、建筑密度等规划指标的限制，这些限制也在一定程度上决定房地产供给的相对有限性。从房地产开发建设所需要投入的资金量看，其数额之大，并不是一般商品的生产所能比拟的。

房地产商品昂贵性的这一特点，决定了房地产投资决策的重要性和政府对房地产市场宏观调控的必要性。

（四）升值性

由于土地资源不可再生性和土地投资的积累性，房地产商品呈现出一般商品所没有的特征。即随着使用时间的延续，房地产特别是土地的价格非但不会降低，反而会保值增值。这是房地产商品的根本特征，也是人们对房地产投资情有独钟的基本原因。首先，从较长的时间序列来说，房地产的保值增值说明了一定量的房地产商品所代表的社会实际购买力长期递增的客观趋势；其次，由于我国的土地使用权大多是有限的，因此对土地使用权的所有人而言，在土地使用权的出让年限终了时，该土地的价格将降为零，这一现象将对我国房地产的升值产生一定影响。最后，房地产的保值增值主要是由土地决定的，因为对于建筑物而言，其价值的转移与一般商品没有什么不同，只不过价值量比一般商品大，转移时间比一般商品长而已。

房地产商品的升值性特征，使房地产商品既可以作为消费品使用，又可以作为投资物看待。房地产商品作为消费品和投资品的目标市场不同，所要求的经营策略也有所差异。

（五）长期性

这是房地产与一般商品的另一根本区别。房地产商品长期性的特点，主要表现在开发建设的长期性和使用消费的长期性。房地产的开发建设过程，从土地使用权和所有权的取得，到资金的投入，进行开发建设，直至完成，一般历时两年左右；从房地产的消费或使用过程看，土地具有不可毁灭性，建筑物的耐用年限也长达数十年，甚至上百年。

房地产商品开发建设的长期性，决定了房地产商品市场研究、目标市场选择以及销售阶段经营策划的重要性。而房地产商品使用的长期性，决定了房地产售后服务及物业管理的重要性。

此外，房地产商品长期性的特征，决定了在房地产市场研究中必须注意：（1）建筑物使用年限与土地出让年限的差别。从理论上讲，土地由于不可毁灭，其耐用年限是无限的，但是我国的土地使用权都有一定的出让年限，居住用地的最高出让年限为70年；商业、旅游、娱乐用地为40年；工业用地、文教科卫等用地都为50年。因此，在建筑物与土地使用权的使用年限间常常会不一致，这时一般以较短者为准。虽然《物权法》第149条明确规定，住宅建设用地使用权期限届满的，自动续期。但对于非住宅用地并未做明确规定。因此，土地使用年限仍然会影响地上建筑物的使用和效用的发挥，从而影响其价格。（2）房地产商品的长期性，决定了房地产商品在使用过程中可以多次进出市场，此时就需要确定建筑物的新旧程度和尚可使用年限，并注意建筑物折旧年限与耐用年限的区别。建筑物的折旧年限是指经济上的使用年限，建筑物的耐用年限是指物理上的使用年限，折旧年限一般短于耐用年限。在财务会计中，对于建筑物折旧的计算一般以折旧年限为准。

（六）双重性

房地产双重性的特点，体现在房地产商品消费与投资的双重性和价值构成的双重性两方面。一方面，土地资源的稀缺性，决定了房地产商品的供给弹性较小；另一方面，人口的不断增长以及社会经济的发展，使人们对房地产商品的要求日益提高，从而对房地产商品的需求不断上涨。因此，从长期看，房地产商品所代表的社会购买力是不断提高的，房地产商品具有投资和消费的双重特性。同时，对于房地产商品的所有者来说，既可用于自己消费，也可用于出租，这本身也具有双重性的特征。

从价值构成看，房地产商品在物质形态上是由土地和建筑物有机构成的，在价值形态上也同样如此。甚至可以说，不同地段的房地产商品之所以价值截然不同，就是因为处于不同的地理位置，或者说是由其土地价值决定的。

（七）敏感性

任何一个国家和地区，对房地产的规划用途、建筑标高、建筑容积率等都有规定；同时，为了加强对房地产市场的管理，对房地产价格或房地产广告也都进行或多或少的管理。另外，周围环境的优劣程度、基础设施的完善与否、配套设施的齐全程度，也直接影响该地区房地产商品效用的发挥和价格的高低。

四、房地产的分类

房地产市场的交易客体是具体的房地产。而不同类别的房地产，由于具有不同的特性，使目标市场也截然不同。房地产的分类可以按用途、实物形态以及开发程度进行。

（一）按用途分类

房地产按其用途主要可分为居住用、工商用以及其他用途房地产（见图1-1）。

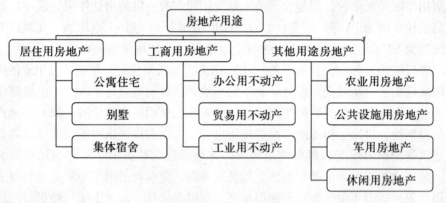

图 1-1 按用途对房地产分类

1. 居住用房地产

居住用房地产是指各种直接为居住使用的房地产，如普通住宅、高档住宅、别墅、廉价租屋以及集体宿舍等。

2. 工商用房地产

工商用房地产按其具体用途又可进一步划分为办公用房地产、贸易用房地产以及工业用房地产。其中，办公用房地产主要包括商务写字楼、政府办公楼等；贸易用房地产包括商业用房地产、旅店用房地产、餐饮用房地产、金融用房地产以及娱乐用房地产；工业用房地产则包括各类工厂、车间、手工作坊、发电厂、仓库以及油库等。

3. 其他用途房地产

除上述两种用途外，我们将其余房地产都归入其他用途房地产一类。也就是说，其他用途房地产仍可进一步划分为农业用房地产、公共设施用房地产以及军用房地产等。在本书中，对农地、菜地、农场、林场、牧场以及果园等农业用房地产，不加讨论；对军用房地产以及包括机场、车站、码头、学校、医院、体育、社会福利、市政以及绿化等在内的公共设施用房地产，鉴于其特殊性和非营利性，也不加探讨。当然，如果其中某一具体用途的房地产是营利性的或需要通过市场进行交换的话，本书所介绍的有关原理和方法同样适用。需要指出的是，在实际工作中，大量房地产是同时具有多种用途的。

与此相关，可按房地产的使用主体对房地产进行分类（见图1-2）。

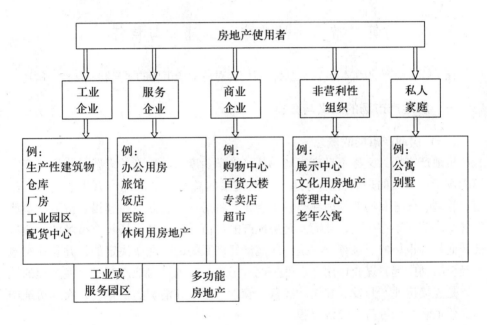

图1-2　按房地产的使用主体对房地产分类

（二）按实物形态分类

按实物形态对房地产进行分类，主要是根据房地产的地理位置、建筑结构、建筑层数、建筑标准以及新旧程度等标准进行划分。

按地理位置，房地产可以划分为城市中心、城市边缘、城市郊区以及农村等房地产；按建筑结构，房地产（房屋建筑）可分为钢结构、钢筋混凝土结构、混合结构、砖结构、木结构和其他结构；按建筑层数，房地产可分为低层、多层以及高层建筑；按建筑标准，房地产可分为豪华、中等以及一般三个标准；按新旧程度，房地产可分为新建造和旧有两类。此外，居住用房地产的实物形态还可进一步按其房型和外在形态划分，如按房型可分为一室户、二室户、三室户以及四室户等；按外在形态可以划分为公寓住宅以及别墅等。

（三）按开发程度分类

按开发程度，房地产可分为生地、毛地、熟地、在建房地产以及竣工房地产等。其中，生地是指不具有城市基础设施的土地（如荒地、农地）；毛地是指虽具有一定的城市基础设施，但地上具有待拆迁及安置的旧建筑物的土地；熟地是指已经过"七通一平"❶，具有完善的城市基础设施，能直接在其上面进行房屋建造的土地；在建房地产是指地上建筑物尚未完全建成，还没有达到交付使用条件的房地产；而竣工房地产，则是指地上建筑物已建成，可直接使用的房地产。竣工房地产可能是新的，也可能是旧的或经过装修改造的。

第二节 房地产市场的涵义与特征

在了解房地产的涵义和特征之后，我们再对房地产市场的涵义和特征作一阐述。

一、房地产市场的涵义与分类

（一）房地产市场的概念

房地产市场，又称不动产市场，从经济学角度看，狭义的理解是指房地产交换的场所；广义的理解是指房地产交换关系的总和，是房地产开发、建设、经营、管理、服务和消费的内在运行机制。它将房地产的开发、建设、流通与消费等各个环节联系在一起，从而实现房地产的价值。房地产市场具有市场的一般特征，而作为市场的子系统，它是由房地产经济系统的存在所决定的，并且在房地产经济活动中起着媒介作用。也就是说，房地产市场是房地产商品交换过程的统一，是连接房地产开发、建设、经营、管理、服务和消费的桥梁，是实现房地产商品价值和使用价值的经济过程。

从基本构成要素看，房地产市场是由主体、客体和中介构成的。房地产市场主体是指房地产市场上的行为人，即房地产商品的供求双方。其中，供应方通过对市场提供房地产商品而获取货币，即供应方开发、建设或经营房地产的目的，是通过出售或出租而获得收益或利润；需求方则通过向供应方提供货币而从供应方手中取得房地产商品。房地产市场客体是指房地产市场交易的对象，主要包括房产商品和地产商品。在我国，地产商品主要指土地使用权。作为市场，需要有相当数量不同品质、不同类型的房屋商品，供开发建设的土地以及相应的服务，供人们选择使用和交换。此外，货币资金虽不是房地产实体商品，但也是房地产

---

❶ 建筑用地如果已经"三通一平"（即水通、电通、路通和场地平整），则基本具备了房屋建设和施工的条件；而建筑用地的"七通一平"是指道路通、供水通、排水通、燃气通、通信通、供暖通、供电通和场地平整。此时，房地产产品一旦开发建设完毕，即可交付使用。

市场的客体。房地产市场中介是指从事房地产交易活动或促成房地产交易发生的中介机构，主要包括交易中介和融资中介。前者指房地产经销商、代理商、经纪人以及房地产交易所等；后者指为房地产的供应和需求提供资金的金融机构。

从房地产经济运行的角度看，市场主体、客体和中介缺一不可。在现代经济条件下，市场主体中的需求方是交易形成的关键。从这个意义上说，房地产市场是由那些具有对房地产特定需要或欲望，而且愿意并能够通过交换来满足这种特定需要或欲望的全部潜在顾客群所构成。

（二）房地产市场的分类

对房地产市场，同样可以按照不同的标准进行划分。如果按照房地产商品的生产和再生产过程，即生产、流通、消费过程，可以把房地产市场划分为建筑用地的开发市场、房屋建筑物的建设市场、房地产的交易市场以及房地产的中介服务市场；如果依据交易层次或产权结构，可以把房地产市场划分为一级市场、二级市场和三级市场；如果依据交易对象，则可以把房地产市场划分为地产市场、房产市场以及服务市场等。

1. 按照生产和再生产过程划分的房地产市场类别

作为一个独立的产业体系，房地产业的资金运动是通过房地产的生产、流通和消费环节进行的。这一再生产过程包括了对建筑用地的开发、房屋建筑物的建设、房地产商品的交换以及与此相关的信贷、管理及服务等经济活动。当这些经济活动处在市场经济条件下时，都是通过市场进行的，由此就形成了一个完整的市场体系。

（1）建筑用地的开发市场

这是为进行房屋建筑物建设而对城市土地的初次开发和再开发所形成的经济活动关系的总和。建筑用地的初次开发，是指对建筑用地的第一次开发，它是由城市政府或房地产开发企业代表国家，依据有关规定，采取行政或市场的方式，向农村集体征用土地后，根据城市规划的要求，对土地进行的"三通一平"或"七通一平"，从而把农业用地变成适合城市建设的土地。城市土地的再开发，是指对城市土地存量的改造。由于社会经济的发展，无论从城市基础设施看，还是从城市土地的功能看，城市原有的土地都不能满足新的建设发展的需要，因而必须对其进行改造。这种对城市土地存量的改造就是城市土地的再开发。从经济运行的方式看，这种改造开发也是由房地产开发企业以市场方式从城市政府手中先取得该幅土地的使用权和开发权，再进行城市基础设施的建设。这些开发经济活动的总和就构成了居住用地的开发市场，这一市场的需求者是各类房地产开发企业和政府。

（2）房屋建筑物的建设市场

即房地产开发企业根据房地产市场的供求情况，或者根据用户的需求建设各类建筑物，以满足住宅市场的需求。

（3）房地产交易市场

即房地产流通市场，是指房地产在开发或建设后在流通领域所形成的，包括建筑用地的出让和转让市场以及居住用房的出租或出售市场。

（4）房地产中介服务市场

主要包括房地产中介市场、金融市场和房地产在消费过程中的物业管理市场或售后服务市场等。

在现代市场经济条件下，市场的交易活动不是由生产者与消费者直接见面，而是由第三者即纯粹的市场中介来完成的。特别是房地产商品，由于其位置的不动性、销售和使用过程的长期性以及其价值的巨大性，决定了房地产开发企业一般都不直接销售其开发建设的房地产商品，而是由市场中介担负起商品流通的职责。这类市场中介只从事房地产商品的交易活动，并不涉及开发建设领域。从事开发建设的房地产开发企业通过它们将房地产商品转让到其他房地产开发企业或消费者手中。这就形成了房地产中介市场。

房地产金融市场，是指服务于房地产开发、建设、流通以及消费整个过程，由金融信贷活动所形成的货币市场。房地产业是一个资金密集型行业，无论是开发建设、经营销售，还是消费者的购买，都需要大量的资金。这笔资金对于房地产开发企业、中间商或者消费者来说，完全依靠本身的力量解决都是十分困难的。因此，必须借助金融机构的帮助。

房地产的物业管理市场或售后服务市场，是指在房地产消费过程中对房地产本身进行维修养护以及对房地产的消费者提供服务而形成的交换关系的总和。由于房地产是一项最为重要的耐用消费品，在其长期的消费过程中，难免会发生各种损坏，因而对其进行维修和管理是必要的。在市场经济条件下，这些活动也都是按照有偿方式进行的。

上述各个市场在房地产整个市场体系中的作用和意义是不同的。其中，房地产开发建设市场是基础，房地产中介市场是核心，房地产金融市场是关键，而物业管理市场是直接服务于产业运行为目的的。

2. 按照交易层次或产权结构划分的房地产市场类别

（1）房地产一级市场

即土地所有者之间、土地所有者与土地使用者之间发生的权属让渡的经济关系的总和。在我国，土地公有制表现为两种形式，即城市土地国家所有制和农村土地集体所有制。但是，国家或政府出于公共目的的需要，可依法强制取得集体所有的土地并给予一定的补偿，这就是土地所有权在不同主体之间的转移，也就是通常意义上的土地征用。通过征用，土地的所有权从农村集体手中转到了国家手中，土地的性质也从农业生产用地变为城市建设用地。这类土地征用市场是完全垄断的，市场的参与主体是国家和农村集体，市场交易的对象是农村集体所有的土地，尽管也带有一定的补偿性，但补偿的价格远远低于土地的实际价格，而且征用过程又带有强制性。

至于土地在其所有者与使用者之间发生的权属让渡，是指国家以土地所有者的身份，将国有土地的使用权在一定年限内出让给土地使用者，由土地使用者向国家支付土地出让金的行为，即通常意义上的土地使用权出让或"土地批租"。这类市场的参与主体是国家和房地产开发企业，因而具有出让人单一性和受让人广泛性的特点，但两者之间是平等的，国家只是作为土地所有者的身份出现，双方在"平等、自愿、有偿"❶的前提下达成交换关系，房地产开发企业在支付土地使用权出让金后，便取得了对土地的占有、使用、收益和一定程度的处分权，在法律上表现为对土地的使用权、转让权、出租权以及抵押权等民事权利。这里需要说明的是，第一，土地使用权的取得是有期限的，如居住用地一般为70年；第二，土地作为房地产开发建设的必然前提，其出让金是由房地产开发企业先行支付的，但因土地而发生的有关费用是房地产销售价格的构成部分，因而土地出让金的实际支付人是房地产商品的购买者。

上述房地产一级市场的两种表现形式都具有垄断性，运行方式表现为纵向流通，即国家以土地所有者的身份出现在市场上。

（2）房地产二级市场

它是房地产开发企业与经销商（或代理商）之间以及房地产开发企业或经销商（或代理商）与消费者之间的交换关系的总和。这个市场具有竞争经营性质，运行方式表现为房地产所有权或使用权在经营者与消费者之间的平行转移，其经济内容主要是关于房地产的转让、租赁、抵押和信托。

（3）房地产三级市场

它是房地产经营者与消费者之间乃至消费者之间对房地产的转让和交换等交易关系的总和。该市场具有消费经营性，运行方式也表现为与房地产有关的权利在经营者与消费者之间的平等转移和横向流通，其经济内容主要是关于房地产的互换、租赁、买卖、典当以及物业管理等。

按交易层次划分的房地产市场及其包含的内容见图1-3。

3. 按照交易对象划分的房地产市场类别❷

（1）地产市场

地产市场是以农村土地所有权和城镇土地使用权为交易对象的市场。这一市场可以进一步划分为土地所有权的征购市场、土地使用权的出让市场以及土地使用权的转让市场。

---

❶ 《中华人民共和国城镇国有土地使用权出让和转让暂行条例》第21条。

❷ 王全民.《房地产经济学》，东北财经大学出版社，2002年，第254～256页。

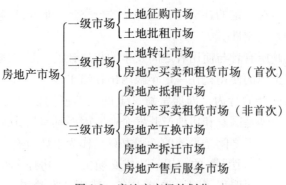

图 1-3　房地产市场的划分

土地征购市场的交易对象是土地所有权。在我国，因国家建设的需要，可以把农村集体所有的土地通过征用的方式变为国有，将土地的所有权从农村集体手中转移到国家手中，然后国家再以土地所有者的身份进行土地使用权的出让。之所以这一过程称为"土地征购"，是因为在征用过程中，国家要根据法律规定支付相应的征用费，类似于对农村集体土地所有权的购买，但其价格的确定和征用与否又带有一定的强制性。

土地使用权的出让市场，是指国家或政府在不改变土地所有权的前提下，以协议、招标和拍卖等方式将土地使用权有偿有限期地让渡给土地使用者。

土地使用权的转让市场，又称土地二级市场，是指土地使用者在法律规定的使用期内将土地使用权有偿地让渡给其他使用者。

（2）房产市场

房产市场是以房屋所有权或使用权为交易对象所形成的市场，这一市场又可以进一步划分为房产买卖市场、房产租赁市场和房产抵押市场。

房产买卖市场是以房屋所有权为交易对象的市场。房产买卖市场又可以进一步细分为一级市场和二级市场。其中，房产交易一级市场一般是指房地产开发企业将其所开发建设的房地产商品出售给购买者所形成的市场，这一市场包括期房和现房的出售；房产交易二级市场，则是指企业或个人将其所拥有的房产通过市场转让给其他需要者所形成的市场。

房产租赁市场，是指房产供给者将一定时期内房屋的使用权进行转让所形成的市场。这里，房产供给者既可以是房产所有权的拥有者，也可以是通过一定法律程序取得房产使用权的单位或个人。但在房产租赁市场上，交易的对象只是房产的使用权，所有权保持不变。

房产抵押市场，是指抵押人以房产作为还款保证物，向抵押权人（一般为银行等金融机构）取得贷款所形成的市场。

这里必须指出的是，尽管在理论上可以将房地产市场划分为房产市场和地产市场，而且地产市场在实际工作中也可以单独存在。但是，房产市场的存在是以地产市场为基础的，或者说，房产的所有权或使用权在发生转移的时候，地产的有关权益（如使用权）必然发生变化。

（3）房地产服务市场

房地产服务市场，是指以房地产相关服务为交易对象所形成的市场。在这一市场上，交易的对象是一切与房地产供需相关的所有服务，包括勘察设计、可行性研究、资金筹措、建筑施工、市场营销以及所有的管理活动。

当然，还可以从不同角度对房地产市场进行划分。表1-1是综合各种划分标准对房地产市场的分类。

房地产市场的分类   表1-1

划分依据	市 场 类 型
用途状况	居住房地产市场、工业厂房仓储房地产市场、写字楼房地产市场、商业用房地产市场、特殊用途房地产市场
表现形态	房产市场、地产市场、劳务市场、资金市场、信息市场
供需关系	卖方市场、买方市场
供货时间	现房市场、期房市场
权益让渡	买卖市场、租赁市场、抵押市场、典当市场
区域范围	全国房地产市场、区域房地产市场、大城市房地产市场、中小城市房地产市场、农村房地产市场
交易场所	有形市场、无形市场
市场层次	一级市场、二级市场、三级市场
市场主体	消费房地产市场、投资房地产市场

不同类别的房地产市场又是可以相互交叉的。例如，居住房地产市场又可以进一步划分为一级、二级和三级市场。

二、房地产市场的特征

房地产市场既有一般市场的特征，又由于房地产商品的特性而具有独特的地方。

（一）地域性

房地产的不可移动性，决定了房地产商品只能就地开发建设、就地使用和消费，不能像其他商品那样通过运输或自由流动来平衡供求关系。同时，房地产商品在市场上的流通，只能通过消费者或使用者自身的移动，而不能通过房地产商品实物的移动来进行。房地产市场是典型的地方性市场，各个地区房地产市场的运行状况在很大程度上决定于当地的经济发展程度、居民收入水平、人口数量与结构、地方政府的政策以及当地居民的价值观念和教育程度等因素。

房地产市场的地域性特征具体表现为：

（1）不同地区社会经济发展程度的差异，使各地房地产市场的发育程度具有显著区别。

（2）同一类型产品地区差价很大。由于各地经济发展水平和居民支付能力的差别，使房地产商品的价格在地区之间有巨大的差异。

（3）市场供求圈小，辐射功能弱。房地产商品的有效需求，是由一定区域内有支付能力和购买意愿的消费者数量决定的。

房地产市场的地域性特征，要求房地产市场的研究和管理必须结合当地的经济、社会、文化以及政策等因素进行。

（二）不完全竞争性

完全竞争市场必须符合以下条件：第一，产品是同质的、无差别的；第二，不存在公共物品，各种生产要素可以完全自由流动；第三，信息畅通，市场主体在价格、供求数量等方面拥有完备的信息；第四，有大量的买者和卖者，即任何一个市场主体都不能单独影响市场价格。然而，房地产最大的特点之一是异质性。因为房地产的地段和位置不能复制，不同楼层的房地产价格亦有差异。由于房地产交易涉及很多法律规定和商业秘密及利益，其信息资料通常不是过时就是欠详尽或欠准确。因此，房地产市场是一个低效率的市场，极易产生价格波动，房地产交易成本相当高。

房地产市场的不完全竞争性，也是由其垄断性决定的。从相对垄断性看，由于土地资源供给的刚性或不可再生性，使拥有某一土地的房地产开发企业在与此相对应的市场上处于相对垄断的地位；就绝对垄断性看，我国房地产的一级市场，即土地所有权的征购市场和土地使用权的出让市场是由政府垄断的。这种不完全竞争性，也是形成房地产市场投机性的根本原因。

（三）循环性

周期性循环一般被定义为国民经济发展上升与下降运动的周期性重复，包括繁荣、衰退、萧条和复苏四个阶段，大体分为长期循环（以 15～22 年为一个周期）和短期循环（以 3 年为一个周期）。实际上，这种周期性循环也存在于房地产市场运行的全过程。因为房地产市场本身就是国民经济的重要组成部分，而且就其消费而言，又受到就业、收入等因素的影响。因此，房地产市场的运行与经济发展的总趋势大体一致。同时，房地产市场还受季节性和随机性变动的影响，如天气寒冷导致房地产的开发建设停滞，房地产商品的供应量受到限制；又如，政局震荡、政策变动或洪水以及地震等灾害也会引起房地产市场衰落和复兴。

房地产市场的循环性特征，要求从国民经济运行的角度把握房地产市场发展的不同阶段，从而正确制定投资战略。

（四）层次性

房地产商品是房地产市场的基本要素。而房地产商品的形成需要经历征地、土地开发以及房屋建设等流程。同时，土地市场的交易就有土地所有权变更、土地经营权租赁、土地使用权转让等多种方式，与此相应，就有一级、二级、三级房地产市场。而房地产市场交易要经过接待、登记、调查、议价、估价、报批、收费、统计和发证等过程才能完成。因此，房地产市场结构构成由支持系统、交易系统和约束系统组成（见图1-4）。❶

处于不同交易层次的房地产商品，市场主体、交易客体不同，所涉及的法律、政策等影响因素也不同，需要制定相应的经营策略。

（五）开放性

房地产市场虽然具有较强的地域性，但同时又具有开放性。房地产市场在其运行过程中，不断与其他要素市场如金融市场、信息市场等进行信息或物质的交流和交换；在其发展和完善过程中，更需要其他要素市场的配合。因此，它是一个开放性的市场。

房地产市场的开放性，决定了房地产市场的运行和管理不仅需要考虑房地产市场本身的情况，还必须结合其他市场的条件。

（六）双重性

房地产市场的双重性，表现在以下三个方面：

1. 房地产市场是房产市场与地产市场的统一体

房地产市场是房产市场与地产市场的有机结合体。两者各具独立的内容，但又有密不可分的联系。首先，在实物形态上，房依地建，地为房载，两者不可分离；其次，在权属关系上，土地使用权往往依附于地上建筑物的所有权之中，土地使用权伴随着房屋所有权的转移而转移；最后，在价格构成上，土地使用权转让的价格往往包含在房屋建筑物价格之中。

2. 房地产市场是有形市场与无形市场的统一体

房地产市场是有形的房地产商品和无形的房地产商品的统一体。有形的房地产商品，是指房地产商品实体，如住宅、办公楼、商场以及工业用房等；无形的房地产商品是指房地产服务，包括房地产开发项目的规划设计、房地产市场研究、房地产价格评估、房地产营销、房地产咨询以及房地产信息的收集和提供等。因此，房地产市场不仅包括有形房地产商品的出售或租赁，也包括无形房地产商品，即劳务的交换。

3. 房地产市场是投资品市场与消费品市场的统一体

房地产不仅是人们赖以生存的基本生活资料，同时具有保值增值性，可以作

---

❶ 赵效民，贾覆让．《社会主义市场模式研究》，经济管理出版社，1991年，第252页。

为投资的手段。这一特性决定了房地产市场具有投资品市场和消费品市场的双重性。从而在房地产市场上存在一种反供求关系规律的特殊现象。对于一般商品来说，随着需求的增大，价格随之上升，继而供应增加，从而达到一个新的供求平衡点。在这类市场上，价格就像一只"无形的手"调节着市场的供求状况，价格上升就会减少需求而增加供应。但在房地产市场上，随着价格的上升，需求也会因此而减少。但由于房地产商品的开发建设周期较长以及其他方面的因素，供应却不会在短期内随之加大。这就是所谓的"雷却德效应"（Ratchet Effect），即房地产价格因需求而上涨，房地产的投资或消费并未因此而下降。

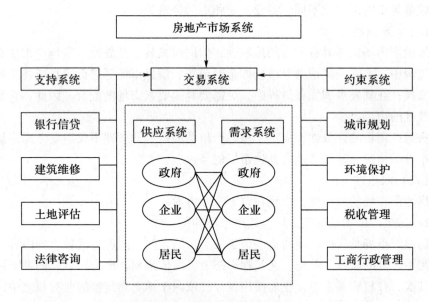

图 1-4　房地产市场结构图

注：1. 实线——表示作用线，虚线┄┄表示系统线；

　　2. 政府包括各级政府及其所属部门；

　　3. 单位表示各种性质和各种类型的企事业单位。

资料来源：根据姚玲珍.《中国住宅市场营销》，立信会计出版社，1999 年，第 38 页修改。

（七）对供求关系反应的不灵敏性

相对于一般商品市场而言，房地产市场对房地产商品的供求变化反应不够灵敏。当某种房地产商品供过于求时，由于房地产开发企业已经投入了大量资金，施工正在进行，因而不可能停止建设将资金退出房地产投资领域；反之，当某种房地产商品供不应求时，虽然房地产开发企业可采取某种措施加快施工进度，但也不可能像其他工业品生产那样，迅速适应市场需求增加供给。此外，在整个社会对房地产商品的需求下降时，房屋的所有人、使用人都宁愿拥有房屋，而不愿削价出售或低价出租，从而也就无法刺激需求，这也导致房地产市场对房地产商品的短期供求变化反应迟钝。

第三节　中国房地产市场的发展历程

随着市场化改革的不断推进，市场经济体制的日益完善，传统体制下的产业结构关系迅速变化。我国房地产业逐渐从其他行业中分离出来，在国民经济中成长为支柱行业。

一、改革开放前中国房地产市场的发展

我国房地产市场最早产生于 19 世纪末、20 世纪初。1840 年的鸦片战争使广州、宁波等沿海城市成为"通商口岸"，房地产市场首先在这些城市萌芽。

从萌芽到 1949 年，我国房地产市场具有浓厚的半殖民地、半封建特征，房地产业主要被帝国主义、殖民统治者、官僚资本和封建势力所占有和控制，民族资本的发展比较弱小。由于当时政局动荡，再加上通货膨胀的影响，房地产市场投机猖獗，市场波动的频率和幅度都很大。此外，房地产市场的发展也具有区域不平衡性，主要集中在几个沿海城市。

从 1949 年到 1978 年由于政策、体制、经济三方面的原因，中国房地产业基本处于停滞阶段。新中国成立以来，由于实行国有土地无偿划拨和房屋非商品化的政策，政府通过对房地产市场实行接管、没收和整顿，并建立房地产管理机构，形成新中国房地产经济的基础。从 1956 年起，随着对农业、手工业和资本主义工商业的改造，开始了对城市私有房屋的社会主义改造，在保留私有房屋业主少量自住房的基础上，通过公私合营，利用定息赎买的办法将私有房产转变成公有房产。随着城市房地产公有化的推进，以公有制为主体的城市房地产经济模式和管理体制初步建立。

"文化大革命"的爆发，经济发展停滞不前，原本就曲折、缓慢发展的房地产经济遭到了严重破坏。在极"左"思潮影响下，城市房地产管理的各项政策被否定，各种规章制度被批判，各项管理工作都陷入停滞和瘫痪状态；许多私有房产得不到法律的保护，被迫充公；许多公有房产缺少管理，年久失修。

二、改革开放后中国房地产市场的发展

改革开放以来，随着社会主义商品经济理论的确立，土地使用制度和住房制度的改革，住房商品化，经济发展、居民收入增加，市场化、货币化的观念逐渐深入人心。关于房地产业发展的新的指导思想和方针政策逐渐形成，中国房地产市场逐步恢复和兴起。特别是 20 世纪 90 年代，房地产业取得了飞快的发展，经历了几次大起大落。

（一）复苏阶段（1978~1986 年）

新中国成立以后，在社会主义计划经济模式下，城市房地产的开发建设实行国家投资计划管理。对生产性房地产，国家按计划投资建设，无偿划拨企业使用；对非生产性房地产，则由国家统一建房、统一分配。

十一届三中全会以后我国开始了以市场为取向的改革，房地产市场在理论和实践方面进行了探索。一方面，邓小平同志首先提出了住房商品化的思路，其后，全国开始了对住房制度改革的理论探索，肯定了住房的商品属性，并在实践上开始推行住房商品化政策。先在常州、四平、沙市、郑州四个城市实行全价售房试点，后逐步扩大。1982 年，国务院在四个城市进行"三三制"售房试点，即房价由政府、企业、个人三者分担。1984 年，政府决定扩大住房补贴出售的试点范围，到 1985 年底，全国有 160 个城市和 300 个县镇实行了补贴出售公房。从 1986 年开始，进行以提租增资为指导思想的公房租金改革，在部分城市先后进行了试点。

另一方面，根据"全国城市规划会议"提出的征收土地使用费的设想，1982 年深圳、广州、抚顺等城市率先开始改革，进行收取城市土地使用费的试点。同年，《宪法》正式明确了城市土地归国家所有，解决了各种所有制并存的局面。1984 年六届全国人大指出土地有偿使用的原则，确立了土地为资源的观念，使土地纳入了有偿使用的轨道。

这一时期，房地产交易日趋活跃，但总体规模较小，房地产市场处于复苏和探索阶段，为市场化发展奠定了基础。

（二）市场化起步阶段（1987~1991 年）

1987 年以来，我国的土地使用制度和住房制度改革不断深化，开始了市场化的起步阶段。

深圳经济特区依据城市土地所有权和使用权分离的思路，借鉴香港土地使用制度的经验，在坚持城市土地国家所有的前提下，实行土地所有权和使用权分离的原则，将城市国有土地使用权按照一定的年限出让给土地使用者，一次收取使用年限内的全部租金。1987 年 9 月深圳市政府首次公开招标出让一幅住宅用地，同年底又首次以拍卖方式出让一幅国有土地，由此在全国开创了城市土地市场的新局面。随后福州、厦门、广州、上海等城市也相继进行了出让城市土地使用权的试点，城市土地使用权逐步纳入了市场经济运行的轨道。

房地产管理体制改革也在实践中不断深入发展。1988 年七届全国人大一次会议修改了《宪法》的有关条款，使土地使用权可以依照法律的规定转让。同年底，《土地管理法》依据《宪法》的精神，作出相应的修改：规定土地使用权经过允许可以买卖。这有力地推动了城市土地使用制度改革和城市土地市场的发展，为房地产市场的发展提供了法律上的保障。

（三）快速发展阶段（1992～1993 年）

在邓小平同志南巡讲话和中国共产党第十四次代表大会的指导下，中国经济得到了极其迅速的发展，尤其是房地产经济成为这个时期投资和经济发展的热点。

这一时期，全国房地产开发的主要指标都有较大幅度的提高，不少投机资本也流入房地产业，炒卖房地产现象突出，推动价格的非正常上涨，加剧市场的投机性。在高利润的诱惑下，银行、企业、个人的大量资金涌向房地产市场，导致房地产经济发展的速度远远超过国民经济的增长。

与此同时，房地产市场内部结构很不合理，投资结构失衡，普通住房供给不足，而高档商品住房、别墅的建设远远超过需求。1993 年底中央政府开始进行宏观经济调控，控制投资规模，调整投资结构，整顿房地产开发经营企业，规范房地产市场行为。

（四）理性发展阶段（1994～1997 年）

房地产开发投资是固定资产投资的重要部分，是国家压缩固定资产投资规模、优化投资结构的一个重要方面。1994 年初，为抑制固定资产投资增长过快的势头，防止经济发生大起大落，中央政府加强了宏观调控。在宏观调控的作用下，房地产开发过热现象得到一定的纠正，房地产市场经过短暂的低迷后，又进入复苏、升温阶段。

与 1992 年的超常增长不同，这一阶段的房地产业在国家宏观调控的约束下健康平稳地发展。到 1997 年，房地产业无论投资结构、投资规模，还是增长速度，都表现出良好的发展态势。

（五）平稳发展阶段（1998～2002 年）

1998 年开始，我国住房制度改革进入了一个全新的历史阶段。1998 年 7 月 3 日，国务院颁布《关于进一步深化城镇住房制度改革加快住房建设的通知》，作出停止住房实物福利分配的突破性决定，主要内容包括：（1）停止住房实物分配，实行住房制度分配货币化；（2）建立完善以经济适用房为主的多层次城镇住房分类供应体系。《通知》明确指出，自 1998 年下半年开始停止住房实物分配，逐步实行住房分配货币化。在住房制度改革的推动下，我国住房建设获得突飞猛进的发展，住房需求迅速增加，供给和需求同时扩张推动房地产业的发展，使其进入新一轮的繁荣期。1998 年我国个人购买商品房的比例超过 70%，到了 2002 年，个人购买商品房的比例高达 96% 以上，这说明我国房地产市场全面进入个人购房时代，房地产业成为国民经济的一个独立产业，也带动了其他产业的发展。

（六）高速发展阶段（2003 年至今）

这一阶段，随着国民经济持续良好的发展、城市化进程的加快以及居民投资需求的增长等多种原因形成需求叠加，而住房供给却由于城市建设用地的日趋紧缺，开发成本日趋增加，住房供需的不平衡造成了房价上升。大量的社会资金涌入房地产市场，国内不少居民投资和投机性炒房，境外资金参与国内房地产市场开发和炒作，一些地方政府行为不规范，市场秩序混乱，不同利益主体相互影响，在这些多重因素作用下，房价过快上涨态势进一步加剧。

近几年，政府把房地产市场调控，特别把抑制房价的上涨作为宏观调控的重要内容，采取了一系列的措施。比如严格房地产信贷和土地管理，提高开发项目资本金比例，控制城市拆迁规模，取消个人住房贷款优惠利率，提高首付比例等等。这些措施取得了积极的成效，开发投资、信贷和土地供应增长过快的势头得到有效的控制。但当前房地产市场的问题还十分突出，主要表现在：（1）房价上涨过快；（2）市场供应结构不合理，非住宅开发比例过大，空置面积上升，商品住宅中低价位、中小套型住宅供应比例偏低；（3）市场需求偏大，供应矛盾突出；（4）部分地区投资仍然增长过快。

第二章　房地产市场价格理论与周期理论

第一节　房地产市场价格理论

一、价格的定义与影响因素

（一）价格的定义

当所有商品都和一种特殊的商品——货币进行交换时，商品的价值就通过货币的数量加以表现。这种以数量指数表达的形式就叫做价格，价格是价值的货币表现，价格是"商品同货币的交换比例的指数"。❶价格是价值规律的表现形态，用货币表现出来的商品价值是商品的相对价值。价格的变动既取决于商品本身价值的变动，也取决于货币价值、即币值的变动；价格形成离开了价值这一基础，就会失去科学依据。❷

房地产价格是指在开发、建设、经营房地产过程中，所耗费的全部社会必要劳动所形成的价值与土地所有权价格综合的货币表现。其最根本的特征是双重实体价格，房地产价格既是建筑物价格与土地价格的结合体，又是房地产开发、建设所耗费的社会必要劳动所形成的价值与土地所有权价格综合的货币表现。

（二）价格的构成要素

从构成要素看，任何商品的价格都是由成本和利润构成的。从商品供应者的角度看，如果商品的出售价格低于成本，就会亏损。即成本是供应者确定价格的最低标准。

作为商品，房地产价格也是由成本和利润构成的，只不过其成本的构成较一般商品复杂而已，如商品住宅的成本由征地和拆迁补偿安置费、勘察设计和前期工程费用、建筑安装工程费、小区市政基础设施配套费、管理费、贷款利息和税金 7 项因素构成。

（三）价格的影响因素

生产价格或者价值是价格形成的基础，但在实际生活中，价值只是决定价格

---

❶ 马克思：《资本论》（第一卷），人民出版社，1975 年，第 120 页。

❷ 胡昌暖等：《价格学概论》，中国人民大学出版社，1990 年，第 15～17 页。

的长期趋势，是价格波动的中心，但并不是影响价格的唯一因素。供求关系是影响价格的重要因素。

1. 供求与价格

需求是指在一定价格水平下对某种商品的购买数量。价格与需求量成反方向变化，即在其他条件不变的情况下，商品的价格越高，市场对它的需求量就越小；反则反之。供给是指某一段时间内和一定的价格水平下，生产者愿意并可能出售的数量。商品的供给量和市场价格成同方向变化，即市场价格越高，供给量就越大。市场价格是需求与供给相互作用、相互影响的结果，供求关系使价格围绕价值上下波动。

房地产价格除了受供求关系、产品成本等一般因素的影响外，从来自房地产本身的因素看，还受位置、用途、面积、地形、地质以及"生熟"程度等土地因素的影响，以及建筑物的用途、质量、结构、装修、楼层、朝向以及新旧程度等因素的制约；从外部环境看，还受房地产所在地区的环境、经济发展水平、人口因素、政策法规、社会环境以及居民心理等一般因素的影响。房地产价格是各种因素综合作用的结果。

2. 价格弹性

一般用价格弹性来进一步反映价格变动与供给量和需求量之间的数量关系。这里主要介绍两种最基本的价格弹性：需求价格弹性和供给价格弹性。

（1）需求价格弹性

需求价格弹性是衡量价格变动和需求量变动之间数量关系的一种尺度，是描述需求量对价格变动的反应程度。用公式表示：

需求的价格弹性系数 = 需求量的变动率/价格的变动率

需求弹性系数可能大于1、小于1、等于1，不同商品的需求弹性系数一般是不同的。对于弹性系数大于1的富有弹性的商品，降低价格会增加厂商的销售收入；相反，提高价格会减少厂商的销售收入，商品价格与厂商销售收入成反方向的变动。对于弹性系数小于1的缺乏弹性的商品，降低价格会使厂商的销售收入减少；相反，提高价格会使厂商的销售收入增加，商品价格与销售收入成同方向的变动。对于弹性系数等于1的单一弹性商品，降低价格或提高价格对厂商销售收入都没有影响。❶

影响需求价格弹性的主要因素有：① 商品的可替代性，一种商品的可替代品越多，一般来说，该商品的需求弹性越大；② 商品用途的广泛性，一种商品的用途越是广泛，其需求价格弹性往往越大；③ 商品对消费者生活的重要程度，生活必需品的需求价格弹性较小，非必需品的需求价格弹性较大；④ 商品的消

❶ 高鸿业：《西方经济学》（微观部分），中国人民大学出版社，2002年，第44~46页。

费支出在消费者预算总支出中所占的比重，比重越大，该商品的需求价格弹性可能越大；⑤ 所考察的消费者调节需求量的时间，时间越长，需求的价格弹性就可能越大。

（2）供给价格弹性

供给价格弹性是价格的相对变动与所引起的供给量相对变动之间的比率。用公式表示：

$$供给价格弹性 = 供给量的变动率/价格的变动率$$

供给价格弹性反映在一定时期内一种商品供给量的变动对于该商品价格变动的反应程度。供给价格弹性系数与上面介绍的需求价格弹性系数一样，可分为大于1、小于1、等于1。影响供给价格弹性的因素主要有：① 时间因素，表现为厂商调整产量的时间，所以在短期内供给价格弹性是比较小的，在长期内供给价格弹性就比较大；② 生产成本随产量变化而增减的情况，如果产量的增加只引起边际成本的轻微提高，则厂商的供给价格弹性是比较大的；③ 产品生产周期的长短，生产周期短的产品，供给的价格弹性比较大。

二、价格理论的流派

（一）地租理论

地租是土地所有权在经济上的实现形式，是土地所有者凭借土地所有权所获得的经济收入。地租是一个历史范畴。在土地私有制下，地租是直接生产者创造的剩余产品被土地所有者无偿占有的部分，是土地所有者对劳动者的一种剥削形式。在土地公有制下，地租既是国家从经济上管理土地的一种重要方法，也是国民收入的一个重要组成部分。

马克思将地租分为绝对地租、级差地租和垄断地租。绝对地租是优、中、劣各类土地必须交纳的地租。级差地租是一个相对于绝对地租的概念，它是指租佃较好土地的农业资本家向土地所有者缴纳的超额利润。这个超额利润是由优等地和中等地农产品的个别生产价格低于按劣等地个别生产价格决定的社会生产价格的差额决定的。垄断地租是指由垄断价格所带来的垄断利润所构成的地租，其产生的原因是某些地块具有特殊优越的自然条件和稀少性。

在地租理论下，土地价格是地租收入的资本化。土地价格相当于这样一笔货币资本：把这笔货币资本存入银行所获得的利息，等于把这幅土地出租所获得的收入。即：

$$土地价格 = 地租/利息率$$

（二）劳动价值论

马克思以古典经济学的劳动价值论为基础，并创造性地发展了劳动价值论，创立了剩余价值理论。马克思认为，商品的价格是在生产过程中产生和形成的，并且在流通过程中通过价格来实现，价值是凝聚在商品中的人类劳动，社会必要劳动时间决定了商品的价值量。价格是价值的货币表现，它是反映并实现价值的，价格要借助货币来反映价值，一切商品的价值都通过货币来表现，商品的价值就外在为商品的价格。"价格是物化在商品内的劳动的货币名称。因此，商品同称它为价格的那个货币量等价"❶。

亚当·斯密是第一个系统论述劳动价值论的经济学家，并在此基础上比较深入地探讨了商品的价格问题；李嘉图在亚当·斯密劳动价值论的基础上，认为商品的价值或其所能交换的任何另一种商品的量，取决于其生产所必需的相对劳动量，而不取决于付给这种劳动的报酬的多少。他提出了必要劳动的概念，认为价值并非由生产某种商品实际消耗的劳动量所决定的，而是由生产商品的必要劳动所决定。

房地产价格是房地产开发、建设所耗费的社会必要劳动所形成的价值与土地所有权价格综合的货币表现。其中，社会必要劳动所形成的价值又包括两个部分：① 房屋建筑物建设中社会必要劳动所形成的房屋建筑物价值；② 土地开发过程中耗费的社会必要劳动所形成的土地价值。这些社会必要劳动在房地产成本中体现为：

（1）土地征用及拆迁补偿费或批租地价。指因开发房地产而征用土地所发生的各项费用，包括征地费、安置费以及原有建筑物的拆迁补偿费，或采用批租方式取得土地的批租地价。

（2）前期工程费。指土地、房屋开发前发生的规划、设计、可行性研究以及水文地质勘察、测绘、场地平整等费用。

（3）基础设施费。指土地、房屋开发过程中发生的供水、供电、供气、排污、排洪、通讯、照明、绿化、环卫设施以及道路等基础设施费用。

（4）建筑安装工程费。指土地、房屋开发过程中按施工图施工所发生的各项建筑安装工程费和设备费。

（5）配套设施费。指在开发小区内发生，可计入土地、房屋开发成本的不能有偿转让的公共配套设施费用，如水塔、居委会、派出所、消防、自行车棚等设施支出。

（6）开发间接费。指为开发房地产而发生的各项间接费用，包括现场管理机构人员工资、福利费、折旧费、修理费、办公费、水电费、劳动保护费、周转房摊销等。

---

❶ 《马克思恩格斯选集》（第23卷），人民出版社，1972年，第119页。

（三）边际效用论

边际效用学派坚持主观价值论，描述了市场经济运行中心理因素在价格形成中的作用，认为物品的价值取决于人们对事物的主观感受和评价，而不是取决于劳动，提出了新的、革命性的概念"边际效用"。他们发现了边际效用递减的规律，指出决定物品价值的不是它的最大效用，也不是它的平均效用，而是它的最小效用。即物品的价值是由它的边际效用量来决定的，当满足人们需求的物品量越少，并且要求满足的需要越强烈和突出的时候，边际效用就越高；而如果人们对物品的需求越少或不迫切，市场中能提供的物品又多，则该物品的边际效用和价值就越低。

这一理论对房地产价格的制定有着一定的指导意义。以住宅为例，对普通的三口之家而言，人均 $30 \sim 40 m^2$ 的居住面积已经可以满足生活需求，若房型过大，单位面积的边际效用是越来越低的。若其他方面都是同质的，大面积的住宅每平米的单价应该是比较低的。因而，大房型的目标顾客往往是高收入群体，并且在区位、品质方面都是较高的。

（四）均衡价格论

马歇尔的均衡价格论从供给和需求的关系说明价格的形成。他认为在其他条件不变的情况下，商品的价格是由该商品的供求状况决定的，价值的衡量可用商品的均衡价格来进行。当市场上供求平衡时，所生产的商品量就是均衡产量，其价格就为均衡价格。马歇尔在论述他的均衡价格理论时，借鉴了边际效用理论和李嘉图的生产成本理论，用边际效用说明需求的变动，用生产成本说明市场供给的变动。并在经济分析中引入数学方法，用边际效用递减规律决定需求曲线的递减，而边际生产费用递增规律使得商品的供给价格随着商品数量的增加而增加，即供给曲线是递增的。在同一坐标平面上，供求曲线相交，得到均衡点。马歇尔着重强调的是，在短期内，商品的价格主要是由供求决定的；而在长期内，它主要是由生产成本决定的。这一价格理论反映了市场经济条件下价格运动的一般规律。

房地产市场供求均衡是指房地产商品的供给价格和需求价格一致、而且供给数量和需求数量一致的房地产经济运行状态。但是由于房地产商品的生产周期很长，难以像普通商品一样及时增减产量，短期均衡是很难达到的。因为从短期来看，房地产供给是相对稳定的，它不能立即适应突然变化的需求，从而导致价格上涨或下降。在供求均衡条件下，如果需求突然增加，供给却不能相应增加，则价格上升；如果需求突然下降，过多的供给不可能转移到其他地区销售，必然导致房地产价格快速下降。在长期，需求突然增加，出现供给远不能满足需求的情况下，房地产价格上升。但随着时间的推移，新开发项目建设完工，增加了市场上的房地产供给，形成了新的供求均衡点。

第二节　房地产市场周期理论

一、房地产周期的涵义

房地产周期是房地产业在经济发展过程中扩张与收缩的交替作用过程，表现为复苏、繁荣、衰退和萧条循环出现的周期性波动现象。

首先，房地产周期是在房地产经济发展中的周期性波动现象，房地产业的这种循环特征与房地产经济的发展态势密切相关。房地产业的发展是房地产周期波动的基础，房地产周期波动是房地产业发展的表现形式，并将反作用于房地产业的发展。

其次，房地产周期是经济周期中的产业周期，与农业周期、工业周期、建筑周期等共同作用形成经济周期，各周期之间相互关联、相互影响、相互作用。

再次，房地产周期波动具有规律性，它总是复苏、繁荣、衰退和萧条四个阶段循环往复、周而复始。但是，每个周期都有各自的波动特性，在持续时间、波动幅度、波动频率、扩张期与收缩期的持续时间比例上均有所不同。

二、房地产周期的阶段划分

（一）复苏阶段

复苏阶段是承接于房地产市场出现萧条之后而形成的一段较长时间的盘整与恢复过程。主要特征有：由于在萧条阶段供需两淡，房地产投资普遍无利可图，许多投资者退出市场，房价随着供应量的减少而止跌回升，总体上房地产交易量不大，房价与租金停留在较低水平，购房者大多自用为主。随着经济的复苏或其他投资环境的改善等利好因素的出现，房地产需求逐渐趋旺，交易量随之上升，房价渐渐回升，从而刺激社会资金重新投向房地产业，房地产开发投资量渐增。少数精明的投机者开始入市，房地产市场有回暖现象。开发利润的增长进一步增强市场的乐观情绪，购房者与投机者相继涌入。

（二）繁荣阶段

这一阶段，市场显现出极其兴旺景象。主要特征是：承继复苏阶段，房地产投资收益持续增长，不断吸引其他社会资金投入，各种物业相继开发，房地产投机者与自用者大量增加，市场呈现供需两旺的局面，市场繁荣达到鼎盛时期。市场参与者普遍持乐观态度，期待房价的持续上涨，引发较多的投机者入市，购房动机中的短线投机成分越来越多，从而抬高房价；市场供应量也急剧增长，同时又有更多的待建或在建工程进入。房价的持续大幅上涨逐渐超过了消费者的普遍承受能力，过多的投机成分给房地产业带来较大隐患，随着后续楼盘的陆续上市，市场供过于求的矛盾日益凸现。

（三）衰退阶段

高峰过后，当房价上涨到真正消费者难以承受之时，房地产市场面临着盛极而衰的命运，进入了衰退阶段。主要特征为：房价涨幅渐渐趋缓，房地产交易量全面萎缩，呈现显著的有价无市状态。由于市场上真正的置业者数量不多，楼盘供过于求，业主普遍压价出售楼盘。此时一旦受到外界经济环境突发事件的影响，投机者将纷纷恐慌性抛售房产，房地产价格出现暴跌，从而更加动摇置业者和投资者的信心，市场需求进一步减少，加剧市场的供需矛盾，房地产投资大幅缩减。市场交易量的减少以及大量繁荣期开建、在建工程的完工为市场带来更多的空置房产，开发商资金周转出现困难，众多实力不强的中小企业纷纷退出房地产行业。

（四）萧条阶段

繁荣之后的萧条使房地产市场元气大伤，进入调整期。主要特征是：面临较长时间的低迷盘整，在没有外界因素刺激市场需求的情况下，市场现有需求难以消化繁荣期生产的大量楼盘，房价将继续下跌，有的楼盘价格甚至跌破成本，期房价格更是大大低于现房价格，市场空置率居高不下。由于市场交易量的锐减，开发企业利润继续回落，投资者或持币观望或转移资金至其他市场，房地产市场进入长期的调整与等待。

三、房地产周期的成因

尽管房地产周期的存在已成为公认的事实，然而对其成因以及影响因素的理论分析却滞后于周期的识别与测定。

（一）代表性观点

国内外房地产周期理论的研究主要源于经济周期理论，通过分析宏观经济、政策、人口等因素对房地产周期的形成以及发展变化的影响，主要形成了以下几种理论观点：

1. 预期理论

这种观点把房地产市场的波动归因于开发商或金融机构对于市场状况变化的预期。市场景气时，开发商大规模投资，银行放松房地产贷款；市场衰退时，银行全面收缩房地产贷款，开发商资金周转困难，纷纷压价抛售房产，从而造成房地产市场的波动。持此观点的学者有 Hoyt（1960 年），他认为房地产周期源于国家或地方政府的控制，是大多数人乐观、沮丧情绪变化的结果。

2. 投资因素理论

何国钊、曹振良、李晨（1996 年）认为投资是造成房地产周期波动的重要内生因素之一。通过回归分析，他们发现投资波动与房地产波动具有高度相关性。谭刚认为，对于资金密集的房地产市场来说，当投资总规模与投资结构出现变动时，投向房地产市场的资本量会发生变化，导致作为房地产业增长动力的投资水平出现变动，从而使房地产经济增长出现波动。

3. 政府行为周期理论

Case（1974 年）认为美国房地产短周期主要受货币市场、贷款额度和政府住宅政策等因素的影响。何国钊、曹振良、李晨（1996 年）认为，中国房地产市场波动的主要根源来自于外部冲击——政策周期。他们列举了我国 1979～1995 年间各阶段的房地产政策，包括发展目标、指导方针、政策内容以及对经济的影响，发现我国房地产市场政策存在明显的周期性特点，其经济扩张和经济紧缩政策交替与房地产市场波动的周期基本一致，同时还表明政策周期与房地产周期互成因果关系。谭刚分析了政府行为对房地产市场波动的形成与传导产生的影响。政府干预机制存在结构性缺陷，政府针对市场失灵而进行的宏观调控一旦出现失误，就会形成对房地产市场的干扰与冲击，甚至加剧房地产市场波动趋势与幅度。当政府管理不力时，房地产市场自身高回报、高风险的特征容易诱发投机行为，导致房地产市场在外部冲击和内部传导机制的共同作用下产生波动，甚至出现房地产泡沫。

4. 内部因素理论

内部因素主要指房地产市场的供求关系。Pyhrry& Cooper（1982 年）认为房地产周期波动根本上是由供求变动决定的。Prichett（1984 年）认为房地产供求之间的"领先/滞后"关系造成了周期波动。Mueller & Laposa（1995 年）认为，地区变量通过供求因素影响本地房地产市场。薛敬孝（1987年）利用扩散指数模型分析了美、日和我国的建筑周期，得出引起建筑业波动最直接、最重要的原因是供求状况的变化，供求状况由其不同的内在机制所制约。

另一种内部因素观点认为，房地产（或建筑）的建设滞后因素是房地产（建筑）周期波动的根本原因。Barrast & Ferguson（1985 年，1987 年）认为建设项目从开工到完工之间的建设滞后因素从根本上决定了建筑周期的性质，其他外生变量只是增强或削弱了建筑市场的不稳定。Grenadier（1995 年）认为需求不确定性、物业改善成本、建筑工程的时滞是房地产周期波动的主要原因。

5. 外部因素理论

外部因素指宏观经济、人口、技术、历史事件等等。Case（1974年）认为美国房地产长周期主要受历史事件如战争、经济衰退、技术创新等事件影响。Wheaton（1978年）认为大多数对建设开发活动产生短期影响的因素受制于宏观经济环境的周期性行为。此外，外部因素还包括人口因素。

国内有学者通过分析人口年龄的余波效应对房地产需求的影响，发现人口结构的变化对房地产周期有重要影响。

上述几种理论观点分别反映了房地产周期形成机理的一个侧面，也有许多学者从内生和外生因素以及它们的相互作用关系来寻找房地产周期波动的成因，比如谭刚在其专著中提出的"房地产周期的外部冲击—内部传导"模型，运用计量经济学方法建立了房地产经济变量的动态联立方程。这些研究对房地产周期的成因研究更为深入，也更为透彻。

（二）房地产周期的综合分析

综合国内外研究成果，本书采用目前为大多数学者认同的定义，即房地产周期波动的实质是房地产供求关系的周期性波动过程。探索房地产周期波动的成因，首先需要明确房地产供给和需求的特性和影响因素。

房地产供给包括房地产存量和增量供给。房地产存量是前期房地产供需平衡关系的结果；增量供给是建立在预期房地产投资收益水平上的新的供应量，是由生产主体按照当时的价格水平所作的投资决策决定的。由于房地产生产周期长，短期内房地产价格上涨、收益水平提高，并不会导致房地产供给水平的迅速增长。房地产的供给量往往取决于前一时期的价格水平和收益水平。从这个意义上说，房地产供给是缺乏弹性的。影响房地产供给的因素包括价格因素、房地产业平均收益水平、成本费用、利率、税收等。

房地产需求是一定时期内全社会以有偿方式购买房地产的意愿总和。房地产需求水平受价格因素、房地产业投资收益率、国民收入水平、交易费用等因素的影响。

房地产供求关系的变化是房地产市场运行的根本形式，供求机制是房地产市场运作的最基本机制，作为房地产市场运行形式之一的周期运动规律，根本上也是由供求机制决定的。

从以上对房地产供给和需求的分析可以看出，房地产供给和需求无不同时受到房地产市场内部因素和外部环境因素的共同影响。其中，内部因素包括房地产价格和预期收益水平、开发建设费用、交易费用、居民消费水平、消费结构等直接影响房地产供求的因素。内部因素是房地产经济发展的根本，是第一位原因，决定房地产市场发展的基本方向。外部因素包括宏观经济发展水平、通货膨胀、金融和产业政策、城市规划、人口、技术、自然、国际因素等房地产市场体系以外的、对房地产供求产生间接影响的因素。外部因素是房地产市场发展的条件，可以影响房地产市场发展的状态和速度，对房地产市场发展起到加速或延缓的作用。

可以说，内部因素是房地产周期波动的根本原因，所有外部因素通过内部因素发生作用、影响房地产供求关系，从而导致房地产周期波动的，只是它们在一定程度上加剧或减弱了房地产周期波动的剧烈程度。

第三章 房地产市场交易

"交易"一词的英文表达为"transaction",其本意是"交互影响的行动",指在经济领域中所有不同的人与人之间物质或权利的交互活动。房地产交易是指有偿取得或转让房地产的所有权、使用权及其他项权利的法律行为。所谓有偿取得或转让,是指进行交易的房地产及其权益是作为商品而进行的交换,在交换中使房地产的价值得以实现。所谓房地产的所有权、使用权及他项权利,是指房屋的所有权、土地的使用权和房地产的抵押权、典权等他项权利。这些权利的取得通常是通过房地产登记予以确认的。房地产交易的具体形式有房地产的买卖、租赁、互换、抵押和典当。

第一节 土地征用与转让

一、土地征用

(一) 土地征用的理论依据

土地征用是指国家为了公共利益,以补偿为条件,依照法律规定强制地将非国有土地(包括个体和经济组织等所有的土地)收归国有的行为。在我国由于土地所有权归国家和集体所有,土地征用是发生在国家和农民集体之间的所有权转移,指国家为了社会公共利益的需要,按照法律规定的权限和程序,在给农民集体和个人补偿后,将农民集体所有土地转变为国家所有的行为。土地征用补偿有其深远的理论依据,主要有以下五种学说:

1. 既得权说

居民的既得权既然是合法取得的,就应当得到绝对的保障。即使是公共利益的需要,使其遭受经济上特别损失,也应当基于公平的原则给予补偿。此观点是以自然法思想为基础,理论较为陈旧,而且对于既得权以外的权利所受的侵害,也未能说明补偿的理论依据。

2. 恩惠说

恩惠说强调国家统治权与团体利益的优越性,主张绝对的国家权力以及法律万能和公益至上，因此个人没有与国家相对抗的自由，甚至完全否认国家对私人提供损失补偿的必要。国家对个人的补偿是出于一种恩惠。这种学说具有专制色彩，难以代表现代土地补偿制度潮流。

3. 公用征用说

国家法律固然有保障个人财产的一面，但也有授予国家征用私人财产权力的另一面，对于因公共利益的需要而进行的合法征用，国家可以不承担法律责任，但是仍然给予个人相当的补偿，以求公平合理。

4. 社会职务说

此学说摒弃权利天赋观念，认为国家为了使个人尽其社会一分子的责任，首先应承认个人的权利，这是实现社会职务的手段。所有权具有自由和义务双重性，但居民的财产被征用后，国家应酌量给予补偿才能使其社会职务得以继续履行。

5. 特别牺牲说

该学说基于法的公平正义的观念，认为国家的合法征地行为对居民权益所造成的损失与国家课以居民一般的负担（比如纳税及服兵役等）不同，它是使无义务的特定人对国家所作的特别牺牲，这种特别牺牲具有个案性质。因此，应本着公平正义的原则对被征主体所受到的一切损失予以补偿，该补偿由全体居民共同负担，以保证在不损害个体利益的前提下实现公共利益。

上述五种观点中，特别牺牲说较有说服力，在实际中易为大家所接受，所以成为土地征用补偿理论的一般解释。土地征用补偿理论仅提供了必须对被征地人实行经济上的补偿支持，但是具体的补偿与各国经济发展水平以及采取的土地政策有关且有所不同。

（二）土地征用的条件

土地征用的核心是土地所有权的转移，应满足公共使用、正当法律程序以及公平补偿三个条件。

1. 公共使用

土地征用是国家土地管理制度的重要组成部分。土地征用是国家特有的权力，是国家取得私人土地的一种特殊方式，其核心在于取得具有强制性，并不以土地所有人的同意为前提。毫无疑问，国家土地征用权如不受限制，将严重侵害土地所有者的私人利益。为了限制土地征用权滥用，保护所有者私人利益，世界各国几乎对土地征用权的使用都规定了限制条件，其中之一就是土地征用必须符合公共利益。土地征用的公共利益目的，不仅使土地征用的正当性得以成立，也是防止土地征用权滥用的重要措施。

1972 年诺贝尔经济学奖获得者、美国经济学家阿罗（K. J. Arrow）揭示的"不可能性"定理论证了个人利益与社会公共利益实现方式的不同。他认为，在自由而平等的市场体制下，个人利益的被满足并不意味着整个社会利益也被满足了；社会整体利益是不可能由自由而平等的市场主体的行为自身满足的，应当由一个超越市场主体的"裁决者"来识别和确定公共利益。这意味着政府土地征用权的行使应被用来促进社会公共利益而不是私人利益。社会公共利益是土地征用的依据和界限。

社会公共利益与私人利益是一个社会的两种利益形式。私人利益与个人生活质量密切相关，"一个人的自我利益视野只限对他来说是最好的东西。作为其自我利益所在的那些条件就是那些使他个人能够尽可能好地生活的条件"[1]。社会公共利益是一个社会全体成员的共同利益，它关注的是这个社会整体的稳定和发展。为了实现社会公共利益，人们建立种种社会组织，并"通过有组织的社会行为获得利益"。社会公共利益是社会组织得以存在的前提和依据。

"社会公共利益"概念具有不确定性，一般从宽解释，任何经济活动都有一定的公益性。正如亚当·斯密揭示的那样，市场机制这只"看不见的手"将许多人的自利行为合成为促进共同繁荣的公益行为。这种解释混淆了公益与私益的区别。依此解释，社会公共利益将丧失其作为土地征用界限和依据的意义。为此，法律必须对社会公共利益进行界定。世界上法制比较完善的国家对社会公共利益的界定一般分为两种形式。第一种形式是土地征用制度或有关法律对社会公共利益的范围没有明确限定，但其可以通过其他法律对私人土地或财产给予充分保护。如澳大利亚《征用法》规定，"公共目的"是指议会有权力制定法律来限定的用途。第二种形式是在土地征用制度或有关法律中采用列举法严格限定公共利益的范围。如日本在《土地征用法》中共列举了 35 项可以动用土地征用权的用途。

征地的最初目的是为了公共利益，但不是任何公共利益都可以随意征地，必须注意土地征用的比例性原则。

土地征用必须是为了公共利益目的，但符合公共利益目的并不意味着土地征用行为是正当的。只有在相对公共利益目的是必要和适当的情况下，土地征用才具有正当性，如果超过了公共利益目的所必需的土地数量也构成滥用土地征用权。这种要求在法律上称为比例性原则。比例性原则产生于法治原则，着眼点是目的与手段的关系，适用于所有行政领域，主要内容为：

第一，妥当性，即所采取的措施可以实现所追求的目的。

第二，必要性，即除采取的措施外，没有给其他关系人或公众造成更少损害的措施。

---

[1] 吴志良："略论土地征用的公共利益目的"，载《东南学术论坛》，2004 年第 2 期，第 14 页。

第三，相对性，即采取的措施与其追求的结果之间并非不成比例。

比例性原则贯彻的关键，在于限制政府在征地过程中广泛的自由裁量权。它要求法律规定明确公开的征地程序，充分保障有关利益相关者的知情权、参与异议权和司法救济权，形成土地权和司法权对行政权的制衡机制，从而确保征用的土地与所追求的公共利益目标相当。

2. 正当的法律程序

土地征用的目的是为了公共利益，提高土地的有效利用。在实践中主要解决以下两个问题：第一，主权机关通过征用提高土地的生产效率，并对交易后土地的溢价进行重新分配；第二，被征地方的财产权表现为某种补偿，这种补偿具有"近似没有利益牺牲"的特征。

对于上述目标，法律程序的价值体现在程序的组织功能与校准功能，即通过组织谈判和达成地价协议，完成土地征用的上述交易目标。

（1）程序的组织功能与校准功能

程序发生作用的领域是财产权流转的过程。因此，正当程序必须是能够有效促进交易成功的程序。然而，促进交易成功的程序又不完全是现代意义上的正当程序。因为正当程序不但考虑一次交易成功，还要考虑持续的交易以促进市场可持续发展。从效率原则出发，不同交易模式的持续激励能力就有差别。

以自治权、强权与主权在财产流转中所起的作用为基准，在任何社会中，财产权的流转都可以通过自由让渡、强制剥夺与间接自由让渡（即准自由交易）三种方式实现。三种流转方式各自体现了让渡者与被让渡者之间的关系类型。第一种流转方式反映市场的供需关系。第二种流转方式是基于力量关系。第三种流转方式则是在财产权人事先同意的前提下，认同某种中间力量的定价，前提是中间力量能够比较公允以及客观地评价财产的流转是否符合更高的效率要求，以及买受方的收购价格是否低至会损害权利人的既有利益。

在市场条件下，权利流转的基本原则是意思自治，是否符合效率取决于交易主体的判断。如果财产的流转是基于强制，就应当增设严格的法律限制，因为当事人的意思自治受到了干涉。对征地项目而言，整体的效率与个体的效率在直观上处于冲突状态，这就需要引进中间力量进行权衡。

由于征地权具有强制性，在土地征用程序中适用讨价还价式的财产权自治逻辑产生了问题。因为征用通常将交易成功设为既定目标，而讨价还价将导致过高的交易成本，甚至导致交易失败。这与尽可能、甚至必须促成交易的目标冲突。但是，以强权获得财产权的逻辑显然也是文明社会力图避免的。不但如此，完全剥夺相对人的讨价还价能力，甚至形成事实上的财产权剥夺或强取豪夺显然不符合征地目标。所以最有可能实现征用目标的逻辑只能是通过某种客观机制，使双方最终在这样一个前提下达成交易：尽量减少原权利人主观估价过高的情况，同时尽量避免买受人对财产权的客观价值估计不足。将此类讨价还价称为有克制的或有限度的讨价还价。

正是在促成上述有克制的讨价还价结果方面，程序维护财产权的价值得以体现。具体而言，程序通常具有组织功能与校准功能。就组织功能而言，任何程序的设置，都是为了促成目标的实现。通过设定时间、地点、方法、形式等限制，程序提供了特定的路径，方便参与者实现目标。由此，程序在表面上看总是附属于目标的。但是，由于程序为目标提供了路径，所以对目标而言又是不可或缺的，由此程序获得了实质性的存在价值。特别是当参与者之间存在竞争关系时，程序使中立的第三方进入选择过程，对可能形成的僵局进行组织、协调，并进而促成评价、判断以及选择。

程序规范还具有提供实质性客观标准的校准功能。通过提供一套指标、参照系、基本单位或计算公式，程序起到了促进目标客观量化的作用。例如，这种情况在土地征用立法中具体表现为补偿标准、补偿计算公式等等。

（2）正当程序对征地权的规范

程序作为辅助性的、工具性的存在，既可以为不正当目的服务，也可以为正当目的服务。"正当程序"的概念使程序摆脱对实体正义的依附关系，获得了独立的合理性价值。从实现程序的组织功能目标看，"正当"程序应当具有中立、对等、公开、开放、稳定的属性。

从实现程序校准功能的目标来看，正当程序则应当具备平等性、对称性（合乎比例）、客观性、及时性及一致性。这些性质无论对程序的组织能力或校准能力都具有决定性意义，并构成现代正当程序原则中的平等保护与法律面前一体适用的基本原则。鉴于正当程序促进实体权利的作用，正当程序逐渐成为合法性的基本依据，甚至成为合宪性与正当性的基础。

从规范角度看，正当程序对财产权的保障功能是被逐渐认识并确立的，并且经历了从一般性程序限制到严格程序限制的过程。通过程序性限制保障财产权的历史可以追溯到英国1215年的大宪章，其中为了保护英国教会与贵族的财产权，明确限制国王通过征税手段剥夺财产权。1295年《无承诺不课税法》禁止政府未经权利人同意课税及征用或摊派其他物资，权利人同意成为课税或征用的基本程序性要求。1789年法国人权宣言第17条进一步明确，"财产是神圣不可侵犯的权利。除非当合法认定的公共需要所显然必须时，且在公平而预先赔偿的条件下，任何人的财产不得受到剥夺。"在此，公平而预先的赔偿就是程序性限定，通过时间上的组织功能与赔偿标准的设定提供了对财产权的保护。1791年，美国宪法第5条修正案作了类似规定，"任何人……不经正当法律程序，不得被剥夺生命、自由或财产。不给予公平赔偿，私有财产不得充作公用"❶。其后，美国通过一系列司法审判将上述原则具体化为特定的准则与标准，从而为财产权的正当程序保护提供了最经典的范本。这些具体的准则与标准包括：公共用途检验、实体侵占标准、财产价值实质性损害标准、公平市价补偿标准、利益均衡标准以及事先通知与事先补偿等等。通过将征收征用的时间、方式、补偿标准进行技术处理，使之能够反映财产权的客观价值，实现征收征用的效率目标。

总而言之，正当程序对财产权的保护是通过对财产关系的参与人进行组织、归位，对财产权交易进行时间上、形式上的安排，对财产权交易规定相应的标准等环节实现对财产权交易的组织与标准化的。对于征地机构而言，一系列的程序性安排为土地征用权设置了繁杂的步骤与程式，只有依次通过这些障碍，才能实现对他人财产的占有。这些障碍表面上提高了政府的征用成本，但实质上也为征地权的实现提供了保障。特别是，程序的设置不但对政府权力提出了限制性的条件，也对财产权人提出了限制性的要求。从纯粹法的意义讲，程序的设置产生了一种过滤效应，有助于交易双方认识财产的客观价格。而正当程序的采用，则对政府行使征地权提出了进一步的正当性要求：即不仅要求政府行为的目的合理，同时也要求政府行为具有与目的相符合的形式合理性。

土地征用程序主要包括三个步骤：征用土地的公告或通知程序，保障有关人员充分的知情权；所有受影响的土地权人参与土地征用过程的公开程序，明确有关权利人的参与权和异议权；司法救济程序，允许有关权利人寻求司法救济，通过司法权制约政府的土地征用行为。以美国为例，政府的征地行为通常遵循如下步骤：

（1）预先通告；

（2）政府方对征用土地进行评估；

（3）向被征用方送交评估报告并提出补偿价金的初次要约，被征用方可以提出反要约；

（4）召开公开的听证会说明征用行为的必要性和合理性，如果被征用方对政府的征用行为本身提出质疑，可以提出司法挑战，迫使政府放弃征用行为；

（5）如果政府和被征用方在补偿数额上无法达成协议，通常由政府方将案件送交法院处理。为了不影响公共利益，政府方可以预先向法庭支付一笔适当数额的补偿金作为定金，并请求法庭在最终判决前提前取得被征用土地。除非土地所有人可以举证说明该定金的数额过低，法庭将维持定金的数额不变；

（6）法庭要求双方分别聘请的独立资产评估师提出评估报告并在法庭当庭交换；

---

❶ 周大伟：《美国土地征用和房屋拆迁中的司法原则和判解——兼议中国城市房屋拆迁管理规范的改革》，http：//www.civillaw.com.cn/weizhang/default.asp，2005 年 12 月。

（7）双方最后一次进行补偿金额的平等协商，为和解争取最后的努力；

（8）如果双方不能达成一致，将由普通公民组成的民事陪审团来确定"合理的补偿"价格数额；判决生效后，政府在30天内支付补偿价款并取得被征用的土地。

3．公平补偿

土地征用补偿是世界各国土地征用权行使的"三大要件"或"三大原则"之一。这是在公权对私权侵害时的必要赔偿。任何国家都规定了补偿制度，区别在于被征用人所得到的补偿是完全补偿还是不完全补偿，这反映了对相对权利人财产保护的力度。公平包含三层含义：首先是主体的公平，即有权得到补偿的不仅仅包括财产的所有人，还应当包括财产相关的收益人，如房地产的承租人。其次是客体的公平，即取得补偿的对象不仅仅包括房地产本身，还应当包括房地产的附加物，以及与该房地产商誉有关的无形资产。最后是估价的公平，即法律要求补偿的金额应当以"公平的市场价值"为依据。确定公平市场价值的最有效方式是双方分别聘请独立的资产评估师进行评估。如果各自的评估报告结论相差悬殊，则由法庭组成的陪审团裁定。

（三）我国土地征用制度的评价

我国城镇土地属国家所有，农村土地属农村集体经济组织所有，国家可以按照有关法律规定，采取带有一定行政强制性的方式对农村集体经济组织所有的土地实行征用，并支付一定的征地补偿费。随着房地产市场的不断发展，我国土地征用制度也在不断完善，但也存在着一些问题。下文对我国土地征用制度作一简单评价。

1．"统一征地"有利于政府垄断土地一级市场

"统一征地，统一出让"使政府能够垄断土地一级市场，从根本上决定了土地产权流转的方向，有利于控制和调节国有土地的出让数量和出让时机，促进土地的合理和集约利用。

统一征地从制度上防止了随便占用农用土地、占用优质耕地现象的发生。相对于建设用地单位面积，农用土地单位面积经济产出低，在经济利益的驱动下，很多农用土地、包括耕地，只要有可能，就会被放弃农用，而投入发展非农产业。通过统一征地，政府就能够有计划地通过单位面积农产品产量的提高弥补农地或者耕地占用导致农产品生产面积减少的损失。同时，通过统一征地控制农用土地用途转变，也可以保证区域土地有适当的植被覆盖比率，有利于区域生态系统物质和能量的良性循环，维护生态平衡，促进土地可持续利用和区域可持续发展。

2．补偿标准过低，未能体现农地实际效用的价值

《中华人民共和国土地管理法》规定：征用的土地按照被征用土地的原用途给予补偿，以耕地前3年的平均年产值为基础，按照不同类别的土地分别乘以不

同倍数计算征地补偿费；同时规定，征地补偿费最高不得高于前3年平均年产值的30倍。家庭联产承包责任制的实行，使土地的所有权和使用权分离，土地的承包经营权对农民具有就业功能、社会保障功能和财产功能。

随着我国经济的发展和农民直接来源于土地收入的减少，土地的财产功能日渐强化。土地的财产功能具体体现在两方面，一是增值性。在土地供给有限，但对非农用地的需求却有增无减的情况下，必然造成被征农地价格的上涨。二是交换的等价性。即在市场经济条件下，土地的承包经营权应具有商品属性，其交换应遵循等价原则。因此，这种征地补偿法显然只考虑了农地作为农业生产资料的使用价值，但却忽视了土地的财产性质。并且，在具体分配上，在扣除了给集体经济组织和安置单位这两大部分外，剩余补偿费在遭遇层层截留之后，最后到农民手里的份额少之又少。

关于土地征用补偿费的计算，至少应当按照项目国民经济评价中的农用土地影子费用的计算方法进行，它等于土地的机会成本加上国民经济为项目占用土地而新增加的资源消耗（如拆迁费、剩余劳动力安置费等）。其中，土地的机会成本应当按照因为建设项目占用而放弃的该土地目前"最佳可替代用途"的净收益计算。

新增加对于资源消耗的价值也应当按照适当的方法加以计算。例如，拆迁费至少可以按照城市房屋拆迁安置标准进行补助，剩余劳动力安置费可以按照城市新增加1个就业岗位需要的投资，或者每增加1个下岗工人或者退休职工的社会保障支出费用计算。

3. "以公共利益需要为目标"的土地征用范围太过宽泛

征用土地范围在法律上规定是"为公共利益的需要"，这几乎是所有国家和地区土地管理法律或者法规的共识，但是，什么是"公共利益的需要"却很难找到一个共同的具体答案。

我国目前相关法律并未对"公共利益"作出明确的界定，且未对这种政府征用权设置范围、制定程序。所以，对公共利益的解释便成为各级政府的"自由裁量权"。另外，根据《土地管理法》的规定："任何单位或个人进行建设，需要使用土地的，必须依法申请使用国有土地"，"依法申请使用的国有土地包括国家所有的土地和国家征用的原属于农民集体的土地"。因此，也就将《宪法》规定的征地范围从"公共利益的需要"扩大到包括非公共利益需要的一切用地项目。这一规定意味着，凡是不属于该集体经济组织的用地单位或个人需要使用土地，都要借助政府征地这一途径，都可以政府动用征地权。其后果是，一方面造成了寻租行为和腐败现象；另一方面，并且是更重要的一方面，是由于土地的使用是有偿的，政府凭借对农地征用的行政垄断征用权低价甚至无偿获取了城市建设用地，然后将国有土地在城市二级土地市场高价出售，这其中巨额的差价落入了政府手中，极大地刺激了地方政府征用土地的动力，许多征地也就超越了公共利益的范围，进入了包括非公共利益需要的一切用地项目。

4. 缺乏民主的征用程序

征地过程是一个相当复杂的过程，它涉及四个主体，即农村集体经济组织、农民、政府和土地使用者，从而也就牵涉到六种关系，即农村集体经济组织和政府、农村集体经济组织和土地使用者、农村集体经济组织和农民、政府和土地使用者、政府和农民以及农民和土地使用者的关系。我国现行征地程序是在规定了征地补偿安置方案后，相关地方政府才张贴公告，听取被征地的农村集体经济组织和农民的意见。这显然在很大程度上剥夺了农民的参与权和合理申诉权。

二、土地转让

在土地市场上，政府作为从农村征用的土地或者城镇土地的法定所有者，会将一部分土地的使用权以一定的方式出让给房地产开发商或企事业单位，由此形成土地二级市场，也即土地批租市场。同时，取得了土地的房地产开发商或企事业单位之间由于某些原因会发生土地使用权的再转让行为，由此形成土地三级市场。这里的土地转让包括除土地一级市场交易以外的土地二级市场交易和三级市场交易行为，即土地批租和土地使用权的再转让。

（一）土地批租

土地批租是指国家将城市闲置土地或是从农村征用的土地使用权在明确规定用途、使用年限和其他使用要求的条件下，采取一次性收取地租的方式，有偿出让给房地产开发企业或企事业单位等土地使用者。

土地批租是有偿、有期限地取得土地使用权的一种形式。我国目前的土地使用制度规定：国家拥有土地永久所有权，并按所有权与使用权分离的原则出让、转让土地使用权，根据条例及依据相关法律取得土地使用权的开发商，其使用权在使用年限内可以转让、出租、抵押或者用于其他经济活动，其合法权益受到国家法律保护❶。

1. 土地批租的对象

（1）熟地批租

熟地批租是指由政府投资兴建必要的基础设施，形成较好的投资环境，吸引投资者投资办厂，土地使用权经出让而转移，我国土地批租的试点阶段，多采用这一形式。

熟地批租对政府的好处在于：① 经过"三通一平"或"七通一平"的成片开发后，基础设施较为完善，土地就能增值，将这种熟地出让或出租给承租者，

---

❶ 黄建军：《房地产经营管理》，企业管理出版社，1994年，第10页。

政府可获得土地增值的收益。② 政府投资开发生地，使之变成熟地，有利于避免地产商对土地的囤积及土地投机。③ 大片开发土地由地方政府掌控，可以根据产业政策规划建设项目，从而使土地得以合理使用。

熟地批租对开发商、投资者的好处是：开发商或投资者不必进行巨额投资，从而减少了投资风险。熟地批租对投资者的不利因素是：不可以通过土地使用权的转让获得丰厚的土地增值收益，获得的收益仅仅是地上建筑物的增值收益，难以进行土地投机活动。

（2）生地批租

生地批租是指地方政府出让土地使用权后，让投资者进行基础设施建设，并由其对外招商。生地批租的基本特征是：① 将郊区农村集体土地征用转为城市新区土地，使城市建设资金分布在更广阔的空间。② 生地批租一般是土地所有者同开发商一次性签约，长期出售土地使用权，一次性收取土地使用费。③ 开发商需进行巨额投资，承担土地的"三通一平"或"七通一平"活动，投资风险由开发商承担。④ 通过生地批租政府可获得巨额土地使用费，同时开发商将获得土地增值收益。

在生地批租中，政府必须防止土地承租者进行土地投机，因此，可能按项目批地，并根据建设进度，分期审批、分期定价、分期出售。生地批租形式能否推行，并不决定于地方政府的主观愿望，而是取决于谋求这块土地使用权的承租者的愿望、合适的出让条件、对未来能够获得利益的可靠程度等条件。

（3）毛地批租

毛地批租是土地批租的另一种形式，指地方政府出让土地使用权后，由投资者进行旧城区基础设施改造，即旧城区尚未动迁的土地、原有居民的动迁以及土地再开发都由土地使用权承租人承担的形式。毛地批租有以下特征：① 开发商既要垫付土地使用费，又要筹集土地开发资金，还须支付拆迁费，而且这笔费用具有不确定性。② 旧城区批租土地的增值潜力通常较大。③ 毛地批租通常要求土地使用符合城市规划要求，从而影响容积率，使开发收益受到限制。

2．土地批租的交易方式

我国国有土地使用权的出让方式有三种，即拍卖、招标和协议。具体采用哪种方式出让土地使用权，要根据出让土地的具体情况和土地用途确定。

（二）土地使用权的再次转让

土地使用权再次转让是指土地使用者将土地使用权再转移的行为。土地使用权新的受让者承袭原受让者与当地政府建立土地使用权出让和受让的经济关系及相应的权利和义务。在我国目前的地产市场上，通过合法转让获取使用权的土地来源有两类，一类是以出让方式获取的土地使用权，经过一定的投资开发或使用后再进入土地市场，转让出让年限余期的土地使用权。另一类是原行政划拨的土地使用权，经过补办土地出让手续，补交土地出让金的合法程序后，进入土地市场而转让剩余使用年限。

土地使用权转让有出售、交换和赠予三种基本形式。出售即为买卖，是指土地使用者为获取价款而将土地使用权转让给他人，受让人在支付价款后取得土地使用权的行为。其主要特征是土地使用权的转移和为这种转移而支付土地使用权转让金。交换是指两个土地使用权的拥有者，将各自土地使用权进行互换的行为。交换土地使用权的双方权利义务相互对等，交换双方有保证对方所获得权利不受第三人追夺的义务。赠予是指赠予人自愿把土地使用权无偿转移给受赠人的行为。赠予的基本特征是无偿，受赠人接受土地使用权而不必付出任何代价。

在我国实行土地登记制度下，出售、交换和赠予三种形式的土地使用权属变更必须按规定办理变更登记手续、更换证书。一般情况下，土地使用权人在通过协议、招标、拍卖等方式取得土地使用权后即可以自由转让。

第二节　房屋买卖与租赁

一、房屋买卖与租赁的一般描述

（一）房屋买卖

房屋买卖是指房屋的产权人将产权以有偿方式转移给购买人的一种交易活动。房屋买卖是房地产开发企业或房屋拥有者一次性把房地产出售给需求者，包括房产的所有权以及所属土地的使用权，从而一次性地回收投资。

1. 房屋买卖的特点

房屋买卖是房产流通的一种常见方式。与其他商品买卖一样，其流通过程与消费过程是分离的，卖方一次收回所支付的成本并获取利润，买方一次取得房屋的所有权和全部使用权。当然，由于房产的价值量很大，考虑到消费者购买能力的限制，在购买中可以采用分期付款的方式。从根本上说，采用分期付款方式购买房产，也还是一般的商品买卖。一方面，购买者要付清房产的全部价值，取得房产的所有权和全部使用权；另一方面，采用分期付款方式，流通时间与消费时间仍然存在着差异。买方支付了房产的全部价值，即得到了房产的所有权和使用权；卖方收回了房产的价值，即退出了流通领域，在此之后的时间为单纯的房产消费时间。总之，无论采取一次性付款，还是采取分期付款方式的房产销售，都是一般意义上的商品买卖。

同时，房产的出售也有不同于一般商品流通的特点。一般商品从生产领域向消费领域的转移，都要发生地点上的变化。而房产是固定的、不能移动的，因此房产的生产与消费在地点上是一致的，即在商品流通中不是以实物形式在买卖双方之间流动。而是以产权证上所有权人的变更来实现的。因此，房屋所有权和使用权的取得或变更的重要依据就是房产产权证上所有权人名称的改变。

2. 房屋买卖的方式

按照房屋交货期限的不同，房屋买卖分为建成后的买卖（现房买卖）和建成前的买卖（期房买卖）两种。其中，预售是房屋出售的一种特殊形式，是在房屋尚未建成前就把它预先销售出去。其实质是一种房地产期货买卖，买卖的只是房地产的一张期货合约。

（二）房屋租赁

房屋租赁是指以房屋作为标的物的租赁，在房屋租赁关系中，出租人将房屋租给房屋承租人使用、收益，并收取租金的行为。出租房屋供他人使用，并收取租金的一方为房屋出租人，支付租金、使用房屋的一方为承租人。

租赁具有以下特征：承租人不取得财产的所有权，而只享有财产的占有权和使用权，财产所有权仍为出租人享有；租赁的标的物是特定的、非消耗物；租赁关系终止时，承租人应将财产交还出租人。

房屋租赁也是房产流通的一种重要方式。它属于商品买卖，同时又具有自身特点。由于房屋价值量大，使用期限长，所以其价值可以在一定期限内零星出卖，即房屋租赁。房屋租赁的流通过程与消费过程是同时进行的。在消费期间，承租人（买者）享有房产的使用权，并支付租金；出租人（卖者）并不是一次收回房产的预付资金和利润，而是以加价的方法，通过租金形式逐渐收回，并且其所付出的只是一定期限内房产的使用权，而所有权始终没有出让。

房屋租赁与房屋买卖的主要区别是：房屋买卖是房屋所有权的转移，通过买卖，买受人取得房屋所有权；而房屋租赁则不发生房屋所有权的转移，所有权仍由房屋所有人即出租人享有，承租人只取得房屋的使用权和收益权。房屋买卖必须办理房屋所有权的转移手续，房屋管理部门对房屋买卖管理较严；房屋租赁则只须到房屋管理部门备案即可。房屋买卖，买受人取得房屋所有权，可以自由处分该房屋；房屋租赁，承租人不享有房屋的处分权，只能按照租赁合同的规定合理使用房屋，并在租赁期满后将房屋交还出租人。

二、房屋买卖与租赁的价格分析

（一）房屋买卖与租赁价格的定性分析

1. 房屋买卖价格

早在 1992 年 7 月 20 日，国家物价局、原建设部、财政部、中国人民建设银行印发的《商品住宅价格管理暂行办法》就规定：商品住宅价格应以合理成本为基础，有适当利润，结合供求状况和国家政策制定，并根据楼层、朝向和所处地段等因素，实行差别价格❶。

一般来说，各地的销售价格构成大同小异，主要有房屋建筑成本、销售费用及税金、利润等构成（见图3-1）。

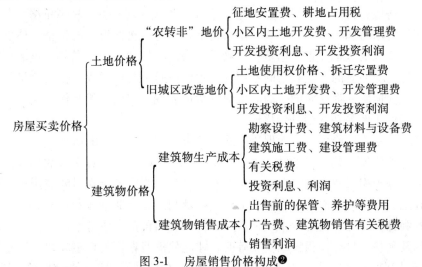

图3-1　房屋销售价格构成❷

2. 房屋租赁价格

恩格斯分析房租时指出："租价，即所谓的租金的构成部分是：① 地租；② 建筑资本的利息，包括承造人的利润在内；③ 修缮费和保险费；④ 随着房屋逐渐破旧无用的程度以每年分期付款方式支付的建筑资本补偿费和保险费（折旧费）包括在利润内。"

房租通常包括房屋生产和流通过程中的全部费用和盈利。具体包含折旧费、修缮费、管理费、税金、利息、保险费、利润和地租八项因素。

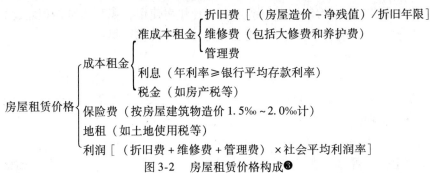

图3-2　房屋租赁价格构成❸

❶　周淑云：《房地产价格评估》，中国建筑工业出版社，2001年，第56页。
❷　根据乔志敏：《房地产经营管理教程》，立信会计出版社，2001年，第162页修改。
❸　根据陈龙乾等：《房地产经营与管理》，中国矿业大学出版社，1996年，第292页修改。

（二）房屋买卖与租赁价格的定量分析

在房地产交易中，一个重要指标是房屋的租售比价。房屋租售比价是指在相同时期内同一类房屋的租赁价格与出售价格之间的比例关系。它的表达形式为：

房屋租售比价 = 每平方米年（或月）租金 ÷ 每平方米房屋价格

房屋有出售和租赁两种形式，出售价格是住房一次性售出的价格，体现一定时期住房市场的供求关系；租赁价格则是住房商品的"零售"价格。两者区别在于，住房价值回收的形式和时间不同。出售价格是一次性回收；租赁价格是延期多次回收。但两者都是对同一商品价值的货币表现，它们的相互作用主要表现为房租和房价比例关系的相对变化。

合理的租售比价可以有效促进住房租赁市场与买卖市场的协调发展。住房租售比价合理首先应具备的条件为：在住房租赁期满时，购房者支付的全部费用的本息之和等于租房者支付的全部租金的本息之和。购房者所支付的费用包括房价款及利息、在住房寿命期交付的全部房产税及利息、全部维修费及利息、全部保险费及利息；而对于租房者来说，其所支付的费用包括在住房寿命期内交付的全部房租及利息。只有在租售利益相等时，才能使消费者租买自愿。即：

房价款及利息 + 房产税及利息 + 维修费及利息 + 保险费及利息 = 全部房租及利息[1]

在购房者的住房支出中，房产税、维修费、保险费都是在住房寿命期内分期支付的，其支付时间和支付数量与房租中的房产税、维修费、保险费的支付时间和支付数量基本一致。因此，可以假定等式右边全部房租中也有一个与等式左边房产税、维修费、保险费相等的量，把上面的等式变形可得：

房价本息之和 = （全部房租 - 房产税 - 维修费 - 保险费）后的本息之和

设 P 为每平方米房价，R 为每平方米年租金，d 为房租中房产税、维修费、保险费所占的比重，r 为长期定期存款利息率加一定的风险利率（如1%或2%），n 为住房寿命年限，q 为使用面积系数（一套住房使用面积与建筑面积之比），K 为租售比价，假设住房残值为0。把上述符号代入等式可得：

$$P(1+r)^n = R(1-d) \times [(1+r)^n - 1] \div r$$
$$R/P = r \times (1+r)^n \div (1-d) \div [(1+r)^n - 1]$$

由于租金一般是按使用面积计算的，而房价是按建筑面积计算的，为了使计算单位统一，把建筑面积还原为使用面积，应在等式右边乘以 $1/q$。

$$K = r \times (1+r)^n \div (1-d) \div [(1+r)^n - 1] \div q$$

由以上公式可知，住房的租售比价 $K = f(n, d, r, q)$ 是4个变量的函数，它会随着4个变量的变化而改变。假设 $d = 30\%$，$r = 7\%$，$n = 50$，$q = 0.75$，那么 $K = 0.138$，即 $K = 1/7.25$。

---

[1] 杜文星：《住宅房地产价格形成机制研究》，新疆农业大学硕士学位论文，2003年，第16页。

国外住房租售比价一般平均为1∶8，即每平方米年房租与每平方米房价之比为1∶8，每平方米月房租与每平方米房价之比1∶100。这只是一个经验数据，实际上住房租售比价是一个动态的变量。当市场上租售比价刚好等于合理的 K 值时，在没有其他因素干扰的情况下，消费者租房或购房的概率应各为50%。政府对住房市场的宏观调控就可以将 K 值作为依据，根据所要达到的政策目标出台一些有倾向性的经济政策。

根据以上房屋租售比模型，如果已知合理租售比价和房价就可以推导出合理的租金；反之，如果已知合理的租售比价和市场均衡租金，又可以推导出合理房价。

第三节　房地产市场交易的其他形式

一、房地产互换

房地产互换是指房地产所有者或使用者为了生活工作方便、相互之间交换房屋的使用权或所有权的经济行为。在我国，是指城市直管房、单位自营房、私房产权所有者之间根据所有者和使用者各自的需要，按有关政策和程序进行的以房产互换为主、经济补偿为辅的以房易房的房地产流通形式[1]。

房屋互换主要有两种情况：一种是互换房屋所有权及该房屋所占用的土地使用权；另一种是互换房屋使用权，但房屋所有权不变。

房屋交换是一种以物换物的交易行为，必然体现着公平、自愿及等价交换的原则。交换双方或多方自己或通过中介组织自愿进行选择，选定满意对象后，交易才能达成，所以房屋交换是一种公平、自愿的交易活动。

在我国，房屋使用权互换始于20世纪50年代中期。由于政府对城镇住宅实行统一分配制度，一旦分配既定后，流通就很难再进行。事实上，住房需求随家庭人口、工作变动、社会经济发展、环境条件改变等不断变化。但随着市场化程度不断提高，互换这一方式已经逐步消失。

二、房地产抵押

抵押是一种债务的担保形式，是指债务人或第三方提供一定的财产作为履行债务的担保，当债务人到期不履行债务时，债权人有权依照法律规定以抵押物折价或变卖抵押物优先受偿。提供财产的为债务人或第三方抵押人，接受抵押的债权人为抵押权人。抵押的财产既可以是动产，也可以是不动产。

---

[1] 吕萍：《房地产经营》，中国人民大学出版社，1997年，第161页。

房地产抵押是房地产作为标的物的抵押关系，它是指债权人或第三方以房地产作为履行债务的担保，当债务人逾期不履行债务时，债权人（即抵押权人）依法将房地产折价抵作价款或变卖房屋优先得到清偿。

（一）房地产抵押的类型

按照进行房地产抵押的抵押人或称借贷人划分主要有三类：土地开发者，房地产建设者及房地产最终消费者。土地开发者取得开发建设用地后，可以将土地使用权作抵押向金融机构申请房地产抵押贷款。贷款资金主要用于平整土地及地面、地上基础设施的开发建设。

房地产建设的贷款资金主要用于支付建筑材料、人工费用及管理费用等。房地产的最终消费者有单位和个人，贷款资金主要用于单位和个人购房。以上三种类型也可以相应称为土地开发抵押贷款、房屋开发抵押贷款和住房抵押贷款。

房地产抵押也可以分为法定式抵押和公义式抵押两种形式。法定式抵押是将法律承认现有已存在物业提供给抵押权人作为还款保证的形式；公义式抵押是将未有或不存在的物业提供给抵押权人作为抵押担保的行为。这种形式即为"预售房屋"、"在建工程"等客体的抵押。

根据还本付息方式的不同，还可以将房地产抵押区分为固定利率抵押贷款、可变利率抵押贷款等形式。

（二）房地产抵押的特点

房地产固有的属性决定了房地产抵押具有以下一些特点：

第一，发生房地产抵押时，房地产权属向下转移，抵押人仍拥有房地产的占有、使用、受益的权利。这样既保障得到房地产开发建设或消费所需的资金，又可以确保房地产开发项目的顺利进行以及实现房地产的有效、合理利用。

第二，房地产抵押人不履行债务时，债权人有权依法处理房地产，并优先得到偿还。多次发生抵押时，优先权与抵押权顺序一致。

第三，房地产抵押贷款多用于房地产开发和购买住房，贷款一般为长期、低息。房地产开发周期长，资金周转慢，回收期长，所以偿还期也长，而且利息也较低。

第四，房地产作为抵押品进行贷款，债权不仅可靠，而且安全。房地产位置的固定性，以及土地的稀缺性和不可再生性，决定了房地产具有保值性和增值性的特点。

三、房地产典当

房地产典当，是指产权所有人或称出典人将其房地产以一定价格（典价或典金）在一定期限内（典期）交给承典人，使出典人获得一笔贷款金额，而承典人在典期内取得房地产的占有权和使用权。典当期间，承典人所付典金，不计利息；出典人典出的房地产，不收租金。典期届满，出典人退回典金，赎回房屋，典当权便告消亡。这种典当也称"活卖"。如果出典人逾期不赎，则将丧失房地产权，被视作卖断，又称"绝卖"，此时，房地产所有权转移给承典人，典当关系亦告结束❶。

为了全面理解房地产典当的内涵，应进一步了解典当的实际含义。"典"指到期可以赎回的意思，"当"指以实物或房地产作为一种抵押的借贷，所以，房地产典当是又一种以房地产为抵押物的借贷关系。房地产典当与房地产抵押有这种原则相似之处，但也有明显的不同。抵押时，房地产仍为产权所有人自行管理，债权人只能按期取回本息，并无占有、使用房屋的权利。房地产典当则不同，承典人或称债权人在典期内享有房屋的占有、使用、收益和管理权。

房地产典当实质上是房地产所有权人与承典人之间的一种交换关系。房地产所有权人以房屋的使用权与承典人的资金使用权交换。通过房地产典当，不仅使房屋的使用价值在某种意义上得以扩大，例如，房地产所有权人外出，一定期限内不使用房屋，但需要一笔资金，而其房屋与这笔资金相当，而且为了今后能赎回房屋，于是，所有权人在保留房屋所有权的前提下，有限期、有条件地将其房屋典当给承当人；承典人则付给典金，在典当期内获得该房屋的占有、使用和收益权。显然，这一交易方式使房地产的经营活动更趋灵活，也体现了房地产商品使用周期长、价值高、是不动产的特点。

典当交易的结果，使房地产所有权人多余的或暂时不用的房屋使用价值得以实现，又解决了确需房屋使用、手头握有资金的一方对房屋消费的需求，从而缓解房屋的供求矛盾。同时，它也使一部分社会闲散资金得到利用，缓解资金的供求矛盾，促进房地产业的发展。

专题 3-1　美、日、德土地管理制度的比较

土地管理是政府依据国家有关土地管理的法律法规，对城乡土地的占有、分配、使用而进行的规划、组织、控制和监督等一系列活动。土地管理制度作为协调人地关系、合理组织土地利用的制度安排，在城乡建设中占据着极其重要的地位。当前我国城市土地管理面临着两难境地，一方面城市化的高速发展要求城市用地不断扩张，另一方面耕地资源的匮乏和人口的高速增长要求限制城市用地以保护现有耕地。因此，保护和合理开发城市用地，促进城市社会经济的可持续发展成为中央和地方政府制定和管理城市政策的首要问题和任务。

---

❶ 潘蜀键：《房地产经营学》，中国建筑工业出版社，1996 年，第 21 页。

一、美、日、德土地管理制度概况

(一) 美国

美国国家土地管理局是土地管理的主要机构，并以其为核心形成集中、垂直的土地管理体制。主要职责包括：代表国家对城乡土地的利用与保护实行统一规划管理；管理联邦政府拥有的土地；对各州和私人的土地利用行为进行指导、协调和规范；规范全国土地交易行为。在土地规划方面，美国注重各方利益的协调，通过直接民主和法庭诉讼使民众参与土地规划的制定；同时实施严格的土地用途管理制度来限制土地投机。另外，美国对土地征用具有细致严密的规定。

(二) 日本

日本土地管理体系围绕国土交通省构建，通过土地规划、地价管理和土地交易管理实现对土地的管理。首先，规划体系由国土综合开发规划、国土利用规划、土地利用基本规划和城市规划等构成。规划按层次分为全国规划，都、道、府、县规划和市、镇、村规划三级。其次，日本政府每年公布标准地价，定期进行土地所有和使用的实际情况调查。最后，日本政府从20世纪70年代开始建立以限制土地交易为主要目的的土地交易管理制度。通过土地交易审批制度，直接控制某些地区的地价水平和土地使用。

(三) 德国

德国的土地利用管理部门，城镇主要为德国交通、建设与住房部；农村主要为食品、农业部。土地管理的主要内容为土地登记与地籍管理、土地利用规划、土地整理、土地价格以及土地税收等方面。其目的为保障私人的土地所有权和土地价值，促进土地的有效利用，注重生态环境的保护，实现可持续发展。

综上所述，美、日、德三国的土地管理制度的差异比较如表3-1所示。

美、日、德三国土地管理制度的差异比较　　　　　　　　　表3-1

	日　本	德　国	美　国
管理者	国土交通省	城镇：交通、建设与住房部 农村：食品与农业部	国家土地管理局
管理职能	(1) 土地规划； (2) 地价监控	(1) 土地登记与地籍管理； (2) 土地利用规划； (3) 土地整理； (4) 土地价格管理； (5) 土地税收	(1) 土地规划； (2) 管理联邦政府所有的土地及相关资源； (3) 指导、协调、规划各州、私人的土地利用

	日　　本	德　　国	美　　国
措施	（1）土地供应与总量控制； （2）地价管理（公布基准价）； （3）土地交易审批制度	（1）土地利用规划与城市建设规划结合； （2）民众广泛参与土地规划； （3）实施区域开发冻结； （4）确定标准土地价格	（1）公众参与土地利用规划； （2）将土地利用与自然资源、生态环境等结合； （3）强调土地利用规划的弹性； （4）严格土地用途管制

二、美、日、德土地管理制度的启示

美、日、德三国通过上述土地管理措施，较好地实现了本国土地资源的有效、合理利用。这些措施对于我国这样一个人多地少的国家，具有很强的借鉴意义。

（一）土地规划

1. 规划制定

（1）注重土地可持续利用，防止城市无节制扩张

纵观美、日、德三国，政府都非常注重土地的长远开发和利用，实现土地可持续使用是其重要目标。因此我国今后在制定土地利用规划时也应根据社会、经济、人口、资源等发展需求，确定土地利用结构、城市开发区域（严重污染的建筑用地须注明）、储备用地、重建区域、生态敏感区域和保护区域等等。目前我国处于快速城市化阶段，更要防止盲目扩张，注意土地的可持续利用，实现土地合理利用。同时，土地利用规划是整个城市规划的基础；只有土地利用规划完成后，才能编制城市建设规划。而我国由于体制等问题，两者还没有得到很好的协调，目标、技术等都存在一定差异。这种差异造成了土地利用过程中一些无法纠正的失当行为。因此，我国土地利用规划应逐步与城市规划整合，以提高规划的科学性、系统性。

（2）提高土地利用规划制定的透明性

土地利用规划不仅仅是一个规划技术问题，更重要的是一个平衡、兼顾各方利益的社会问题。因此，最终的规划往往不是最优方案，而是各方妥协的结果。所以今后可以借鉴德国和美国的做法，在土地规划过程中增加透明度和公众参与度，充分兼顾各方面利益，采取听证会等形式听取公众意见以保障利益相关者的权利。

2. 落实措施

（1）保障土地规划落实的措施

三国保障土地规划落实的措施有用地使用控制、建筑控制、环境容量控制、设施配套控制以及形体景观控制等。用地使用控制包括用地性质（居住、商业或工业用地等）、用地面积、位置、边界范围等方面的控制。建筑控制主要是对建筑类型、建筑高度、容积率、建筑密度等方面的规定。环境容量控制的指标一般包括人口密度、绿地率、空地率等。人口密度规定建设用地上的人口聚集量；绿地率和空地率表示公共绿地和开放空间在建设用地所占的比例。设施配套控制是对居住、商业、工业、仓储等用地上公共设施和市政设施建设提出定量配置要求。公共设施配套一般包括文化、教育、体育、公共卫生等公共设施和商业、服务业等设施容量的规定。形体景观控制主要是通过城市设计的手段和方法，对开发活动从景观构成上提出的要求，对建筑的风格、色彩、轮廓空间组合等方面进行控制。

（2）防止利用规划变动牟利的措施

这方面可借鉴德国的做法，实施区域开发冻结。在规划修订期内，可对该区域进行开发冻结，禁止在一段时间内任何土地和建筑物的改变。这样可以防止诸如土地使用权人在规划实施前进行临时搭建以谋取更多补偿等行为。此外，城市更新区域以法令形式确定后，该区域也进入临时冻结阶段，以实现对牟利行为的限制。

（二）农地管理

在农田保护方面，可以参照日本和美国的做法，即在城乡结合部的一些地区不过分追求农田集中，而是将农田作为环境景观（即住宅绿地）加以保护，大力发展插花式农田，积极向景观农田转变，不单纯追求经济效益，更要考虑生态效益，努力提高城市宜居度。另一方面可以参照美国的做法，实行严格的用途管制来重点保护农田，防止城市的无限制扩张。参照美国将农地划分为四大类：一类是基本农地，最适于生产粮食，禁止改变用途；二类是特种农地，适于生产特定的高价值粮食、特种作物，禁止改变用途；三类是重要农地，是不具备基本农地条件而地位又十分重要的农地，可有条件改变用途；四类是可转换农地，是被鼓励继续用于农业生产，且有很好的利用价值和环境效益的其他土地，可以改变或有条件改变用途。

（三）土地利用管理

1. 确定"基准地价"，指导二级市场土地交易价格

参照美国和德国做法，组成"评估专家委员会"编制城市"地价图"，确定各个区域的"标准土地价格"，定期向市场公布。这样既可以实现对土地价格的动态监测，又能作为征税的重要依据。同时，还可以根据住房的交易价格，全面

掌握各地的住房市场情况。我国可以通过建立土地市场动态监测、土地有形交易市场等机制，首先将各类土地交易行为纳入统一监管。同时，对土地交易价格进行申报和公示制度，成交价格产生异动时，政府可通过建立"劝戒"、"限制交易"、"优先购买"等制度，以确保土地市场的正常交易。

2. 强化城市用地效率的管理，严厉管制"睡地"行为

借鉴美国做法，对过量使用土地的企业和个人，鼓励其限期转让超量使用的部分，实行对逾期的超量用地按年缴纳浪费土地的高额罚金或限期无偿收回超量土地的办法。地方政府不干预并且大力支持土地管理部门的执法行为。土地管理部门应该对闲置土地采取严厉的管制措施，坚决无偿收回超过规定期限的闲置土地。应该适度增加一些城市绿化用地和道路交通用地，提高城市居住的舒适度和便捷性；同时，要对工业用地的闲置和低效率的使用加强控制和管理。对旧区的改造要立足土地存量，做好重建规划，完善城市功能，提升城市品位，控制城市无限制扩张。

3. 加快完善土地征用制度

首先，明确界定"公共利益"的范围。征地所涉及的"公共利益"应该是社会普遍共同的利益，而不是某一特定社会群体的利益。其次，制定切实可行的、合理的征地价格标准。对国家建设"公共利益"范围的用地实行土地征用，对私人商业目的的建设用地则实行土地征购制度。征用的价格应该主要以评估地价为准，征购的价格应是经过协商的农转用市场地价加上土地出让金。再次，制定简捷、高效、易操作的征地程序。最后，加强征地管理，切实保证土地政策的实施。

本专题参考文献

[1] 刘玉录. 城市土地制度的国际比较及其启示. 中国房地产. 2002，6：3

[2] 林家彬、乌兰. 城市房地产税费改革：国际经验及政策建议. 改革. 2005，5：110~111

[3] 贾小玫、卢凤、贾秀兰. 城市土地管理制度的国际比较及启示. 统计与决策. 2006，4：64~65

[4] 张国平. 浅议城市经营中土地使用制度的构建. 海南金融. 2002，11：56

第四章 房地产市场收益分配

第一节 房地产市场收益的来源与分配

一、房地产市场收益的来源

（一）房地产市场收益的概念

按照经济学的概念，房地产是一种生产要素。由于房地产所处的条件不同，即房地产的位置不同，以及交通条件、商业繁华程度、基础设施条件、环境质量、资本集约程度等的差异，在生产、经营和使用过程中就会带来不同的利润，形成不同的收益和效用。

美国著名经济学家欧文·费雪从收益的表现形式上分析了收益的概念，提出三种不同形态的收益：（1）精神收益，即精神上获得的满足；（2）实际收益，即物质财富的增加；（3）货币收益，即增加资产的货币价值。三种收益，既有可以计量的，也有不可计量的。其中，精神收益因主观性太强而无法计量，一般只侧重于研究实际收益和货币收益。前者是产出价值大于投入价值的差额，后者是持有利得、即未实现收益。

（二）房地产市场收益的构成

房地产是由房产和地产构成的，因此，房地产收益一般可以分为土地收益和房产收益。

1. 土地收益

土地由于其物质特性，它的价值或收益的形成比较复杂。从经济学上说，土地收益的实质是超过平均利润的超额利润，即从企业产品价格或经营收入中扣除产品的成本和平均利润以后的余额或余额的一部分。

由于城市土地财产是由土地物质和土地资本构成的，在理论上可以把土地价格区分为土地资本价格和土地物质价格两部分。土地物质主要是由土地的自然条件决定的；土地资本主要是由土地投资决定。因此土地收益价格可以分为土地物质的收益和土地资本的收益。土地物质收益是由土地物质条件带来的，土地资本收益则是由土地投资带来的。

社会生产总是在一定的生产关系下进行的。在不同的生产关系下土地收益的形式是不完全一样的。在土地所有权与土地使用权统一的情况下，土地收益是不会单独存在的，而是作为土地总收入的构成部分。在两者分离的情况下，土地使用者为了从土地所有者手中取得土地使用权，必须向土地所有者支付一定的报酬，这种报酬就是地租。地租是土地所有权在经济上的实现形式，也是土地所有权收入的形式。

资本投向土地也要取得平均利润，如果得不到平均利润，资本就不会投入土地。土地投资者取得平均利润以后，如果还有一部分价值能够作为地租交给土地所有者，只能是超过平均利润的余额。根据这个余额或超额利润形成的原因不同，马克思把地租区分为级差地租、绝对地租和垄断地租。级差地租是由土地经营权垄断决定的；绝对地租是由土地所有权的垄断决定的；垄断地租是由特殊地段具有特殊的使用价值决定的。❶

级差地租、绝对地租和垄断地租，是经济学上的地租或本来意义上的地租。但是在现实经济运行中，土地收益不仅包括真正的地租，而且还可能包括土地资本的补偿和土地资本的利息以及土地投资的平均利润和劳动者的部分收入。

我国土地收益的表现形式有两种，即土地出让金和征地补偿金。土地出让金是政府将土地一定年限的使用权转让给市场主体时所收取的费用，反映了土地使用权的交易关系。征地补偿金是国家在征用集体土地时给予集体土地所有者的补偿，反映土地所有权的交易关系。

2. 房产收益

房产在生活中扮演着很多角色，房产意味着居所、社会地位和一项投资。从投资功能来讲，房产可以带来租金收益或转售收入。但从居所、社会地位功能来看，房产为所有者带来的这些满足感是非金钱的。因此，房产收益可分为货币收益和非货币收益。货币收益包括租金收入、转售收入及经济寿命周期末可回收的残值。非货币收益表现为房产拥有者拥有房产所获得的自尊、自我实现以及所带来的安全感，它表现为一种心理效用。

二、房地产市场收益的分配

在市场经济条件下，房地产收益是以租、利、税、费的形式表现出来的。房地产所有者和经营者的根本目的都是为了取得收益。房地产租、利、税、费就是房地产收益在房地产所有者、房地产经营者或使用者、房地产服务者及房地产管理者之间的分配。房地产租、利、税、费体现的经济关系不同，在经济中发生的作用或实现的功能也不同，但是不管房地产收入分配的形式如何组合，这些形式总会构成一个有机的整体，亦即房地产的收益分配体系。

---

❶ 侯廷智：《马克思主义经济学著作选读介绍》，当代中国出版社，2001 年，第 51 页。

（一）房地产管理者

政府对房地产业的管理在收益方面体现为收取税、费，前者是通过非市场的方式强制执行的，后者是通过市场服务的方式获取的。

1. 房地产税是政府财政收入的重要形式，是政府执行政治和经济职能的重要条件

在发达国家，房地产税收在国家财政收入中占有很大的比重，是城市政府收入的重要来源。房地产税收体现政府作为政治统治机构与房地产所有者、经营者和使用者之间的关系。税收手段既是管理者参与房地产所有者和经营者、使用者在房地产市场上取得的收入的再分配的手段，也是管理者调节房地产市场的重要手段。

2. 房地产费是政府机构在管理房地产经营活动中收取的劳务收入

现代公共管理理论认为，政府的角色应该逐渐从管理者转向服务者。即政府要为经济运行提供各种服务，创造一个良好的平台。政府在对房地产业进行管理时，要提供各种服务，这些服务都是有偿的，并按照等价交换的原则收取费用。这些费用体现着政府及其有关部门与房地产所有者和使用者之间的等价交换关系。但是我国目前房地产领域的行政收费存在很多问题，如审批环节过多、行政收费项目繁杂等。政府参与房地产收益分配的动力很强，容易滋生寻租等腐败问题。

（二）房地产所有者

房地产所有者依法享有对自己财产占有、使用、收益、处分的权利。房地产既可自用，也可出租获取租金收入，或者转售实现价值。

在我国，土地所有权的流转一般为单向流转，即通过土地征用，国家获得集体土地所有权，集体经济组织相应获得征地补偿。但是，土地征用通常是出于公共目的，所以土地所有权的转移不完全借助市场分配的方式实行等价买卖。在征地过程中，被征地一方通常得不到足够的补偿。另外，土地所有权人也可以通过出让土地使用权而获得租金参与房地产收益分配。

（三）房地产使用者

对于收益性房地产的使用者，参与房地产收益分配主要是通过将房地产作为要素投入生产经营获取利润来实现，使用者获得的收益主要是经营收入减去为获得使用权而花费的成本及经营成本后的剩余。对于非收益性房地产的使用者，参与房地产收益分配则主要体现为使用房地产时所获得的心理效用，更多体现为非货币计量收益。

（四）房地产服务者

房地产业属于资金密集型行业，同时房地产市场广泛存在着信息不对称。这就需要房地产服务者如房地产融资中介、交易中介等机构来提供相应的服务。市

场经济中，房地产服务者提供的服务也是一种生产要素，必然要求获得收益。所以，房地产服务者提供服务的同时通过收取服务费来参与房地产市场的收益分配。

第二节　房地产市场收益分配的外部性

一、外部性的含义

外部性理论是马歇尔在《经济学原理》中首次提出，其后由庇古最终确定。所谓外部性，是指某一经济主体的活动对于其他经济主体产生的一种未能由市场交易或价格体系反映出来的影响，从而导致资源配置不能达到最大效率、即不能达到帕累托最优。外部性反映私人收益与社会成本不一致的现象。由于这种影响是某一经济主体在谋取利润最大化的过程中产生的，是对局外人产生的影响，而且这种影响又是处于市场交易或价格体系之外，故称之为外部性。[1]

在现实经济生活中，可以将外部性划分为：（1）按外部性产生的不同领域，划分为消费外部性和生产外部性。当一个消费者（或厂商）的行为直接影响另一个经济主体的消费（或生产），而且这种影响未能通过市场交易或价格体系来调节时，则称为消费（或生产）外部性。（2）按实际影响所产生的经济后果，可以将其划分为正外部性和负外部性。正（或负）外部性是指某一经济主体的行为对其他经济主体产生了正（或负）面的经济影响。

二、房地产市场收益外部性的表现

房地产市场收益外部性是指一些个人、企事业或公共机关等主体的房地产经营活动（包括房地产的开发、流通、消费和管理等）对其他一些个人、企事业或公共机关等主体造成了影响，而且这种影响不能反映在市场交易价格中，即这种影响关系不属于市场交易关系。

（一）配套设施完善所产生的正外部性

这一正外部性，简单地说就是轨道交通等配套设施沿线房地产的升值。这是配套设施外部性的最直接表现。另外，外部性也包括密集的人流所带来的商业机会。这些配套设施往往是居民生活工作必须的基础设施，如学校、医院等，受益者主要是开发商和设施周围房地产的使用者。开发商所开发的房地产得到升值，周围房地产的使用者享受到这些配套设施的便利。而配套设施的投资者往往是政

---

[1]　哈尔·范里安：《经济学原理》（第6版），三联书店、上海人民出版社，2001年，第491页。

府部门，当然也包括非政府的第三方投资者。私人收益和社会收益存在差异，社会收益大于私人收益。以轨道交通为例，其外部性的均衡关系见下图4-1。

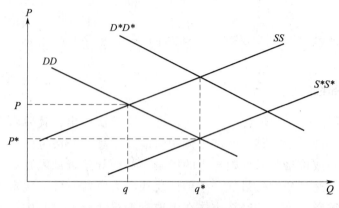

图4-1 轨道交通供需均衡

图中，DD 为轨道交通产品的私人收益，D^*D^* 代表轨道交通产品的社会收益；SS 代表产品的供给曲线；q 表示的是从企业角度考虑最优的供给量，q^* 表示的是从整个社会角度考虑的最优供给量。由于外部性为正，所以 D^*D^* 总是高于 DD，这就导致 $q < q^*$，这表明资源配置是无效率的（具体的效率损失还需根据实际情况计算）。由于轨道交通建设成本的巨大，从企业角度看 q 极有可能趋于 0，无法实现产品的供给。要满足社会需求，企业必须增加供给，此时供给曲线右移到 S^*S^*，则均衡价格为 $P^* < P$，建造者无法获利甚至无法弥补建造成本。为了实现资源的有效配置必须解决轨道交通产品中的外部性问题。

（二）征地征用的外部性

土地征用的外部性是由于法律政策的禁止使经济个体的收益与正常市场交易下的收益不同，属于制度外部性。过低的征地补偿费使政府在从征地过程中得到了大部分土地增值收益的同时，也使得外部成本增加，减少了社会福利。

如图4-2，设 S_0 为没有政府强制的低价征地情况下的农地征用供给曲线，D_0 为该情况下农地征用的需求曲线，此时供需均衡点为 E_0，对应的均衡数量和均衡价格分别是 Q_0 和 P_0。由图4-2可以看出，市场机制下农地征用的均衡点在 E_0 处，此点的供需平衡主要依靠市场这只"看不见的手"来有效控制，被征用的土地数量可以反映实际需求，对土地资源配置起到有效调控作用。

然而，在实际征地过程中政府并没有按照市场价格来确定征地的费用，而是利用政府的强制力压低征地成本，出于带动地方经济的考虑，地方政府有很强的动力这么做。假设政府确定了一个较低的土地征用补偿水平 P_1（即征地价格），此时，假如存在农民自行调节供给土地的可能，他将依据自身效益最大化的考虑

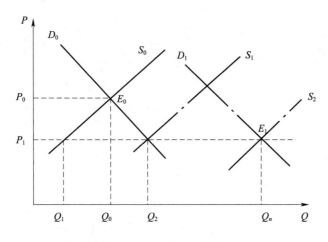

图4-2　土地征用的外部性

将土地征用供给数量调整到 Q_1，然而此时政府的需求量是 Q_2，政府依靠其行政强制力迫使农民以 P_1 的价格供给土地数量 Q_2。于是，土地征用的供给曲线被迫由 S_0 移动到 S_1，相比正常情况下的土地供给数量，土地供给增加了 Q_2-Q_1。过低的征地补偿费与农地转用后增值收益之间的巨大差额会驱使地方政府和开发商产生更多的农地征用需求，使正常情况下的需求曲线向右上方移动，形成低价征用情况下农地征用的需求曲线 D_1。可以预见，在土地征用水平保持不变以及政府强制力的影响下，土地的供给曲线会进一步向右下方移动，直到达到新的需求曲线下的均衡点 E_1，此时农地征用数量进一步增大到 Q_3，这样供给和需求的不断扩张使土地征用过多、过滥，征用后的土地得不到最佳利用，造成土地资源利用的不经济和低效率。

（三）房地产开发的外部性

当房地产企业的开发活动妨碍或便利了其他经济主体，但又没有为这种妨碍而承担补偿或因为提供便利而获得报酬，这时便形成房地产开发的外部性，包括对其他生产者的外部性和对消费者的外部性两个方面。

1. 对生产的外部性

房地产开发施加于其他经济主体生产的外部性，包括外部不经济和外部经济两种形式，可以从宏观、中观和微观三个层面来看。

在宏观的、对整体国民经济发展的影响来看，这一外部性是指房地产开发作为一个资金密集的过程，其资金使用的外部不经济对宏观经济运行会产生较大的冲击，主要体现在行业资金的联动效应上（图4-3）。房地产开发的扩张对其他行业的外部不经济，使国民经济过于依赖房地产及其关联行业，容易造成国民经济结构的不均衡。

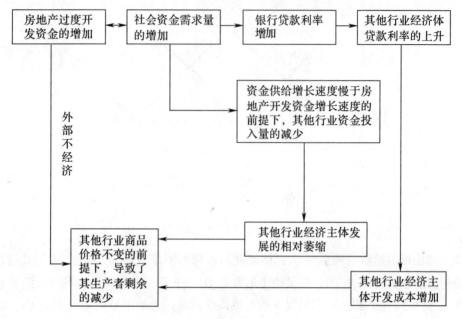

图 4-3　房地产开发的外部不经济

中观层面上,房地产业作为国民经济的支柱产业,其发展带动了许多关联产业,如钢铁业、建材业、建筑业以及金融业等。但若其紧缩或萎靡不振,则可以导致这些行业账款无法收回、业务量下降等。

微观层面看,例如一个房地产商在市郊开发了一片住宅,并完成了附近的基础设施建设,为其他开发商在相邻区域开发各种类型的物业创造了条件,节约了其他开发商的投资和营销成本,从而形成外部经济。

2. 对消费的外部性

房地产开发施加于消费者的外部性,大多是典型的外部不经济。在房地产开发期间产生的噪声污染、建筑垃圾、交通路线的暂时堵塞和改变给附近居民带来了不便,降低了家庭的效用水平,但这种损害并没有在房地产开发商的利润函数中予以考虑。

(四) 房地产消费的外部性

在房地产市场上,房地产消费的外部性主要体现为高收入者的购房行为对低收入者产生的外部不经济,其影响机制见图4-4。由于低档房价格弹性较高,低收入者的消费者剩余在很大程度上被低档房供给商剥夺,若不加以宏观调控,势必会加剧社会财富不平等现象。

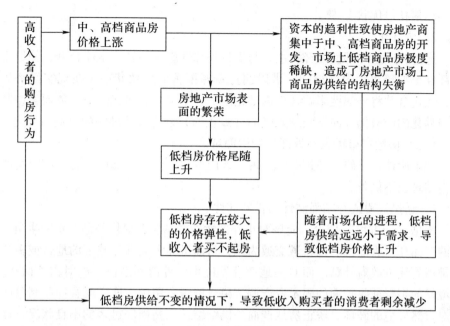

图4-4 房地产消费的外部不经济

三、房地产市场收益外部性的治理

（一）治理外部性的理论

从外部性理论的基本内容中，可以得出如下结论：在存在外部性的场合，市场机制就不能发挥配置资源的作用。从理论上讲，在产权明晰的情况下，通过市场机制可以解决这个问题。科斯定理认为在产权明晰的前提下，外部性制造者可与产权所有者（包括政府、企业以及个人等）进行谈判，以转移支付的方式来进行补偿。但这种方式不具有实际操作性，首先，收益者人数众多，谈判成本非常大；其次，无法避免部分人拒绝支付，从而出现"搭便车"现象。所以单纯通过市场机制解决外部性这一问题是不可行的。在这种情况下，就必须通过法律或政府干预，使其在一定程度上"模仿"市场机制，从而实现资源的有效配置。将外部性相关者组织起来是一种公共性质的行为，因而政府有责任出面解决这一问题。实践中大致有以下两种解决方式：

1. 庇古税

庇古曾提出著名的修正性税，以促使私人成本与社会成本、私人收益和社会收益相一致。其基本原理是：如果由政府对产生外部性的经济主体征收一笔适宜的税收，即对产生消极的（或负的）外部性的经济主体课征正的税收，而对产生积极的（或正的）外部性的经济主体课征负的税收（价格补贴），就会消除私人边际成本（或收益）与社会边际成本（或收益）之间的差异，使资源配置重新回到帕累托最优状态。[1]

2. 内部化

通过将产生外部性的经济主体与受到外部性影响的经济主体合并，使原来的外部性影响转化为内部影响，借以纠正资源配置的低效状态。在现实经济生活中，通过合并将外部性影响转为内部化的例子不少见。但就经济主体而言，其实行内部化的动机仍倾向于吸纳积极的（或正的）外部性使外溢的收益内部化。

（二）房地产市场收益外部性的治理对策

如前所述，一般可通过征收庇古税或内部化来消除外部性，房地产市场的外部性治理也不例外。

1. 通过征税或补贴强制性纠正外部性

根据"庇古税"理论，应该对正外部性的产品生产提供补贴，对产生负外部性的产品和行为征税。以轨道交通为例，目前世界上大部分城市的地铁或多或少地都得到地方政府补贴。而对房地产开发过程的外部不经济，如对占地面积多、环境好的别墅征收较高的固定资产调节税或资源占用税，这样就会抑制别墅的修建对自然环境的破坏，矫正房地产商品供给结构和高档房过多的不良状况，同时征收的税收可以用于促进其他产业的发展，从而一定程度上消除房地产行业过热带来的外部性。又如，在项目征地对部分居民或农户造成不经济的情况下，法律应明确详细的补偿项目，增加开发商的社会成本，这样就对造成外部不经济的行为进行了一种纠正。

2. 通过综合改造促使外部性"内部化"

这一措施在纠正轨道交通产生的外部性方面具有一定可操作性。由于轨道交通建设使沿线的房地产大大升值，如果不给予轨道交通企业房地产开发权，这部分升值就不能转化为轨道交通企业的收入。给予轨道交通企业沿线房地产开发权就是一种将两个利益相关的主体一体化，从而将外部性"内部化"。这是一种有效解决轨道交通企业盈利问题的途径。地方政府可以将轨道交通沿线的部分地上资源、主要是土地资源，交给地铁公司开发。

香港地铁是采用该方式的成功案例。香港地铁 2003 年物业发展利润为 53.69 亿港元，比 2002 年增长了 43%。相对而言，票务收入仅从 1996 年 29 亿港元增长到 2003 年的 50.64 亿港元，增长缓慢。可以说香港地铁的盈利主要得益于其物业发展产生的利润。[2]

3. 加强产权界定弥补外部性

按照新制度经济学的观点，产权不明是产生外部性的根源，因此界定产权是

---

[1] 伍山林：《制度经济学》，机械工业出版社，2003 年，第 98 页。

[2] 香港地铁 2003 年业绩公告，www.mtr.com.hk。

弥补外部性的重要途径。界定那些带有公共物品性质的绿地、会所、停车场、道路等的权属，明确规定房地产开发利用者的行为空间，从而间接地决定产权归属，可以有效纠正房地产市场的外部性。

第三节　房地产市场收益分配机制的国际比较

一、土地征用补偿制度的国际比较

土地征用补偿直接关系到被征地者的经济利益，甚至直接关系到补偿的公平性和土地征用的顺利进行，因此征用补偿机制是一个国家或地区土地征用制度完善与否的表现。

在土地私有制国家或地区，土地征用实质上是把属于私有财产权的土地转化为公有，用于社会发展的一种行为。根据市场经济国家私有财产权受法律保护的原则，对这种转化必须给予合理的经济补偿。征地补偿通常由土地征用费和土地赔偿额两部分构成，其中土地征用费相当于土地价值，一般按照征用时的市场价格给足补偿；土地赔偿费是对土地权利人因征用而造成的经济及其他损失的补偿。下面，我们考察世界主要国家土地征用补偿方面的具体做法。❶

（一）北美

土地征用在美国被称为"最高土地权的行使"，但在建国初期，征用土地是没有补偿的。现在美国土地完全商品化。美国《宪法》明确规定，只有限于公共目的，而且需有合理的补偿，政府及有关机构才能行使征用权。根据美国《财产法》，"合理补偿"是指赔偿所有者财产的公平市场价值，包括财产的现有价值和财产未来赢利的折现价值。美国土地征用补偿根据征用前的市场价格计算，充分考虑土地所有者的利益，不仅补偿被征土地现有的价值，而且考虑补偿土地可预期、可预见的未来价值；同时，还补偿因征用而导致邻接土地所有者、经营者的损失，充分保障土地所有者的利益。

加拿大土地名义上归国家所有，但各级政府对土地都拥有处置权，而且大部分土地实质归私人所有。加拿大征地的补偿按市场原则，先是征用双方就补偿价格进行谈判，如果不能解决，则在取得土地前的一定时期内，征地机构必须为被征者提供"法律出价"服务。法律出价是根据征地法，不动产所有者以其权利要求得到更多赔偿时有权保留的一种"没有偏见"的补偿出价。同时，法律出价需要征地机构对征用财产权益进行正式评估。一些法律补偿出价建立在被征不动

❶　根据钟健、邓大悦. 房地产税制改革：国际借鉴与改革方向. 财经科学. 2003，3；樊华、叶艳妹. 英国房地产税制简介. 涉外税务 2005，4 等有关资料整理。

的公平市价基础上，有的还要加上"有害影响"。补偿一般涉及以下几个方面：（1）有害或不良影响补偿。主要针对被征用地块剩余的非征地，因建设或公共工作对剩余部分造成的损害，可能还包括对个人或经营损失及其他相关损失的补偿。这种补偿不仅包括被征地，还包括受征地影响相邻地区的非征地。（2）干扰损失补偿。被征地所有者或承租人因不动产全部或基本征用，因混乱而造成的成本或开支补偿。（3）重新安置的困难补偿。征用者与土地所有者在征用和相关的赔偿过程中，出现的矛盾通常由赔偿委员会裁定。如果对赔偿委员会的裁定不服，可通过法院判决。

（二）欧洲

英国对土地征用的补偿作了较详尽的规定，包括补偿范围和标准、土地征用补偿的估价日期、补偿争议的处理等。关于土地征用补偿的范围和标准，包括：（1）土地（包括建筑物）的补偿，其标准为公开市场的土地价格。（2）残余地的分割或损害补偿，其标准为市场的贬值价格。（3）租赁权损失补偿，其标准为契约未到期的价值及因征用而引发的损害。（4）迁移费、经营损失等干扰的补偿。（5）其他必要费用支出的补偿（如律师或专家的代理费用、权利维护费用等）。在地价上涨的情况下，土地征用补偿的估价日期成为十分关键的议题。关于补偿的估价日期，英国土地征用评估准则规定，假如补偿金额为双方所同意时，则以土地征用通知日期为估价日期；假如土地征用补偿争议上诉时，则以土地法庭听证的最后一日为估价日期。

德国的土地征用补偿范围和标准为：（1）土地或其他标的物损失的补偿，其标准为征用机关在裁定征用申请当日的移转价值或市场价值。（2）营业损失补偿，其标准为在其他土地投资可获得的同等收益。（3）征用标的物上的一切附带损失补偿。德国被征用土地的补偿价格计算与英国一样，也是以官方公布征用决定时的交易价格为准。在城市再开发区，为了防止利用预期的公共开发事业进行投机活动，政府规定，凡因预测土地将变为公共用地而引起的价格上涨，都不能计入补偿价格。对补偿金额有争议时，依照法律向辖区所在的土地法庭提起诉讼，以充分保障被征地权利的合法权益。同时各类补偿费由征地受益人直接付给受补偿人，且各类补偿应在土地征收决议发出之日起一个月内给付，否则征收决议将被取消。

法国的土地征用补偿价格以征用裁判所一审判决之日的价格为基准。同时为了控制补偿，被征用不动产的用途以公布征用规定一年前的实际用途为准。有关道路、配电设备、上下水道等项目建设需要征用土地时，可作为住宅发展地进行评价补偿。

瑞典有关法律规定，土地补偿费不包括预期土地将变为公共用地而引起的价格上涨部分，以抑制通过改变土地用途、提高土地补偿费的投机行为，其对土地征用补偿价格的计算以 10 年前该土地的价格为准。

（三）亚洲

依据日本《土地征用法》的规定，重要的公用事业都可运用土地征用制度，补偿金额以被征用的土地或其附近类似性质土地的地租或租金为准。具体来看，日本征用土地的补偿包括：（1）征用损失补偿，即对征地造成的财产损失进行补偿，按被征用财产的经济价值即正常的市场价格补偿。其补偿原则一般有：第一，开发者支付原则，即土地所有者因土地被征用等而受到的损失由开发者负担。第二，分别支付原则，即在权利关系错综复杂时，必须对每个权利者分别支付与他们相符的赔偿金。第三，现金支付原则，即原则上要求现金赔偿。第四，赔偿金先付原则，即在被征用者失去权利之前就支付赔偿金。（2）通损补偿，即土地被征用后产生的原土地所有者搬迁费和营业损失费等附带损失。（3）少数残存者补偿，对因征地使人们脱离生活共同体而造成损失的补偿。（4）离职者补偿，对因土地征用造成业主失业损失的补偿，其赔偿原则是在离职者寻找工作所需的期间内，对他支付不超过原工资的适当赔偿金。（5）事业损失补偿，即公共事业开工后所造成的噪音、废气、水质污染等损失的补偿。

韩国土地征用补偿主要包括：（1）地价补偿，为土地征收补偿的主要部分，1990 年韩国《土地公概念法案》统一以公示地价为征收补偿标准。（2）残余地补偿，即土地征用可能导致残余地价值减低或因残余地须修建道路等设施和工程应予以补偿。（3）迁移费用补偿，即对被征地上的附着物，不是进行公益事业所必须的，应给予迁移补偿费用。（4）其他损失补偿，对土地征用致使被征者或关系人蒙受营业上的损失，或因转移建筑物时租金的损失，均给予相应的补偿。

在新加坡，有关土地征用补偿的决定由土地税务兼行政长官作出，但补偿金额由专业土地估价师评估，以公告征用之日的市价为补偿标准。土地补偿的项目包括因土地征用造成土地分割之损害、被征用的动产与不动产的损害、被迫迁移住所或营业场所所需的费用、测量土地、印花税及其他所需要合理的费用等。

（四）我国港台地区

在香港，所有的土地都属于香港政府所有，因此通常将土地征用称为官地收回。征地补偿内容主要包括对被征用土地上任何建筑物的价值及土地之中或之上所有、保留或享受的任何权益、权利及地役权的价值。对于农用地则赔偿在该地耕种的一切农作物及家畜、畜舍的一切损失。补偿的标准以收地当日的市价为准；若由于种种原因，当日的市价不足以补偿原有业主迁移新居或重新作业时，政府在法律许可的赔偿外，另加一笔恩恤补偿，以提高补偿标准。

台湾将土地征用习称为土地征收。台湾土地征用补偿的项目包括：（1）地价补偿。其补偿标准因法律规定有所不同，主要有：第一，已依法规定地价，其所有权未经移转者，依其法定地价。第二，已依法规定地价，其所有权经过移转者，依其最后移转时的地价。第三，未经依法规定地价者，其地价由该管市县地政机关估定。第四，保留征收的土地应补偿的地价，为征收时的地价等。第五，土地征收补偿金通常以现金支付，并为一次性全部支付。（2）改良物的补偿。土地改良物分为建筑物改良物和农作物改良物，前者补偿额为原有房屋的重置价格，即以同样的改良物在评估时重新建筑需要的费用额减去因时间经历所受损耗的数额。农作物改良物补偿的估定，如被征收时与其成熟时期相距在一年以内的，按成熟时估算。此外，若被征收人对补偿建筑改良物或农作物改良物价额的估定有异议的，该市县地政机关应提交给标准地价评议委员会评定。（3）改良物的迁移费。若改良物所有人自愿迁移改良物时，应给予适当的迁移费，包括迁移过程中的全部费用。（4）接连地的损害补偿。其补偿金额不得超过接连地因受征收地使用影响而减低的地价额为限。

（五）结论

比较上述征地补偿制度，可以得出以下结论：

从征地补偿项目来看，各国或地区尽管规定不大相同，但大致包括：（1）地价补偿。（2）地上物（地上建筑物、附着物和构筑物）补偿。（3）征地活动引起的外部不经济补偿，如对残留地补偿、对相邻土地损害补偿等。

从土地征用补偿标准来看，大致可以分为三类：（1）按市场价格补偿，即以土地被征用时在公开市场上能得到的出售价格为补偿标准。（2）按裁定价格补偿，是指按法定征用裁判所或土地估价机构裁定或估定的价格补偿，如法国以征用土地周围土地的交易价格或所有者纳税时的申报价格为参考。（3）按法定价格补偿，是指按法律规定的基准地价或法律条文直接规定的标准补偿，前者例如韩国，在执行公示地价的地域，土地补偿额以公示的基准地价为准；后者如瑞典有关法律规定，对土地征用补偿价格的计算是以 10 年前该土地的价格为准。

从土地征用补偿的计价时期看，各国或地区也略有不同，例如日本以事业认定的具体时间计价，英国以征用者实际占有该土地的当日市价计算，我国香港地区则是以该土地收回当日的市价计算。

二、房地产税费的国际比较

（一）美国房地产税收制度概况

美国住房市场比较发达，到 1997 年底，美国的住房达 1.12 亿套，其中 2/3 的人拥有自己的住房，而且 2/3 以上的住房是独门独院的。联邦住房与城市发展部每年编制 150 亿美元的住房发展计划，用于向 400 万低收入家庭提供住房补贴和资助建设 4400 套住房，2005 年联邦住房与城市发展部的预算为 280 亿美元，占联邦预算的 1.6%。因此，美国住宅业能取得今天的成就，与税收的支持密不可分。

1. 房地产税

美国对土地和房屋直接征收的是房地产税，又称不动产税，归在财产税项下，税基是房地产评估值的一定比例。目前美国50个州都征收这项税收，各州和地方政府的不动产税率不同，平均为1%～3%。由于财产税与地方经济关系紧密，因此多由地方政府征收，除马里兰州将征税权上收到州政府之外，其他49个州都是归地方政府征收。目前财产税是地方政府财政收入的主要来源，同时也是平衡地方财政预算的重要手段，大约占30%。如果扣除联邦和州的转移支付收入，仅就地方政府自身的收入来看，大约占近一半。

2. 房地产交易税、遗产赠予税和所得税

美国房地产交易税的税率约为2%，房地产买卖时缴纳。所得税包括个人所得税、公司所得税、资本利得税和公司所得税。其中个人所得税实行超额累进税率，最低税率为15%，最高税率为39.9%，房地产出租形成的收入适用此税；资本利得税，依据房地产出售所获得的差价收入征收；公司所得税实行超额累进税，税率分15%、25%、34%、35%四档，税基为房地产公司的净利润。遗产赠予税是在房地产作为遗产和被赠予时才征收，规定超过价值60万美元的遗产和每次赠送价值超过100万美元的物品才征收。由于美国房地产的价格不高，旧房经过折旧价值更低，因而实际上很少征收。此外还有少数服务性收费项目，如土地产权登记费等，收费标准统一而且数额很小。

为了保证不动产税的足额征收，各地方政府都拥有自己的房地产估价部门和大量专业人员，这些人员专门从事各类房地产的估价工作。其评估的办法主要有：一是资本还原法。即以房地产的预期收入（如租金收入）为基础的贴现现值的评估方法；二是公平市场价格法。即以房地产的市场销售价格为评估价；三是重置成本评估法。对个人住房仅采取第二种办法。如果业主对估价有异议，可以分级上诉，首先是地方政府的估价办公室；其次是州的仲裁委员会；最后是联邦的税务法院。

在征收管理方面，地方税务部门有一些有效的管理办法。如巴尔的摩市规定，从每年的7月开始征税，并规定最后的缴税日，提前上缴的可获适当减免0.5%～1%；逾期缴税的要罚款；超过规定时间未缴税的，由税务部门没收房地产，进行拍卖。

（二）英国房地产税收制度概况

英国是个房地产税制比较完善的国家，与房地产相关的税种较多，但专门对房地产课征的税种只有住宅税和营业税。这两种房地产税是地方财政收入的重要来源，以英格兰地区为例，两项税收之和在地方财政总收入中所占比重达到30%左右，是最大的收入项目。住宅税和营业税所征集的税款一般专项用于地方基础设施建设和教育事业，在地方经济中发挥着极其重要的作用。

1. 住宅税

英国的住宅税是对居民的住宅依据其资本价值课征的地方税种，其纳税人为年满18岁的住房所有者或承租者。住宅税是英国最大的地方税种，在地方财政收入体系中地位非常重要。以英格兰地区为例，住宅税在地方税收收入中的比重高达45%左右，在地方财政总收入（含中央转移支付资金）中的比重也稳定在15%左右。地方政府课征此税的目的也非常明确，就是为地方财政筹集充足的收入，以弥补财政支出与其他收入之间的不足。

依据英国地方税法规定，地方政府定期对应税住宅的价值进行更新评估和分级。目前采用评估价值标准是假定应税住宅在1991年4月1日可能被出售的市场价格。为了计税方便，英国依据应税住宅的价值高低将其分为a-h的8个价值等级。价值评估工作完成后，地方政府将辖区中的所有应税住宅依据其价值进行归类，统计出各价值等级内应税住宅的数量。

英国的住宅税有一定的免税范围，如对只由学生、未成年人、外交人员或残疾人居住的房产是完全免税的，空置的住宅也有最长六个月的免税期，此外各地还有其他税收豁免范围的具体界定。即使在应税房产的范围内，也不是所有的住宅都要缴纳全额的住宅税。住宅税全额课税的基本条件是至少两名成年人居住在该住宅内，如果只一名成年人，住宅税可减免25%。若是无人居住的住宅或居民的第二套住宅则可减免50%。对于有残疾人居住的住宅，可降低纳税等级，给予适当的税收照顾。还有些人被称为"可以不被计数的人"，如未成年人、全职学生、学徒、严重的精神病人、医院或疗养所内的病人、照顾残疾人的保姆和护士、入狱的犯人、旅店的住客、某些宗教团体的人士以及隶属国际组织、国防机构和外交使使团的人员等，他们不会被算进计税统计人数之内。

2. 营业税

营业税的课税对象为营业性的房地产，如商店、写字楼、仓库、工厂或工地等非居住性的房地产。与住宅税不同的是，英国的营业税从1990年开始被划为中央税种。地方征缴的营业税收入上交中央财政后，汇入专项基金，然后由中央财政依据各地的人口基数，将这基金作为支付转移资金，按一定的比例在各地区之间进行分配。由此可见，虽然属于中央税种，但最终营业税的税款还是会专项返还给地方财政。返还后的营业税收入约占中央向地方转移资金的1/4左右，占地方财政总收入中的比重也在15%以上，在地方财政收入体系中的地位非常重要。

根据税法要求，英国国内收入署的估价部门每隔5年会对营业性房产的应税价值进行重新评估，并更新纳税名单。营业税的应税价值是指应税房产在规定期被出租的合理的市场租金，相应的估价应是对在规定期（估价期）房产公开市场租金的评估。

英国税法规定，属于免征营业税的房地产有：农用土地及建筑、渔场、船舶停泊处、教堂等宗教建筑、公园以及为残疾人提供服务的特定房产。此外，税法对空置的房地产还有一定的免税规定：工业建筑以及年租金小于规定限额的小型房产在空置期内免征营业税；其他房地产免征前一个月空置期的营业税。属于减税范围的有：空置期超过一个月的应税房产，减收 50% 的营业税；用于慈善用途的应税房产减收 80% 的营业税，地方政府有权将减税比例提高，甚至可以完全免税；由慈善机构拥有或用于慈善用途的应税房产，地方政府可给予一定减税优惠；由原农地或农舍新改造而成、且年租金低于 6000 英镑的非农用应税房产，在 5 年内减收 50% 的营业税，地方政府有权将减税期适当延长；人口不足 3000 人的村庄内的应税房产减收 50% 的营业税，地方政府可视具体情况提高减税比例，甚至可以完全免税。

（三）启示

纵观各国房地产税收制度，对房地产开发、经营、持有、使用和转让等活动进行课税的税种设置主要涉及房地产保有、转移和取得三个方面。

1. 房地产保有税

房地产保有税是在一定时期或一定时点上，对个人或法人所拥有的房地产课征的一种税收，其主要功能是合理调节房地产收益分配，以确保房地产保有的负担公平和降低房地产作资产保有的盈利性。目前世界上通行的房地产保有税主要有不动产税、房地产税和定期不动产增值税三种。

不动产税是对土地或房屋所有或占有者征收的税，计税依据为不动产评估价值。不动产税又可分为三种类型：（1）将土地、房屋、有关建筑物和其他固定资产综合在一起而课征的不动产税，如巴西、日本、芬兰、加拿大的不动产税等。（2）只对土地和房屋合并课征的房地产税，如墨西哥、波兰的房地产税、泰国的住房建筑税等。（3）单独对土地或房屋课征的土地税或房屋税，如奥地利的土地价值税、韩国的综合土地税等。

不征收不动产税的国家，一般都征收房地产税，如美国、英国、荷兰、瑞典等国，操作办法是将不动产与其他财产捆在一起，就纳税人某一时点的所有财产课征的一般房地产税，计税依据是不动产评估价值。其中，美国的房地产税最具代表性。

定期不动产增值税主要是针对占有房地产超过一定年限的产权者征收，通过对房地产价值的重新评估，对其增值额征收，一般分为 10 年期和 5 年期增值税两种。德国、英国、日本曾实行过的土地增值税以及意大利现行的不动产增值税都是对未发生转移的土地自然增值征税。

2. 房地产转移税

房地产权益的转移分为有偿和无偿两种。当房地产发生买卖等有偿转移时，大多数国家要对转让收益、即增值部分课税，主要有以下几类：

（1）以所得税的形式对房地产转让收益课税。如美国、英国、法国等，把房地产转让收益归入个人或法人的综合收益，征收个人所得税或法人税。其具体做法又可分为分离征收和综合征收两种。分离征收是把房地产转让中显化的增值收益从一般财产收益中显化出来，作为单独的课征对象，实行有别于一般所得税计征的一种征收方法。综合征收，即把房地产转让中显化的增值归为一般房产收益统一征收所得税，如日本对个人房地产有偿转让行为课征的个人所得税综合征收。

（2）直接征收土地增值税。意大利将房地产中显化的增值收益分离出来，单独征收增值税。意大利不动产增值税是地方税种，将从买入到转让时的价格上涨部分作为征税对象，按照价格增长幅度采用累进制，按5%～30%的税率征收。

（3）对房地产投资增值课税。美国的房地产收益税规定一定时期所购买的房地产，其增值在一定限度内免征。日本的特别土地保有税中对取得房地产的交易也实行课税，它以土地购置者为纳税人。

在房地产发生继承或赠予等无偿转移行为时，各国一般要根据资产价值征收遗产税或赠予税。

3. 房地产取得税

（1）登记许可税（费）。无论有偿还是无偿转移，在房地产发生权益变更进行所有权益登记时，许多国家都按财产价值课征登录税或登录费，一般以登记时的价格为计税依据，税率有所不同。

（2）印花税。纳税人是书立、领受特殊文件、合同、公证和税法上列举的其他凭证的人。芬兰对不动产等转让行为及有关证件征收印花税，税率从1.5%到6%不等。日本房地产买卖合同应缴印花税，税率根据合同的交易价值确定。

（3）不动产取得税。不动产原始取得或继承取得，需向政府交纳不动产取得税，计税依据为取得不动产时的评估价格。如日本的不动产购置税，属地方税，税率为4%；购置房产用于居住的土地税率为3%，该税的减免是根据土地或房屋的用途和面积决定的。

第四节　中国房地产市场收益分配机制的完善

一、中国房地产市场收益分配机制的现状

从目前中国房地产市场收益分配情况看，参与收益分配的主体包括从事房地产经营的企业、消费者、集体土地所有者以及政府；分配客体即房地产市场的各种收益；具体形式为集体土地所有者在被征地过程中获得的补偿，国家让渡土地

使用权时收取的土地出让金，房地产经营企业获得的利润，消费者持有的房产或地产的增值以及政府对房地产征收的各种税种；从收益分配手段来看，国家和集体土地所有者在参与市场收益分配的过程中更多是通过非经济手段来实现的，而企业和消费者的收益分配主要通过市场自发实现。

（一）中国土地征用补偿的原则与标准

1. 按照被征用土地的原有用途给予补偿

被征用土地的原有用途不同，确定的土地征用费补偿标准也不同。例如，被征用土地征用前是农用地、经济林地、菜地，或者是未利用地、宅基地等，因其用途不同，在被征用时受到的损失也不同，因此补偿费用也不一样。

2. 依法定标准进行补偿

这里所说的"法定标准"，包括国家法律规定的标准，也包括省、自治区、直辖市依法规定的地方标准。法定标准并非一成不变，国务院根据社会、经济发展水平，可以调整征用耕地的土地补偿费和安置补助费的标准。也就是说，随着社会生产力的发展和人民生活水平的提高，国家应当调整征用耕地的土地补偿费和安置补助费标准。

3. 保持被征用土地的农民原有生活水平不下降

根据有关规定，支付土地补偿费和安置补助费尚不能使需要安置的农民保持原有生活水平的，经省级人民政府批准，可以增加安置补助费。征用土地后保证农民原有的生活水平不下降，是占用土地予以补偿的基本要求。

现行征地补偿的标准是根据我国《土地管理法》的规定计算的。《土地管理法》规定，征地补偿费为该耕地征前三年平均年产值的6~10倍，年产值是根据统计年报表计算出征地前三年该耕地的平均年产量（也可以采取由地方政府根据统计年产量，分区域定出年产量），乘以国家牌价（包括征购价和超期超购价）或议价（指没有国家牌价的农产品）得出，耕地的年产量包括各类作物主、副产品的产量。补偿费用包括以下几项：❶

（1）土地补偿费：3年平均年产值的6~10倍；

（2）青苗及地上附着物作价补偿；

（3）安置补助费：对安置人口每人按3年平均年产值的4~6倍计。但是，每公顷安置补助费最高不得超过被征用前三年平均年产值的10倍；

（4）土地补偿费、安置补助费总和不超过每公顷土地产值的30倍；

（5）若为城市郊区菜地，另应缴新菜地开发建设基金；

（6）若为耕地，另缴纳耕地占用税；

（7）占用耕地，另缴纳耕地开垦费。

---

❶ 国土资源部，《土地管理法》，http：//www.mlr.gov.cn/GuotuPortal/appmanager/guotu/index。

对比西方国家土地征用补偿原则，我国的征地补偿属于不完全补偿，而且补偿范围明显过窄，只限于土地的原用途和地上物进行补偿。

（二）中国房地产税费的构成

目前我国房地产税种基本涵盖了土地取得、房地产开发建设以及流通等环节，但持有环节仍缺乏强有力的税收。

1. 土地取得过程中的房地产税种

土地取得有三种途径：（1）国家直接无偿划拨土地，主要是公共事业、公益事业用地等。（2）通过有偿出让取得土地，即指开发商直接从政府获得的土地，也就是通常所说的从土地一级市场取得土地。（3）通过有偿转让形式取得土地，即指从房地产二级市场通过有偿方式获得。

一般的房地产项目主要通过后两种途径获得土地。对于第二种途径获得的土地，开发商需要支付土地出让金（即 40～70 年的土地使用费，或称其为地租）、项目开发期的土地使用税和土地进行交易应缴纳的契税、印花税；对于第三种方式取得的土地，则需支付地价款（已包括土地出让金）、项目开发期间的土地使用税和土地进行交易应缴纳的契税、印花税。当然如果有拆迁项目，开发商还有可能要支付拆迁补偿费；如果占用耕地，还要交纳耕地占用税。

2. 房地产销售过程中的房地产税种

开发商通过开发建设，形成房地产商品，进行出售。在房地产项目开发完毕，开发商需根据固定资产投资项目实际完成的投资额缴纳固定资产投资方向调节税（2000 年 1 月 1 日起暂停缴纳）。在销售商品房的过程中，开发商需缴纳营业税、城市维护建设税、教育费附加、土地增值税等，但由于房地产市场需求价格弹性较小，以上各种税费都通过商品房的价格直接或间接地转嫁给了购房者。购房者则需缴纳契税、印花税。

3. 房地产保有过程中的房地产税种

购房者购买到房屋后，需每年支付一定的土地使用税，但平摊到每平方米建筑面积上的税收是少之又少。假设该产权人将房屋出租或自己经营用，则需支付一定的房产税和个人所得税。也就是说，在我国，购房者买到商品房后无论房地产市场如何变化，在这期间所缴纳的税费将不受到任何影响。若购房者将自己的商品房转让出去，则在这一过程中，政府通过征收土地增值税（2006 年 12 月 1 日起）、营业税、契税和个人所得税的方式优化资源配置、缩小贫富差距，同时得到一部分财政收入。

二、完善中国房地产市场收益分配机制的对策

建立一个良好的收益分配机制是一项系统工程，要解决房地产市场中存在的外部性等导致收益分配无效率的问题，必须与其他政策和措施配套进行。

（一）完善补偿费在各利益主体间的分配机制

有关统计资料显示，在农用土地收益分配中，农民只得到约10%，村一级得20%～30%，政府及部门得60%～70%。[1] 征地所涉及的村级集体经济组织和农民的财产权益保护问题，已成为社会关注的"热点"。其次，政府、征地单位和农村集体肆意克扣农民的土地转让收益。目前在土地转让过程中一般是对村民集体和农户这两方面实行补偿，许多征地补偿费经过村委会截留后，实际到达被征地农民手中的已经很少。这种借助国家权力对农民的土地财产进行不对等补偿的土地征用，直接损害了农民的利益。按照马克思的地租分配理论，级差地租 I 应该归土地所有者所有，级差地租 II 应当由土地所有者和征地者共同所有。由于土地征用后会产生增值，因此，在对增值部分的分配上应考虑被征地者的利益。同时征地补偿费本质上是受经营收益权保护的承包土地经营收益，应归农户所有，而不应归属于任何其他人。至于农户是否要求集体经济组织安置，应由农户自主做出决定。而我国现行法律制度对"集体"界定模糊，村干部成为集体组织的"代言人"，现实中以村民委员会的名义截留农民补偿事件时有发生，作为弱势群体的农民在由征地补偿费用引发的争议中处于不利地位。

美国农村发展研究所罗伊·普罗斯特曼所长说，他在巴西、印度、印尼选择与中国人均 GDP 类似的地方作为参照，测算出每公顷耕地价值约为5000美元。根据不同的贴现率，30 年净现值相当于所有权的70%～95%，而净现值主要体现在前端时期，因此，土地30年使用权拥有者应该得到70%～95%，所有者得到5%～30%。因此要改变目前这种补偿费用分配机制，农民必须获得补偿至少要80%以上，村一级得10%～15%，而政府部门则按照市场管理法则，收取各种法定的税费。[2]

（二）拓展失地农民的安置途径

1. 建立失地农民生活保障机制

在完善我国土地征用补偿机制时，要将企业招工安置、货币安置、留用地安置、地价款入股安置、土地开发整理安置、社会保险安置结合起来。其中要特别重视社会保险安置，建立起完善的社会保险安置措施，它包括以下三个方面：（1）应分清对象建立失地农民的社会养老保险制度。对于已经就业的失地农民，归入城镇职工养老保险制度；对尚未就业的失地农民应建立有别于城镇的统账结合的养老保险模式。（2）建立多元化的医疗保障制度，特别是尽快建立大病保险制度。（3）建立适当水平的最低生活保障制度。最低生活保障制度是现代社会保

---

[1] 沈岳峰. 土地征用中的公共利益解析. 征地之声. 2002，5.

[2] Luara Mansnerus, 2004, Public Use, Private Use, And Judicial Review In Eminent Domain, New York University Law Review 58：409－456.

障制度的重点，是公民的生存权得到保障的重要体现，也是宪法所规定的"物质帮助权"的必然要求❶。从理论上讲，最低生活保障覆盖的范围应是一个国家的全体公民。但实际中，由于经济支持力度的不同，目前尚不能在全国所有农村建立相同标准的低保制度。

2. 建立健全对失地农民的再就业培训机制

土地征用得越多，转移劳动力的压力就越大；而且随着经济发展，劳动力市场逐步由单纯的体力型向专业型、技能型转变，由于失地农民文化素质和劳动技能偏低、就业难的问题更加突出，因而建立和健全失地农民的再就业培训机制或劳动技能培训机制，以提高被征地农民的就业竞争能力，使失地、少地农民转向二、三产业，有能力自谋出路迫在眉睫。同时支持和引导被征地农民自主择业、自主创业，使其获取长期、稳定的收益。

（三）改革和完善我国房地产税收制度

由于我国整体经济环境的制约，结合我国房地产行业发展的现状、未来发展趋势以及理顺房地产收益分配关系的客观要求，借鉴国外经验，我国房地产税制体系改革的基本思路如下：

1. 正税、明租、少费

租、税、费虽然都是增加财政收入的手段，但其内涵和外延有所不同。要建立一个全面而有效的房地产税制，必须实行租、税、费分离，界定租、税、费的基本内涵，划清租、税、费的基本界限，解决当前租、税、费混乱的局面。

"正税"就是在税制改革中既要考虑房地产交易的全过程，建立涵盖房地产整个交易过程的房地产税收体系，又要把不具税收性质的"税种"停征、转化为地租或费用。"明租"就是要进一步明确地租，对土地使用权的转让实行有偿使用，维护国家的合法权益。"少费"就是要清理和整顿各种费用，除了必要的费用以外，一律不准收费，坚决杜绝以费代税、乱摊派、乱收费现象。

通过对租、税、费的明晰界定和规范，使租、税、费三者有效结合起来，协同作用，一方面有效地发挥税收的宏观调控作用；另一方面通过地租和收费的方式对提供的产品和服务予以补偿。

2. 扩大税基，公平税负

公平是税收的基本原则。我国现行房地产税收的征税范围过于狭窄，税基薄弱，既影响了税收收入规模，也造成了税负不公平。因此，在税制改革中，应当坚持公平、普遍征收的原则，将所有的房地产纳入征税范围，严格控制税收减

---

❶ "物质帮助权"是公民因特定原因不能通过其他正当途径获得必要的物质生活手段时从国家和社会获得生活保障、享受社会福利的一种权利。

免，扩大税基，以保证房地产税收收入的稳定增长。

3．合并税种，简化税制

我国现行的房地产税制过于复杂。一方面，现行税制涉及的税种很多，有与房地产直接关联的房产税等税种，也有与房地产间接相关的营业税等税种，税种之间界限不明确，相互混杂，重复征税，造成纳税人税负过重。其次，复杂的房地产税制必然会增加税务机关的征收成本和纳税人的执行成本，导致税收效率的降低。因此，在改革我国房地产税制过程中，需要合并税种、简化税制。

对现行涉及房地产方面的税种进行整合，取消一些不适应经济发展的税种，合并税基重叠或有紧密关联的税种，将开发、交易环节过重的税收负担后移到房地产保有阶段。

4．设计税种要便于征管

税收工作的最终落脚点是征收和管理，要求税务机关依法征税，纳税人依法纳税。经济学原理告诉我们，任何经济行为都是有成本的，税收征管也不例外。在改革我国房地产税制时，应该充分考虑其征管成本，设计各个税种时都要便于征管。

5．税率设计具有弹性

我国税收体制决定地方政府没有立法权，而房地产的区域性特点要求房地产税收的征收应因地制宜。因此，可以借鉴英国房地产税收经验，在全国范围内设立一个充分的弹性控制区，由中央政府确定税率幅度，各地依据本地区的情况和房屋等级在弹性区间内选择适用税率。

专题4-1　上海房地产市场"异象"的微观解释：一个行为经济学的分析框架

一、上海房地产市场的"异象"

上海房地产市场自其建立以来迅速成长，在经历了前期缓慢升温之后，自2003年以来进入一个"井喷"阶段。房地产产品兼有消费品和投资品的属性，某种程度上可以把房地产市场视作资本市场，其中也存在某些类似于证券市场的"异象"。[1] 目前上海房地产市场主要存在以下两种比较明显的"异象"：

---

[1] 根据传统的金融学理论，在有效市场中理性投资人能利用所掌握的信息最大化其预期效用，从而形成均衡收益。但现实中却广泛存在着无法用传统金融学理论解释的收益异常现象，称之为"异象"。

（一）单套房屋总价远远超过家庭支付能力，有效需求不足，但房价上涨势头不减

就消费品属性来看，自 2001 年上海房地产市场升温以来，房价与居民支付能力之间的差距不断扩大，虽然潜在需求规模很大，但有支付能力的有效需求有限。为了考察家庭支付能力与单套房屋总价之间的变动趋势，现作以下假设：

（1）每月还按揭贷款额为月收入的30%；

（2）个人获取稳定收入的年限为30年；

（3）一个家庭2个人在工作；

（4）上海正常居住水准的房屋面积是 $70m^2$（建筑面积）；

（5）将上海城区及外环线以内的房屋作为考察对象。

那么计算一个家庭的购房承受力或者支付能力的公式是：

$$上海家庭购房能力 = 人均可支配收入 \times 30\% \times 30 年 \times 2 人$$
$$= 人均可支配收入 \times 18$$

一套正常居住水准住房的价格可以按照如下公式计算：

$$总价 = 上海城区房屋均价 \times 70m^2$$

据此，上海家庭购房能力和 $70m^2$ 公寓套总价的比例见图 4-5。从图中可以看到，1992～2006 年随着上海人均收入不断增加，上海家庭的购房能力一直在平稳上升。但单套房屋总价的变化趋势却大相径庭。1992 年房地产市场刚启动时，房价和家庭支付能力接近；1993～1996 年，房价加速上升，1996 年开始急剧下滑，下滑势头一致持续到 1998 年。1999 年房价开始回升，1999 年和 2000 年房价和购买力基本接近。但从 2001 年又急速上扬，2006 年套总价已经是家庭购房能力 2.15 倍，已经远远超过上海家庭的购房能力。

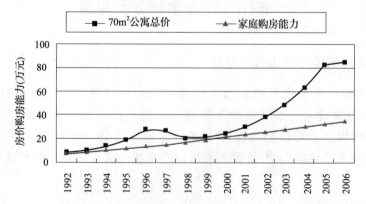

图 4-5　上海城区房价与购房能力对比图

数据来源：中经数据（http://cedb.cei.gov.cn/）

在缺乏有效需求支撑的同时，上海房地产市场价格一路上扬，交易量也不断上升，从图4-6可以看到上海房地产市场的换手率自1995年以来不断上升。❶ 这很难用供求理论和价格理论来解释。

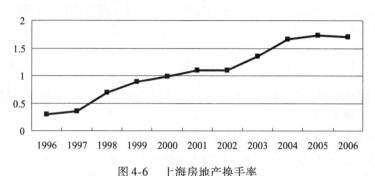

图4-6　上海房地产换手率

资料来源：万德咨询（http://www.wind.com.cn/）

（二）P/R比值过高，且二者变化趋势长期不同步

就投资品属性来考察，可以将房屋出租收入视作购买房地产作长期投资的主要收益，虽然房产还有房价上涨形成的增值收益，但政府对交易环节设置"三税"政策，五年内二手房的交易成本很高，投资者在短期内很难实现增值收益。P/R比值过高意味着投资房地产的长期收益较低，理性投资者必然会选择其他收益较高的资产，另外在价格上涨的同时必然会要求收益同步上涨。但根据图4-7显示的上海房地产销售价格指数和租赁价格指数的变化趋势来看，两者并不具有明显的正相关性。

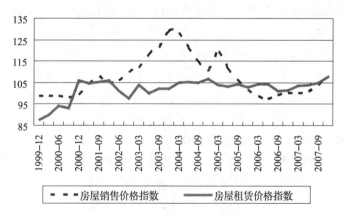

图4-7　上海房地产销售价格指数和租赁价格指数变化趋势

---

❶　本文定义换手率为房地产市场交易额与房地产投资额的比率。文中采用的年度数据来自《上海统计年鉴》、中国宏观经济信息网（www.macrochina.com.cn）、wind金融数据统计网。

类似的"异象"也存在于金融市场，以有效市场假说和理性人假设为前提的标准金融学很难解释这些异象。20世纪90年代迅速发展起来的行为经济学以其逼近真实市场行为的理论从微观角度对广泛存在于金融市场上的异象作出了非常有说服力的解释。房地产市场某种程度上也可以视作资本市场，所以本文采用行为经济学的相关理论进行研究。

二、上海房地产市场"异象"的解释

图4-5表明1992～2006年上海房地产市场的波动大致可以划分为萌发期、转折期和非理性繁荣期三个阶段。

第一阶段为萌发期。1998年10月上海房地产价格告别了长达28个月（从1996年开始）的下降开始上扬。住房市场化改革后的第一轮热潮止步于1996年的萧条，投资者对房地产这个略显陌生领域的热情也受到打击。到了1998年，上海房价开始小幅上涨，但这个转折并没有引起多少人的注意。

这一阶段房价缓慢升势一直持续到2001年，实际上截至到2001年12月，在3年多时间里，房价尽管在上升，但总共才上升了28.3%，平均每年上升的幅度为8.6%。

从1998年第四季度到2001年第四季度的13个季度中，房价的上涨非常缓慢。这三年中，房价的上涨幅度平均每年仅仅为8.6%，远低于同期人均可支配收入13.4%的上涨幅度。尽管1998～2001年家庭购房能力还是低于房价，但是相差不多，这三年中家庭购房能力的增长要比房价快得多。

一方面，市场存在着巨大的住房供给缺口；另一方面家庭支付能力与房价比较接近，且居民可支配收入增速高于房价增速。说明此时市场更愿意持币。这是典型的反应不足。

第二阶段为转折期。2001年房价的上涨速度（12.7%）开始超过居民可支配收入的增长速度（10%）。从2001年第四季度到2002年第四季度，房价上升了22.4%（平均每季度上涨5.2%），大大高于1998～2001年平均每年8.6%的增长率，也大大高于同期可支配收入的增长幅度（2.8%）。2002年人均可支配收入是自1992年以来增长最缓慢的一年。

第三阶段为非理性繁荣期。2003年上海房地产市场开始进入爆发期。2003年第一季度上海房价的上涨率为6.7%，超出2002年每季度房价上涨率1.5个百分点。2003年第二季度受"非典"影响，看房、交易等活动受抑制，房价仅上升3.5%，交易量出现少许萎缩。但是在"非典"结束后的第三季度出现"井喷"式增长，上海房地产价格涨幅达到18%。到2003年底，上海外环以内的商品房均价已经超过8000元，全年涨幅高达41%。

2004年第一季度涨幅为4.5%，出现了一定程度的下降。2004年第二季度涨幅又一次高达 10.8%，第三季度和第四节度涨势依然强劲，涨幅分别 5.1% 和 8%。与 2003 年相比，2004 年房价的涨幅达到 30%，外环以内房屋的均价已经接近 9000 元。此时，不仅中低收入者不具备购买中环以内房屋的能力，而且中高收入者也开始难以支付起中环以内房屋。2003～2004 年是上海房地产市场的爆发期。

反观同时期租赁市场，租赁价格指数始终保持平稳，销售价格指数与租赁价格指数之间并没有显现出很强的相关性。

（一）信息反应偏差与上海房地产市场的波动

Russell J. Fuller（2000）归纳了投资者基于新信息对未来事件预期的行为分布，他发现证券市场投资者普遍难以对市场信息做出准确反应，存在着"过度反应（over-reaction）"和"反应不足（under-reaction）"，导致市场价格出现偏差。

过度反应是指投资者对最近的价格变化赋予过多的权重，对近期趋势的外推导致与长期平均值的不一致。个人投资者过于重视新信息而忽略老信息，即使后者更具有广泛性。他们在市场上升时变得过于乐观而在市场下降时变得过于悲观。因此，价格在坏信息下下跌过度而在好信息下上升过度。

反应不足是市场对信息反应不准确的另一种表现。例如，证券分析师往往对成长股收益的新信息反应不足。那是因为他们没有根据新信息对盈利预测做出足够的修正，当一个公司摆脱困境时，他们因为锚定于对公司的曾经预期而总是低估其价值。

经历了之前的萧条后，市场因为锚定于"曾经预期"而对 1998 年价格缓慢上升这一新的信息没有及时做出反应。所以在成长阶段，虽然家庭购买能力与单套房屋总价很接近，而且增速也高于房价的增速，但市场表现并不是很活跃。

连续几年的走强后，各种利好消息充斥市场，此时投资者开始变得过于乐观，并在 2003 年达到极致，出现了井喷式的非理性繁荣。正是在这一年中，观望的购房者和投机者进入了市场，但是，上海房地产市场的爆发期还没有最终结束，因为保守的自用购买者还没有进入市场，投机力量还没有达到可以控制房市的程度。

随着市场进一步繁荣，更多的投机者进入市场，普通家庭的住房需求在高房价面前遇到了预算制约，自用购房者越来越少，而投机者越来越多。2004 年以后，投机者的"购买力"成为了市场的关键支撑力量。

从以上分析可以看到，2003～2004 年，在上海房市处于爆发期和繁荣期时，购房者出现了过度反应的倾向，这个倾向的直接结果就是把房价推上了极高的位置，房价与居民真实购买力之间出现了巨大的落差。2006 年，房价已经是家庭实际购买能力的两倍多。

1998～2004 年上海房地产市场的运行轨迹与行为经济学提出的"7C 情绪周

期"（见图 4-8）非常吻合。行为经济学发现，由信息反应偏差导致的过度自信是典型而普遍存在的认知偏差，并在投资决策过程中发挥着重要的作用。系统性的过度自信导致市场表现出"7C 情绪周期"。这"7C"是："轻视"、"谨慎"、"自信"、"深信"、"安心"、"关注"和"投降"。从萌发期的"轻视"到转折期的"谨慎"在 2003 年投资者心理具有很高的一致性，过度自信在繁荣的顶峰达到最高，此时市场情绪表现为"深信"和"安心"；到 2005 年，政府开始对二手房交易环节实施"三税"政策，增加了交易费用，市场情绪开始向"关注"转变，此时价格涨幅和交易量都有所下降。

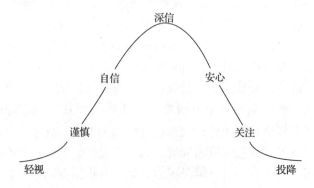

图 4-8　市场情绪周期图

（二）反馈机制与上海房价的轮番上涨

投资过程反映投资者的心理变化，由于认知偏差、情绪偏差等各种偏差的存在，最终导致资产的定价偏差，而资产的定价偏差又反过来影响投资者对这种资产的认识与判断，这一过程就是"反馈机制"。当各种外在因素（包括经济的或政治的、宏观的或微观的）与投资者认知、情绪相互影响、相互推动形成同一方向的预期时，就会导致全部资产的系统性偏差。

张金明（2000 年）认为，在我国当前房地产市场结构不完整、信息不完全的条件下，投资者的预期并非完全理性，而是一种适应性预期，即过去的价格上涨产生了对价格进一步上涨的预期，或由于价格的上涨使投资者的信心增加。在 2001 年以后，上海房地产市场的投资者开始根据以往的价格信息调整预期，市场普遍高企。最初的价格上涨导致了更高的价格上扬，第二轮价格上涨的增长又反馈到第三轮，然后又反馈到第四轮……这一反馈过程也被称为博傻恶性循环、自我实现预言、一窝蜂效应或投机性泡沫。这种反馈环不仅是形成整个股市中牛市和熊市的因素，也是导致上海房地产市场价格轮番上涨的重要原因。

（三）噪声交易者与 P/R 的系统性偏差

噪声就是使我们对真实世界的观察结果变得不太完美的东西。当试图从观察结果得出推论时，首先要面临信号提取的问题。信号噪声比越低，从观察结果中提取信息越难。从噪声中提取信息的过程称之为过滤。

投资者时常根据噪声而不是根据信息制定决策。交易通常是在市场参与者对特定资产有不同的价值估计时发生。Shleifer（2000年）认为市场上的交易者并不同质，信息交易者相信基本面，他们通常根据信息进行交易，并预期从中可以获利；噪声交易者则一般不按基础价值交易并常犯错误。在作决策时，他们总是认为自己拥有正确的信息，这种错觉使市场价值发生扭曲，最后会产生噪声估计。资产被错误定价的一个重要原因是噪声交易者的存在。不同于信息交易者，噪声交易者不能区分信息与噪声，他们基于噪声进行交易并误以为是基于信息进行交易，其交易促进了市场的流动性。噪声交易者使资产的价格偏离价值。资产的错误定价提供了套利机会，但套利者面临着一种新的风险，即这种风险不是由市场积聚的基础价值风险，而是噪声交易者风险。噪声交易者依据虚假的信号而不是财务原则来估价资产，导致虚假的基础价值。如果噪声交易者的力量足够大，那么资产价格会趋于噪声交易者的估价。

Shleifer提出的噪声交易者交易模型的假设很吻合上海房地产市场，其结论可以很好地解释上海房地产市场 P/R 比值过高、二者波动趋势不一致的现象。

在房地产市场上不同交易者之间也存在着信息不对称的现象，可以把那些资金实力雄厚、对市场信息进行深入研究的参与者看作是信息交易者，如房地产市场上的机构投资者；拥有片面失真信息的交易者可以看成是噪声交易者，如房地产市场上的散户，他们往往局限于所掌握的信息而盲目地进行交易活动。对于信息交易者来说，他们会依据宏观、微观一揽子信息做出相对理性的投资决策；而对于噪声交易者来说，由于掌握的信息有限而且很多时候难以对信息做出正确的理解，在市场持续繁荣的时候，噪声交易者往往对价格信息赋予更大的权重，对买卖差价的收益更加重视，而对长期持有房产获取租金收益并不关心。这就导致上海房地产市场的换手率持续上涨，买卖市场与租赁市场脱节，价格在过度交易中不断上涨，而租金却保持平稳。

三、结论

行为经济学是基于认知心理学和实验经济学的一门边缘学科，融合了心理学、社会学、经济学、金融学等多学科的综合性学科，特别涉及许多心理学的概念与实验，它从微观角度考察市场参与者决策的心理和行为因素，成功地解释了金融市场上很多标准金融学难以解释的"异象"。同样，房地产市场运行的特征也是个体参与者活动的"合力"，要考察房地产市场，必须从微观角度出发，考察个体在市场活动时的心理和行为特征。本文运用行为经济学的相关理论分析了房地产市场上个体的心理和行为对上海房地产市场的影响，认为信息反应偏差、反馈机制以及噪声交易导致上海房地产市场运行出现系统性偏差、价格增长异常、P/R 关联性较弱等现象。

本专题参考文献

［1］高雷等．我国房地产市场的投机性分析．统计观察．2005，7：48－49.

［2］关涛．房地产经济周期的微观解释．行为经济学方法与实证研究．2005，4：128－129.

［3］Andrei Shleifer. Inefficient Markets—An Introduction to Behavioral Finance. Oxford University Press, 1998.

［4］张金明．论我国房地产市场的预期性质．现代财经．2003，3：98－99.

本篇主要阐述房地产市场的价格形成机制和价格传导机制。价格受供求关系影响。所以本篇首先分析了房地产市场的供求特征，由于房地产商品具有异质性和区位性，加之生产周期较长，所以房地产市场供求通常呈现非均衡状态。这种非均衡性既体现为时间上的动态非均衡性，也体现为区域的静态非均衡性。本篇第二部分研究了房地产价格的形成机制和传导机制。存量市场和增量市场的价格形成机制、一级市场和二级市场的价格形成机制既有区别又有联系。土地作为一种特殊的资产形态，其价格形成机制较为特殊。所以该部分也着重探讨了在不同交易方式中土地价格的形成及其对二级市场的传导机制。

第五章　房地产市场供求

第一节　房地产市场供求的涵义与影响因素

一、房地产市场需求

房地产供给和需求是构成房地产市场的两大要素，分析房地产市场运行必须从房地产的供求开始。房地产市场供给和需求之间存在着互相制约、互相促进的辨证关系。

（一）房地产市场需求的涵义和特征

1. 房地产市场需求的涵义

为了满足某种需要，取得房地产商品的所有权或使用权而把货币提供到市场上，就形成了对房地产商品的需求。因此，房地产市场需求的概念有两种表达方式。第一种表达方式是："房地产市场需求"是指在一定时期内整个社会或某一特定阶层愿意并且能够购买的房地产商品总量。所谓"能够购买"，是指具有货币支付能力。第二种表达方式中"房地产市场需求"是指在一定的时期和某一特定区域范围内，对全部或特定房地产商品既具有货币支付能力、又具有购买意愿的消费者数量。

在理解房地产市场需求的概念时，需要把握房地产市场的潜在需求、意愿需求和有效需求这些核心的概念。

房地产市场的潜在需求是指在一定的时期整个社会对房地产商品的货币支付能力，即购买总量。它是使现有的开发能力处在充分使用状态时，最大可能的社会总需求。房地产市场的意愿需求是指在一定时期内、一定价格水平上，整个社会愿意购买而且能够购买的房地产商品量，或者说具有货币支付能力和购买愿望的消费者总量。房地产市场的有效需求是指具有购买能力和购买愿望的房地产商品的消费者为满足最大效用而实际形成的总需求。❶

2. 房地产市场需求的类型

房地产市场的需求是多种多样的，根据其需求的性质大致可分为三种类型：

（1）生产性需求

生产性需求是指物质生产部门和服务部门为满足生产经营需要而形成的对房地产商品的需求，这类需求直接与社会生产经营活动有关，是房地产作为生产要素存在而形成的需求。其需求的主体是各类企事业单位和个体工商业者。

（2）消费性需求

消费性需求是由人们的居住需求而形成的房地产需求，主要是住宅房地产需求。这类需求具有广泛性和普遍性，居住消费需求占整个房地产市场需求的绝大部分，一般占总需求的70%～80%，其需求的主体是居民家庭。

（3）投资性需求

投资性需求是指人们购置房地产不是为了直接生产和消费，而是作为一种价值形式储存，在合适的时候再出售或出租，以达到保值增值的目的。房屋转售可以获取差价收入，房屋出租可以获得租金收入，投资性需求本质上属于获利性的投资行为。

3. 房地产市场需求的特征

房地产商品的特性决定了房地产市场需求具有以下特征：

（1）普遍性

房地产是人类生活和生产的物质载体，即可以作为生产资料，也可以作为生活资料。随着社会经济的发展和生活水平的提高，对房地产商品的需求也越来越大，这些都决定了房地产需求的普遍性。

（2）整体性

这是由于地产和房产需求的不可分割性所决定的，因而房地产需求既包含了对房产的需求，也包含了对地产的需求，是对房地产统一体的需求，绝不可以、也不可能把二者分离开来。这就决定了房地产商品空间的固定性、效用的长期性和价值量的巨额性。由此引发房地产需求的特殊性和对房地产需求分析的复

---

❶ 姚玲珍. 房地产市场营销. 上海：上海财经大学出版社. 2004，88.

杂性。

（3）区域性

由于房地产空间的固定性，具有不动产的特性，其位置不可移动，这就决定了房地产需求的地区性强。房地产需求的这种特性，要求房地产企业在投资决策时，必须认真分析该区域的房地产市场需求，使供给与地区需求相适应；同时，也要求地方政府在处理供求关系时，必须根据本地市场需求，制定相应政策。

（4）多样性

不同的消费者对房地产商品的用途、功能、形态以及价格等都会有不同的要求，这决定了房地产需求的多样性，并由此形成房地产市场需求结构的复杂性。

（5）连续性和间断性

房地产需求的普遍性、必需性以及房地产使用的耐久性决定了房地产需求的连续性和间断性。从社会整体来看，每时每刻，经济在发展、人口在增长、社会在进步，因此，会永不间断地对房地产市场提出新的需求，这是需求的连续性；但是对每个具体的使用者而言，对房地产商品的需求不是连续的，而是间断的。因为房地产商品的耐久性，其使用价值存在的时间很长。需求满足以后，通常需要间隔很长一段时间才会产生新的需求，这是需求的间断性。

（6）差异性

弹性是指一个变量对另一个变量的微小变动所具有的反应。需求弹性是指因价格变动或收入变动而引起的需求的相应变化，包括需求价格弹性和需求收入弹性。前者是需求量对价格变动的敏感程度，后者则是需求量对收入变动的敏感程度。房地产市场需求弹性的差异，首先表现在市场性需求和非市场性需求之间。其中，市场性需求的价格弹性和收入弹性都相对比较高，非市场性需求价格弹性和收入弹性相对比较低。其次，需求弹性的差异性还存在于不同种类、不同用途的房地产商品之间。

（二）影响房地产市场需求的主要因素

在市场经济条件下，影响房地产市场需求有多种主客观因素。分析这些因素，对于扩大市场需求、正确进行投资决策、积极组织供求平衡有重要意义。

1. 社会经济发展水平

社会经济发展水平是影响房地产需求的决定性因素。一般来说，房地产需求水平与社会经济发展水平呈正相关的关系。即一个国家或地区某一时期国民经济发展速度快，这个时期房地产需求增长也比较快。国民经济发展水平对房地产需求的影响作用主要来自两个方面：一是投资规模。投资规模的扩大，拉动生产性需求增加，从而扩大对工业厂房、商铺、办公用房等房地产商品的需求。二是国民收入水平。随着经济发展，国民收入水平增加，个人的可支配收入增长，企业的再生产能力提高，必然会增大对房地产的生产性需求、消费性需求和投资性需求。

2. 城市化程度

城市化主要包括城市数量的增加、规模的扩大和城市人口的增加等。城市化是社会经济发展的必然趋势。城市化水平的高低也是影响房地产需求的重要因素，主要体现在：（1）随着城市数量的增加和规模的扩大，城市建设加快，各类房地产需求增加。（2）城市人口数量的增加，既增加了对城市住宅的需求，又增加了对生产经营性房地产的需求。（3）城市建设的开发和旧区改造，必然要进行旧城区的动迁拆，拆迁户对住房产生巨大需求。而城市的土地最终又来源于农村，因此，伴随着城市化进程的加快，大量农业生产用地就转化为城市建设土地，促进了各类房地产需求的急剧增加。

3. 房地产价格

房地产价格是影响房地产需求的主要因素。一般来说，当价格高于某一特定水平、超过居民购买力时，则不会形成房地产的需求；低于这一水平，才会产生对房地产商品的有效需求。房地产商品与其他商品一样，价格和需求量之间存在着反方向变动的关系，即在其他条件不变的情况下，房地产价格提高，会限制消费者对房地产的需求量；反之，房地产价格下降，会促使消费者对房地产商品的需求量上升。因此房地产的需求曲线在一般意义上说是一条向右下方倾斜的曲线。由此可见，房地产价格的高低对其需求量有着重要的调节作用。

4. 收入水平和消费结构

居民收入水平和房地产需求呈正方向变动的关系，即随着国民经济的发展、居民收入水平的提高，对房地产的需求也会增加。居民收入对房地产需求的影响可用房地产需求的收入弹性来说明。

5. 城市人口增长状况和结构

人是房地产商品消费的主体，城市人口数量是决定房地产需求的重要因素。就住房而言，在人均住房面积一定的前提下，人口越多，住房需求也越大。城市人口的结构包括性别结构、学历结构、年龄结构等。就年龄结构对房地产市场的需求而言，社会现存的年龄结构不仅关系到人口增长率和未来的人口规模，而且也决定住房市场的需求结构。

6. 房地产业相关政策

房地产业政策是指中央与地方政府用于引导和干预房地产业发展方向、速度和规模的手段和方法。房地产需求受相关政策的制约。土地政策、财政政策、货币政策和住房政策，对房地产的生产性需求和消费性需求都会产生相当大的影响。在国家宏观调控采取收缩政策时，房地产市场的需求便会大大萎缩；而在采取扩张政策时，需求又会急剧膨胀。

7. 经济运行周期

房地产业作为国民经济的组成部分，必然受宏观经济运行周期的影响。一般来说，经济运行周期由复苏、繁荣、衰退与萧条四个阶段构成，房地产市场的需求也会遇到类似的周期性波动。

8. 消费者对未来的预期

房地产市场需求者的投资行为或消费行为都会受到其对未来经济发展形势心理预期的影响，带有主观色彩，但在一定程度上也反映了对房地产价格和需求的科学预测。其中，主要是对未来经济发展形势的预测，若预测乐观，对房地产需求就会增加；反之则相反。同时，它也取决于对未来房价变化的预测，一般消费者都存在"买涨不买跌"的心理，当房价上升时，若消费者预期房价还会上涨，即使目前价格偏高，但今后存在上升空间，未来收益会促使消费者需求提前释放，形成现实需求增长。这种情况在投资性需求方面表现得尤为明显，因为投资性购房者的目的是投资获利，预期房价上涨吸引其投资买房。当房价下跌时，若消费者预期还会下跌，则往往会持币待购。

二、房地产市场供给

（一）房地产市场供给的涵义和特征

1. 房地产市场供给的定义

房地产商品的所有者或拥有相应处分权的房地产商品使用权的所有者，为了出售或转让该所有权和使用权，而把房地产商品提供到市场上，就形成了对房地产商品的市场供给。所以，房地产市场供给是指房地产商品的供给主体为了出售或转让房地产商品的所有权和使用权而提供给市场的房地产商品总量。

与需求概念的理解相对应，对房地产供给概念的把握，也需要注意潜在供给、意愿供给、实际供给等核心定义。

房地产市场的潜在供给是指在一定时期内，在正常的生产条件下，社会各部门提供房地产商品的总体能力。房地产市场的意愿供给是指在一定时期内，在一定的价格水平下，整个社会愿意而且能够提供房地产产品的总量，作为意愿供给，必须同时具备供给能力和供给愿望这两个条件。房地产市场的实际供给是指一定时期内整个社会为市场实际提供的房地产商品总量。由于市场信息失真以及对市场预测失误等原因，在实际供给中，往往有一部分房地产商品不能真正满足市场的需求，从而形成滞销，这部分供给是无效供给。在实际供给中扣除无效供给，就是有效供给。

2. 房地产市场供给的类型

房地产市场供给按经济性质可以划分为市场性供给和非市场性供给。其中，市场性供给是指在房地产市场上通过一定的市场交换关系和交易程序，以货币为媒介或手段，把房地产商品从生产者转到消费者手中所形成的供给。而非市场性供给则是指房地产产品从生产者转到消费者手中的过程，是按照行政方式，采用行政手段，以无偿或低价的形式进行分配而形成的供给。按时间标准，房地产市场的供给可以分为即期供给和延期供给。其中，即期供给指当前的供给，如现房的供给；延期供给指以后的供给，如期房的供给。

3. 房地产市场供给的特点

(1) 一级市场供给的垄断性

无论是在土地征购市场还是在土地批租市场，国家都是市场的主体，并处于相对优势。在这类市场上，土地交易的数量、时间和价格都由国家或政府确定。此外，我国城市土地属于国家所有，其所有权是不能买卖的，国家是土地唯一的供给主体和供给源泉。因此，我国房地产商品的一级市场是一种垄断性的市场，国家把握着开发用地的供给总量、规模和价格。

(2) 房地产供给的刚性

土地作为一种不可再生资源，总量是有限的，因此，其自然供给是刚性的。虽然不同用途城市土地的租金率差别使其经济供给具有一定的弹性，但刚性的绝对性限制了这种弹性的充分发挥，从而也就在一定程度上决定了房地产商品的供给是有一定限度的。

(3) 房地产供给的层次性

房地产供给一般分为三个层次：现实供给、储备供给和潜在供给。现实供给是指房地产产品已经进入流通领域，可以随时出售和出租的房地产。这是房地产供给的主导和基本层次。储备供给是指房地产生产者出于一定的考虑将一部分可以进入市场的房地产商品暂时储备起来不上市，这部分房地产产品构成了储备供给。潜在供给是指已经开工和正在建造，以及竣工但尚未上市的房地产商品，还包括一部分过去属于非商品房地产，但在未来可能改变其属性而进入房地产市场的房地产商品。房地产商品的三个供给层次是动态变化和可以转换的。

(4) 房地产供给的多样性

消费者对房地产使用价值的不同需求，使房地产商品的供给呈现出多样性。就其中的住房而言，在类型上，有公寓、别墅等；相同类型的房屋，在材料、房型、面积、质量等方面又千差万别；即使是社会住房，又有微利房、经济适用房、安居房、解困房和房改房之分。

(5) 房地产供给的滞后性

与一般商品相比，房地产商品的生产周期往往较长，一般要二、三年，甚至更长。较长的生产周期决定了房地产供给的滞后性，这种滞后性又导致了房地产供给的风险性。即使房地产开发计划按市场目前的供需状况确定的投资规模是可行的，可一旦竣工后经济形势发生变化，市场需求减少，就会造成积压和滞销，给房地产企业带来极大的风险。因此，科学地预测市场供给变化趋势，对开发商投资决策极为重要。

（6）房地产供给的时期性

房地产供给的时期一般可分为特短期、短期和长期三种。所谓特短期，又称为市场期，是指市场上房地产生产资源固定不变，从而房地产供给量固定不变的一段时间。所谓短期，是指在此期间，土地等房地产生产的固定要素不变，但可变要素是可以变动的时期。因此，所谓短期是可以对房地产供给产生较小幅度变化影响的一段时间。所谓长期，是指在此期间，不但房地产行业内所有生产要素可以变动，而且可以与社会其他行业的资本互相流动，从而对房地产供给产生较大幅度影响的一段时期。在长期内，土地供应量有变动，房屋供应量变动更大。

（二）决定房地产市场供给的主要因素

1. 土地价格和城市土地数量

城市房地产的供给能力在根本上取决于能够提供给房地产开发建设使用的土地数量。由于土地是一种稀缺资源，因此，一定时期内能提供给房地产开发建设使用的土地数量取决于经济发展的水平、房地产业本身的发展水平以及旧城改造状况等。

一般来说，一个国家经济发展水平越高、特别是农业生产力越高，则可提供给城市使用的土地就越多。换言之，城市土地的供给水平必须与经济发展水平、特别是农业发展水平相适应。改革开放以来，中国农业发展迅速，为城市土地的扩大创造了条件。但也应看到，中国人多地少，人地矛盾十分尖锐，对于不恰当地过多占用耕地，必须加以制止。其次，房地产企业本身的开发建设能力也影响着城市土地的供给，因为生产力越高，技术越先进，就越能提高土地的利用率和容积率，从而也就扩大了城市土地的相对供给。最后，随着经济的发展，对原有建筑物以及城市基础设施进行改造，就可以提高利用水平，起到增加城市土地供给的作用。

2. 房地产商品价格

房地产商品价格也是影响房地产供给的重要因素，因为在成本既定的情况下，市场价格的高低将决定房地产开发企业能否赢利以及赢利多少。一般而言，当价格低于某一特定水平，则不会有房地产供给；高于这一水平，才会产生房地产供给。而且供应量随着价格的上升而增加，随价格的降低而减少。土地价格是房地产成本的重要组成部分，在我国，目前土地费用约占商品房总成本的30%左右。土地价格的提高，将会提高房地产的开发成本，从而引起房地产供给的减少。

3. 城市经济发展水平

城市经济的发展水平不仅决定着对房地产商品的需求，而且也决定着对房地产商品的供给。房地产业是一个综合性很强的行业，其发展依赖于国民经济其他部门的发展程度。城市总体经济发展水平越高，向房地产业所提供的资源和支持就越高，投入的资金也就越多，从而就可以提高房地产业的供给能力。

4. 房地产建设资金规模

房地产的供给以房地产的生产为基础，由于房地产的价值量大，开发建设需投入大量资金，所以房地产生产的规模、速度和总量受到房地产建设资金规模和总量的制约。一般来说，房地产建设资金总量和房地产供给量成正比，充裕的房地产建设资金能够为房地产供给提供物质保证。

5. 国家对房地产业的政策

据统计，我国约70%的房地产建设资金直接和间接来自银行贷款，房地产企业对银行的依存度比较高。因此，国家的货币政策对房地产供给的影响很大。若货币供应量紧缩，对企业的建设资金的贷款就会减少，那么建设资金就会短缺，必然导致房地产供给量下降；反之，当货币供应量扩张，对开发商的贷款增加，建设资金充裕，则房地产供给量就会上升。另外，税收也是构成房地产开发成本的重要因素，据测算，我国目前各种税费约占房地产价格的10%～15%。如果实行优惠税收政策，例如减免税收和税收递延，就会降低房地产开发成本，使同量资金所形成房地产商品的供给增加；同时会提高开发商利润率，从而吸引更多的社会资本投向房地产业，增加房地产商品的供应量。反之，若增加税费，则会直接增加房地产开发成本，使同量资金的房地产商品供给减少，会降低开发商的利润率，使开发商缩小其投资规模，从而会导致房地产的供给量减少。房地产建设资金贷款利率的高低也会对房地产供给带来重大影响。若银行的贷款利率提高，会增加开发商利息成本，使开发商利润率降低，影响其投资的积极性，导致供给量减少；反之则相反。

6. 建筑材料的供应能力和建筑能力

房地产建设需要耗费大量建材，如钢材、木材、水泥、砖瓦、玻璃、砂石等，其供应能力也会制约房地产开发规模和水平。只有在建筑材料供应充足的条件下，房地产商品才能根据需求状况进行建设。建筑能力包括建筑技术水平、装备水平、管理水平以及建筑队伍的规模等因素，也是决定房地产供应水平的直接因素。在土地、资金和建筑材料都具备的情况下，房地产商品供给量决定于建筑业的建筑能力和水平。技术能力越高，供给总量就越充分。

7. 房地产开发商对未来的预期

房地产商品大多是由房地产开发商提供的，作为市场供给主体的开发商对未来的预期会显著影响房地产的市场供给。这种预期包括对国民经济发展形势、通货膨胀率、房地产价格、房地产需求的预期，以及对国家房地产信贷政策、税收政策和产业政策的预期等，其中关键是房地产开发商对投资回报率的预期。若预期的投资回报率高，开发商一般会扩大房地产投资规模，从而增加房地产供给总量；若预期的投资回报率低，开发商一般会降低房地产投资规模，从而减少房地产供给总量。

8. 非市场性供给的影响

在我国目前房地产供给双轨制的情况下，在房地产的供给总量一定时，其中的市场供给和非市场供给就呈反方向变化。因此，在市场需求一定的情况下，如果非市场供给增加了，市场供给就会减少；相反，如果非市场供给减少了，相应的市场供给就会增加。

第二节 房地产市场供求的非均衡性

一、房地产市场供求非均衡的定义

均衡是物理学上的一个概念，描述这样一种状态：所有的外部力量对一个系统的作用结果等于零。在这一特殊状态下，如果没有其他外力的作用，系统的均衡状态不会改变。经济学以同样的方式定义均衡：经济系统相互抗衡的力量势均力敌，行为各方不再具有其他经济行为的倾向，从而使经济系统不再发生变化的状态。

在市场经济中，商品的流通和分配大多是通过市场交换产生的。因此，经济理论的中心任务就是决定商品交换和流通的价格和数量，从而对资源进行优化配置。马歇尔所提出的局部均衡分析方法，是在分析某一种商品的市场供求和价格时，假定其他条件不变。也就是说，不考虑其他商品的价格和供求对该商品的影响，假定该商品的价格只取决于其本身的供求情况，由它本身的供给和需求这两种相反力量的作用而得到均衡。

法国经济学家瓦尔拉斯创立了一般均衡理论。他认为，一般均衡理论与局部均衡理论的假设前提相反，在现实生活中，一种商品的价格不只取决于其本身的供求状况，而是与其他商品的价格和供求状况相互联系、相互影响、相互制约的，任何一种商品的价格必须同时和其他商品的价格联合决定，只有当所有商品的价格都达到了需求和供给相等的状态时，市场才处于一般均衡状态。具体是指在市场完善的条件下，价格可以自行调节供需的均衡。所谓房地产市场供求均衡，是指房地产商品的供给价格和需求价格一致，而且供给数量和需求数量一致的房地产经济运行状态。

非均衡又被称为非瓦尔拉斯均衡❶，非均衡是相对于瓦尔拉斯均衡而言的。非均衡是指市场不完善、信息不完备和价格无法对供需进行自行调节的情况下，各种经济力量根据各自的具体情况，在某一位置达成均衡。由此可知，非均衡不是一种"不均衡"状态，而是一种比较特殊的均衡状态。它不同于瓦尔拉斯理想状态、即供需数量相等条件下的均衡，它是供需在一定程度内相互偏离条件下的均衡。一般认为，经济学中的非均衡是指：对立变量之间的不相等，即变量的非均衡，具体是指社会经济系统的总供给和总需求数量之间的非均衡，由于经济变量是经济主体行为的结果，因此经济行为主体可以、并且愿意进一步改变总需求和总供给的行为也可以产生不均衡。根据经济学的非均衡定义，房地产市场供求的非均衡可以定义为：房地产总供给和总需求数量之间的不相等和能够并且愿意决定房地产总供给和总需求的经济主体行为的不均衡。

根据房地产市场非均衡的定义，结合对房地产市场自身的特点，房地产市场的非均衡可以分为总量非均衡和结构非均衡。总量的非均衡是指房地产市场供给和需求总量的不相等、不平衡状态，总量的非均衡又可以分为全国总量的非均衡和地区总量的非均衡。结构的非均衡是指房地产市场结构的不平衡状态，结构的非均衡可以分为产品结构的非均衡和产品层次的非均衡。

二、房地产供求总量的非均衡

在市场不完善、信息不完备的情况下，房地产有效供求总量处于非均衡状态。虽然在现实生活中也存在潜在需求大于有效需求、实际供给大于有效供给，即超额需求和超额供给同时并存的状态，但房地产市场总量的非均衡一般表现为总量性供不应求和总量性供过于求两种情况。

（一）总量性供不应求状态

总量性供不应求的非均衡状态是计划经济时期常见的现象，通常把这种处于总量性供不应求的房地产市场称为卖方市场。房地产市场的这种供求格局是由计划经济体制下实行的福利分房、低租金制等政策造成的。在带有福利性质的住房分配模式下，房地产的开发和消费都会受到政府行政力量的制约，表现为计划性的投资和行政性的数量配给。虽然职工仅需支付相当低的资金就可以得到住房，但是福利房的分配受到职工工龄、职务等多种限制，许多职工因此享受不到国家的福利分房政策。针对这种情况，国家推出了住房低租金制。所谓低租金制，是指国家行政单位或国有企事业单位以远低于住房实际成本的价格将公有住房出租给城市居民的一种制度。低租金这种福利性质的住房供给，造成了居民住房需求的极大膨胀，又由于在计划经济时期，国家实行优先发展重工业的战略，不可避

---

❶ 季朗超. 非均衡的房地产市场. 北京：经济管理出版社，2005.

免地造成作为职工福利的住房投资规模缩小。因此，住房商品长期处于短缺状态。在计划经济体制下实行的价格管制，导致商品经济的法则不能起到调节供求关系的作用，即使供不应求也不会引起价格的上涨，而价格以外的其他因素仍会影响供求，于是供不应求的情况越来越严重。不过这是计划经济体制下的特例，在市场经济条件下，价格机制会起调节供求关系的作用，使供求逐渐趋向平衡。

（二）总量性供过于求状态

总量性供过于求的非均衡状态通常出现在市场经济体制下，通常把这种处于总量性供过于求的房地产市场称为买方市场。房地产市场的这种供求格局是由微观经济层次盲目扩大投资、宏观经济层次缺乏有力调控造成的。一般来说，由于房地产的区域性、垄断性特征，再加上市场机制不完善、信息不对称，房地产市场的供求很难达到均衡状态。我国在 20 世纪 90 年代初房地产投资过热，使 90年代中后期出现房地产市场总量性供过于求的情况。在这种状况下，市场机制迫使房地产商品价格下跌，以调节供求关系。但由于当时我国还处在从计划经济体制向市场经济体制转轨的时期，一方面，房地产价格中相当一部分由政府部门控制，变化余地不大。另一方面，由于住房制度改革有待深入，广大居民尚未真正进入住宅市场，导致房地产实际需求增幅不大，远落后于供给量的增长幅度。由于房地产供应的滞后性，一段时间后，房地产的过热投资陆续转化为现实供给，使房地产供给增加的幅度更大，供过于求的情况更加严重。当时的宏观调控政策，是在适度减少房地产投资规模的同时，加快住房制度的改革，促进体制性需求的增加，并且鼓励居民买房，进一步增加需求总量，经过一段时间的逐步调整，房地产市场供求出现新的均衡状态。

三、房地产市场供求结构的非均衡

结构非均衡是指一个部门或企业内部、若干个部门或企业之间的供求总量关系的不对称而引起的局部供求关系的非均衡，包括产品结构的非均衡和市场层次结构的非均衡。

（一）房地产产品结构的非均衡

房地产产品结构是指房地产内部各类产品构成及其相互间的比例关系。按功能特点，房地产产品可以分为住宅、办公楼、商业用房和工业等其他房地产。住宅又可以分为普通商品住宅、高档公寓、别墅和公共住房等。虽然房地产产品的类别在某些特定条件下可以相互转换，但在一般情况下，各类产品都有其他产品难以替代的特定功能，并且在一定时空范围内，各类产品存在一种与一定的社会经济发展水平相联系的数量比例关系。从市场角度看，房地产产品的结构可以分为供给结构和需求结构。供给结构是指在一定时期内市场上各类产品及其相互间的比例关系。需求结构是指在一定时期内市场上的各类消费者在特定的预算约束条件下愿意购买的各类产品及其数量比例关系。产品供求结构的非均衡有供给结构非均衡和需求结构非均衡两种情况，主要是由于商品房供给结构和需求结构变化趋势不相适应造成的。这种结构性非均衡也会影响到供求总量均衡。结构性非均衡一般是由于供给方的投资决策失误造成的，例如，商品住宅与经济适用房的比例不合理。由于利润不同，房地产开发企业更加倾向于开发商品住宅；商品住宅中高档住房开发比例不合理，高档房、大户型住宅的供应相对过剩，而针对普通消费者、特别是中低收入家庭的小户型、低价位的商品房的供应不足等。这时，虽然供求的总量是相等的，但由于供求结构的非均衡，仍有一部分高档房、大户型商品房的供给表现为积压，另一部分针对中低收入家庭的小户型、低价位商品房供给表现为严重不足。

（二）房地产市场层次结构的非均衡

房地产市场层次结构既可分为一、二、三级市场，又可以分为买卖和租赁市场。其中占房地产市场交易比重最大的、与居民生活相关的住宅市场中层次结构的非均衡是本书重点。

从市场层次结构的发展程度来看，住宅买卖市场比较活跃，租赁市场发展缓慢，市场层次结构的非均衡也就是买卖市场和租赁市场的非均衡状态。在一个健康成熟的住宅市场中，买卖市场和租赁市场是密不可分的一个整体，体现相互调节、平衡的互动关系。买卖市场的交易对象是住宅的所有权，买方在支付房价后随即拥有住宅的永续使用权；租赁市场则是出租方凭借住宅所有权收取一定租金，在一定时期内将住宅的使用权转移给租赁方。因而在市场机制作用下，房价和租金之间理应存在一定的正相关关系，房价的持续上涨应当有租金的增加作为有效支撑。

然而在我国，现实情况是租金的变化率远不及房价的变动率（见图5-1）。这在一定程度上影响房地产市场的正常运行，制约了房地产市场化的进程。

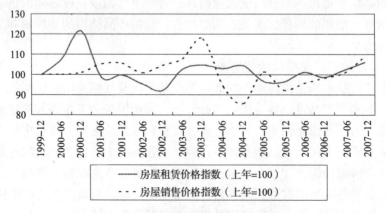

图5-1 上海住宅租金与售价的上涨幅度对比

数据来源：万德咨询（http://www.wind.com.cn/）

专题 5-1   我国房地产市场结构与房价关系的实证分析

近几年，我国房价一路高歌猛进，根据《中国统计年鉴 2004》显示，从1994 年（除 1999 年）至 2003 年，全国商品房价格一直处于上涨中，大约平均每年保持 5% 的涨幅，1994 年全国商品房平均价格为 1409 元/平方米，到 2003年已高达 2379 元/平方米。针对房价上涨过快的现状，从 2003 年 6 月央行 121号文件开始，向驶入高速发展通道的房地产业发出首个"紧缩信号"后，中央出台了一系列抑制房价过快增长的政策措施。

国内外学者对我国房价上涨较快的原因进行了很多探讨，但主要是定性方面的研究，定量方面的研究还不普遍；同时定量研究大部分集中在市场泡沫、投机、政府和开发商行为以及宏观经济影响因素等方面，很少涉及房地产市场结构。根据财贸所课题组的研究，中国住宅市场近几年的勒纳指数[1]均在 0.4 以上，这表明住宅市场的垄断性很强。贝恩（1951 年）认为："如果存在集中的市场结构，厂商就有可能成功地限制产出，把价格提高到正常收益以上的水平。"在他看来，在具有寡占或垄断市场结构的产业中，由于存在少数企业间的共谋、协调行为以及通过高进入壁垒限制竞争的行为，削弱了市场的竞争性，其结果往往是产生超额利润，破坏资源配置效率。沈悦、刘洪玉（2004 年）也认为，在不完全市场结构下，作为市场供给方的房地产企业所提供的房产数量必然无法满足广大居民的实际需求，而房地产价格也必然高于完全竞争市场状态下消费者所能够承受的水平，商品的市场价格必然高于其在完全竞争市场条件下由各厂商的边际成本所决定的价格。因此，本专题试图就房地产市场的结构问题做一分析。为此，先从家庭和开发商的决策行为出发导出房地产需求和供给函数及房地产价格决定方程，然后用 1999～2005 年全国 31 个省市房地产市场的面板数据对这些方程进行检验，进而揭示房地产市场结构问题和影响房地产价格的因素。

一、我国房地产市场结构与房价关系的实证分析

（一）模型设计

下面从家庭和房地产开发商的决策行为来导出房地产的需求和供给函数，进而给出房地产市场均衡价格决定方程。为简化分析，只考虑行为主体的静态决策问题而不考虑动态问题。假定市场上只有房地产需求者和房地产开发商两类主体，这里没有考虑政府这一行为主体，尽管政府行为对房地产市场有重大影响。

---

❶　即价格偏离边际成本的程度。

1. 房地产需求者—代表性家庭行为分析

对于市场需求，我们借鉴 Crrry（1990 年）的模型。假定一定时期内房地产市场供给是固定量，市场上存在 N 个同质的潜在投资者，但由于每个投资者所拥有的私人信息及其对市场收益的预期等的差异，他们对房地产市场的保留价格却并不一致。假定保留价格 P 是凸集，服从于均值为基准价格 P^* 的均匀分布；设投资者的保留价格与基准价格的离差为 h，则 $P \sim F(P^*, h)$。这样，那些保留价格高于 P^* 的投资者就会成为房地产市场的需求者。❶ 这样，基准房地产价格就是由愿意支付保留价格 P 的投资者的比例来决定的，而 P 也就是可以充分使房地产市场出清的价格。那么在任意价格条件 P' 下，房地产市场价格取决于 $P \geq P'$ 的投资者的比例，其概率分布即为 $(1 - F(P'))$。这样，就有：

$$D = N(1 - F(P))L \tag{5-1}$$

其中，$N(1 - F(P))$ 为房地产市场的实际需求人数；L 为投资者所能动用的资源，如贷款数量。通常 $L = L(Y, r)$，Y 代表居民收入，$\dfrac{\partial L}{\partial Y} > 0$，$\dfrac{\partial L}{\partial r} < 0$

又由于 P 服从于 $P^* \pm h$ 的均匀分布，所以

$$1 - F(P) = \frac{P^* + h - P}{2h}$$

这样，式（5-1）转换为：

$$D = N\left(\frac{P^* + h - P}{2h}\right)L$$

2. 房地产供给者—代表性房地产开发商行为分析

假定市场结构是完全垄断的，这样从垄断厂商的利润最大化目标出发，就可以得到其利润函数为：

$$\pi(Q) = P \cdot Q - C(Q) = P(Q) \cdot Q - \frac{f(k)}{2}Q^2 \tag{5-2}$$

该利润函数的特点表明，成本函数是房地产开发面积的二次函数，该成本函数体现了边际成本递增的性质。影响房地产开发商的成本因素被包含在函数 $f(k)$，这里需要关注的因素可能是房地产造价。显然这些因素都会被开发商加入成本转嫁给购买者，因此这些因素对开发商成本具有正的影响，即有 $f(k) > 0$，$f'(k) > 0$。

---

❶ 对这一点可以理解为微观经济学中消费者剩余理论的应用。由于房地产市场供给固定的假定，也使房地产市场无法通过正常的供求机制使房地产保留价格下降到与基准价格一致，即通过预期的房地产供给增长降低房地产市场价格，这一点与普通的商品市场不一样。

由一阶必要条件，得到

$$P(Q) + \frac{\mathrm{d}P(Q)}{\mathrm{d}Q} \cdot Q - f(k)Q = 0$$

进一步推导可得：

$$P(Q)\left[1 + \frac{\mathrm{d}P(Q)}{\mathrm{d}Q} \cdot \frac{Q}{P(Q)}\right] - f(k)Q = 0$$

$$P(Q)\left[1 - \frac{1}{\varepsilon}\right] - f(k)Q = 0, \quad \text{其中 } \varepsilon = -\frac{\mathrm{d}Q}{\mathrm{d}P(Q)} \cdot \frac{P(Q)}{Q}$$

$$Q = \frac{P(Q)(1-X)}{f(k)}, \quad \text{其中} \frac{1}{\varepsilon} = X, X \text{ 代表房地产市场垄断程度}$$

3. 房地产市场均衡

在市场均衡条件下 $D = Q$，于是有：

$$N\left(\frac{P^* + h - P}{2h}\right)L = \frac{P(1-X)}{f(k)}$$

进一步推导可得：

$$P = \frac{N(P^* + h)Lf(k)}{(1-X)2h + NLf(k)}$$

这样，就得到了房地产市场的均衡价格方程为：

$$P = (N, P^*, h, L, f(k), X) \tag{5-3}$$

（二）变量选取及数据来源

从式（5-3）可以看出，房价的决定至少取决于 6 个变量：房地产市场潜在需求人数、房地产市场需求方所能够获得的金融资源、房地产市场投资者保留价格与基准价格的偏离程度、房地产市场的基准价格、房地产造价以及房地产市场垄断程度。影响投资者保留价格与基准价格偏离程度的主要因素是投资者所掌握的信息和对市场的预期，而这一点我们可以假定对于每一个投资者的信息和预期都是外生给定不变的；同理，基准价格也是可以假定外生给定不变的。另外，由于模型中 N 的含义是市场的潜在需求者，而这在实际中是很难观测的，故暂时将其视为给定不变的。这样，针对该模型的检验就集中于房价与金融资源、造价和垄断程度 3 个变量的关系。

投资者可获得的金融资源绝大部分是从银行获得的贷款，但是由于没有直接的家庭房地产信贷数据，我们用房地产企业的资金来源或开发商房地产投资作为房地产信贷的替代变量。之所以这样处理，是因为开发商的大部分资金来源或投资都直接或间接来自于家庭信贷，开发商银行直接贷款最终也由房屋需求者偿还。本文用房地产开发企业资金来源来衡量投资者可获得的金融资源指标，用勒纳指数来表示房地产市场垄断程度。需要说明的是，借鉴李宏瑾、徐爽（2006 年），用统计年鉴中"竣工房屋造价"指标作为房地产行业边际成本的一个替代指标，房价和造价指标自明❶。同时为消除异方差，将模型中各变量取对数，房地产市场垄断程度可以用百分数的形式表示，因此就直接进入模型，得❷：

$$\log P_{it} = \log \alpha + \beta \chi_{it} + \gamma \log CB_{it} + \lambda_1 \log DK_{it} + \lambda_2 \log WZ_{it} + \lambda_3 \log ZY_{it} + \mu_{it}$$

（三）实证检验结果

采用广义最小二乘法，运用 Eviews5.0 软件对面板数据进行计量分析，分别得到如下结果：

房地产市场结构与房价的实证检验结果❸

Variable	Coefficient	Std. Error	t-Statistic	Prob.
LX	0.653436	0.061120	10.69110	0.0000
LCB	1.042351	0.048295	21.58308	0.0000
LDK	0.225035	0.011821	19.03655	0.0000
LWZ	0.058878	0.016373	3.596095	0.0004
LZY	0.199163	0.008303	23.98604	0.0000
Weighted Statistics				
R-squared	0.997862	Mean dependent var	4.022857	
Adjusted R-squared	0.997503	S. D. dependent var	1.405937	
S. E. of regression	0.070248	Sum squared resid	0.912929	
Durbin-Watson stat	1.833295	F-statistic	2785.022	

计量结果非常理想，模型在1%条件下显著，R^2 为 0.99，也就是说回归可以解释99%以上的样本，D-W 为 1.833295，说明方程不存在自相关。结果表明，房地产市场垄断程度与房价之间呈现出极为显著的正相关关系，垄断程度每增加1个百分点，房价增长速度就增加 0.65 个百分点，这与平新乔、陈敏彦（2004年）的结论相吻合。此外，商品房造价每增加1个百分点，房价增长速度就增加1.042351 个百分点，说明成本对房价的影响较大，这与实际情况相吻合；银行贷款每增加1个百分点，房价增长速度就增加 0.23 个百分点，与周京奎等人的研究结果一致；外资每增加1个百分点，房价增长速度就增加 0.06 个百分点，说

---

❶ 除做特殊说明的数据外，本专题数据均来自《中国统计年鉴》（2000～2006）和中经网。

❷ 在 Pamel Data 分析中，与有效使用数据密切相关的问题是固定效应模型还是随机效应模型的判断，如果仅以样本自身效应为条件进行推论，应考虑固定效应模型；欲以样本对总体效应进行推论，则应考虑随机效应模型。由于本文重点考察的是模型中市场结构变量对房价的影响，关心的只是这些个体的情况，所以本文的回归方程采取固定效应模型。

❸ 由于本文重点考察房地产市场结构对房价的影响，所以只明确标出了房地产市场结构的具体回归结果。

明外资增加对房价的影响较小；房地产开发商自筹资金每增加 1 个百分点，房价增长速度就增加 0.20 个百分点。

（四）实证结果的进一步分析

实证结果表明，房地产市场垄断程度与房价之间呈现出极为显著的正相关关系，因此，一个很自然的结论就是应该限制垄断，鼓励竞争，但是通过进一步分析，发现事实并非如此简单。冯丽、李海舰在《从竞争范式到垄断范式》一文中，从新经济是全球经济、网络经济和知识经济的角度，从企业自身和社会福利角度对垄断效应进行了分析，指出从竞争范式到垄断范式过渡的必然性，认为现代垄断不同于传统垄断，它有利于产业绩效的改善，不会造成社会福利的损失。针对具体产业，无论是"垄断性"多一些，还是"自由竞争性"多一些，关键是发挥市场的效率。事实上，竞争和垄断到底哪一种更有效率，历史上就存在两大派别之争，一是哈佛学派为代表的市场结构理论，采用结构—行为—绩效范式；另一派是芝加哥学派为代表的企业行为理论，他们认为，市场结构与企业行为是双向决定的，对结构—行为—绩效范式进行了批评，为垄断存在的合理性和必要性提供了理论支持。此外，经济学理论也告诉我们，垄断是一把"双刃剑"，垄断程度的提高意味着市场集中度上升，企业实力增强。但是大企业为了达到攫取利润的目的，既可以通过市场竞争的方式，也可以通过非市场手段来达到，比如通过组建托拉斯、康采恩等垄断组织来达到操纵价格的目的。由于这种垄断行为损害了市场公平竞争的原则，损害了消费者利益，因而也就损害了资源配置的效率。然而垄断企业并不必然导致资源配置的低效率，例如垄断程度的提高意味着开发商的实力增强，从而形成规模经济，进而导致成本下降。之所以得出房价与房地产市场垄断程度正相关的结论，其原因在于一方面我国的房地产行业不仅单个企业的规模过小，且整体行业的资源也过于分散，可以说，我国房地产企业远没有达到行业的规模经济水平；另一方面，从最近几年房地产开发商的市场表现看，正式或非正式的合谋迹象的确存在，主要表现在：（1）通过每年一度的地产经济峰会进行信息交流，以尽量达成认识与行动的一致性；（2）对消费者隐瞒住房的销售信息或制造假象扰乱其信息；（3）合谋哄抬地价；（4）比较普遍地定位于中高档房地产产品的开发，造成中低档产品的供给不足，使总体房价逐步攀升。下面我们将就第四点作进一步分析。为了考察住房供给结构对房价的影响，基本的模型设定为：

$$LP = C + \beta LSY + \lambda LBS \tag{5-4}$$

在式（5-4）中，LP 代表我国住宅平均价格取对数；LSY 代表我国别墅和高档公寓的投资取对数；LBS 代表我国经济适用房的投资取对数。变量之间存在协整关系的前提是所有变量服从同阶单位根过程。常用的单位根检验方法为 Dickey 和 Fuller（1974 年）提出的 ADF 检验法。本文利用 Eviews5.0 软件分别对各变量的水平值和一阶差分进行 ADF 单位根检验，检验方程的选取根据相应的图形来确定，检验过程中滞后项的确定采用 SIC 原则，结果见表 5-1。从表中可以看出各序列在 5% 的显著水平下都是二阶差分平稳的，也就是都是属于序列 I（2）。

各个序列的单位跟检验过程　　　　　　　　　　　　　　　　表 5-1

变量	ADF 检验	检验类型	滞后阶数	显著水平（临界值）
LP	1.244771	含线性趋势项和常数项	1	−4.450425（5%）
$\Delta\Delta LP$	−4.487425	含常数项	0	−3.519595（5%）
LSY	−1.120665	含线性趋势项和常数项	0	−4.246503（5%）
$\Delta\Delta LSY$	−4.153490	含常数项	3	−3.519595（5%）
LBS	−2.832612	含线性趋势项和常数项	0	−4.246503（5%）
$\Delta\Delta LBS$	−4.396028	含常数项	0	−3.519595（5%）

在已知 LP、LSY 和 LBS 二阶单整的情况下，对它们进行协整关系检验。

$$LP = 2.348736 - 0.105350LSY + 0.254859LBS$$

$$(6.735734) \qquad (-1.437170) \qquad (6.140517)$$

$$R^2 = 0.902960 \qquad 调整的\ R^2 = 0.870614 \qquad F = 27.91514$$

注：括号内为 t 统计量

从以上回归结果可以看出，别墅和高档公寓的投资变化与住宅平均售价增长正相关，显然价格较高的别墅和高档房可以为开发商带来较高的利润，但也正是别墅和高档房的较高价格抬升了整体的商品房价格。相反，经济适用房的投资增长却与整体商品房平均售价增长负相关，这是因为经济适用房价格低于普通商品房价格而使开发商不愿投资。因此，垄断导致房地产开发商进行合谋，进而导致房地产市场供给结构不合理，从而导致住房价格上涨。

二、结论和政策建议

从上面分析可以看出，垄断是否提高房价，其关键在于垄断市场结构对房地产开发商行为的影响。如果能切断垄断导致房价上涨的传递渠道，那么市场走向垄断就没有那么可怕。另外，更为重要的一点是走向集中是房地产市场发展的内在要求，首先，房地产的特点决定房地产行业具有很大垄断性。（1）房地产产品差异化较大。房地产最重要的特性是其位置不可移动性或固定性，因此，就房地产业而言，房地产商品具有天然的异质性。（2）我国房地产市场存在较高的进入障碍。对房地产业而言，能否获得土地是房地产开发企业进行房地产开发的前提条件。由于土地资源是有限的，为了充分有效地使用有限的土地资源，我国以颁发土地许可证（土地出让合同和土地使用证）的形式来进行房地产开发。在本质上，许可证是政府制造的进入壁垒，房地产的开发也必须通过政府的许可才能进行开发。因此，房地产开发项目的批准、土地出让合同的签订以及土地使用证的颁发，实际上就是政府对开发商颁发许可证的过程。但是与其他国家通过许可证竞争不同，我国采用许可证制度和协议出让制度导致了房地产开发企业严重的"圈地运动"和寻租行为。因此，房地产的特性决定了我国房地产市场是一个不完全竞争的市场。其次，发达国家或地区的经验证明寡头竞争是成熟的市场结构类型，即由几家企业垄断整个市场的半数甚至更多市场份额。例如我国香港地区，从 20 世纪 90 年代中期以来香港地产市场 CR_{10} 就一直稳定在 80% 以上，CR_3 占 50%，美国 CR_3 占 45% 左右，市场集中度相当高。[❶] 这种市场结构是市场选择的结果，寡头垄断的市场结构是一种稳定的市场结构类型。其主要优点是：具有规模经济效益、减少企业进入和退出的盲目性、有利于政府对企业的调控、政府和产业之间协调比较容易等。

总上所述，寡头垄断的市场结构是我国房地产市场发展的最终趋势，因此，针对寡头市场的特点，一方面我们应采取提高进入门槛等措施提高房地产市场的集中度。房地产行业属于资金密集型行业，规模大小对企业的生存发展、对整个行业的结构升级都非常关键。我国房地产开发企业数量众多，但大部分信用资质较低。整体格局是开发商多，开发规模小，开发商资金实力弱，缺乏全国性的龙头企业，导致规模不经济，成本提高。另一方面，政策的侧重点应放在限制房地产开发企业正式或非正式的合谋行为上，具体的政策措施应着重在两个方面：一是促进房地产市场信息透明化，加强监督和处罚，制止信息造假行为。如完善土地使用权的出让制度，尽量以招标、挂牌、拍卖的方式出让，这样，就会有更多的开发商参与竞争，从而减小合谋的可能性，也减小开发商寻租的可能性；二是约束开发商的限量提价倾向，采取必要的供给管制政策，根据消费需求实际，确定不同档次房屋的开发供给比例。从这个意义上看，类似"新开发项目 90m² 以下住宅应不少于 70%"的规定十分必要，当然，面积和比例的具体标准应该是多少，应根据社会发展与消费需求状况来确定。此外，政府还可以通过改变土地供地结构的方式，调整房地产市场结构。具体来说，对廉租房和经济适用房实行"划拨"供地；对中低档商品房在限制房价的前提下，实行"限价招标"出让供地；对高档商品房实行"价高者得"的"招拍挂"方式。

本专题参考文献

[1] 王家庭，张换兆．房地产融资方式多元化的经济学分析．财经科学．2005，6：54－56.

---

❶ CR_i 表示 i 家主要公司占有的市场份额。

［2］萧雄译，谢勒著．产业结构与产业绩效．台湾国民出版社，1991，56－66.

［3］沈悦，刘洪玉．住宅价格与经济基本面：1995～2002年中国14城市的实证研究．载经济研究．2004，6：77－78.

［4］李宏瑾，徐爽．供给刚性、市场结构与金融．财经问题研究．2006，8：88－91.

［5］平新乔，陈敏彦．融资、地价与楼盘价格趋势．世界经济．2004，7：12－15.

［6］周京奎．金融支持过度与房地产泡沫．北京：北京大学出版社，2005.

第六章 房地产市场价格机制

第一节 房地产市场价格的形成机制

房地产市场价格机制是房地产价格决定的客观依据和定价体制的总称。房地产市场的价格形成机制具体表现为市场供求价格机制和生产价格机制。

一、房地产市场价格的形成机制Ⅰ——市场供求价格机制论

房地产市场价格是在房地产供给和需求双方相互作用过程中形成的。

从短期来看，房地产供给是相对稳定的，它不能立即适应突然变化的需求。因此，房地产短期供给无弹性。房地产的需求与供给相比具有动态性。在供求均衡条件下，如果需求突然增加，供给却不能相应增加，则价格上升［见图6-1（a）］；如果需求突然下降，过多的供给不可能转移到其他地区销售，导致房地产价格下降［见图6-1（b）］。价格（或租金）的变化只能使现有房地产供给在需求者之间重新分配。

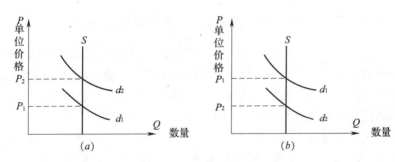

图6-1 短期内需求对价格的影响

（a）短期内需求增加的影响；（b）短期内需求减少的影响

在长期，需求突然增加，出现供给远不能满足需求的情况下，房地产价格上升。但随着时间的推移，新开发项目建设完工，增加了市场上的房地产供给，市场上的房地产供给由 S_1 变到 S_2。价格沿需求曲线 d_2 向右下方移动与 S_2 相交，形成新的供求均衡点［见图6-2（a）］。

当房地产需求突然减少，出现供给大于需求的情况，房地产价格下降。但随着时间的推移，达到经济寿命年限的房屋被拆除，或部分该类房地产转作别的用

途，则该类房地产供给由 S_1 减少到 S_2，房地产价格回升，即沿 d_2 向左上方移动与 S_2 相交形成新的供求均衡 ［图6-2（b）］。

连接 d_1 与 S_1、d_2 与 S_2、d_3 与 S_3 的交点得到曲线 L，L 表示长期成本（含正常利润）曲线，通常也称之为长期供给曲线。在需求稳定增长的情况下，土地价格、劳动力成本、建材成本都有持续增长的趋势，因此，长期成本曲线向上倾斜 ［图6-2（a）］。在需求持续减少的情况下，需求曲线左移，价格迅速低于成本，无利可图，则只有减少或没有新的房地产供给。因此，各项开发成本持续下降，长期成本 L 曲线向下倾斜 ［图6-2（b）］。

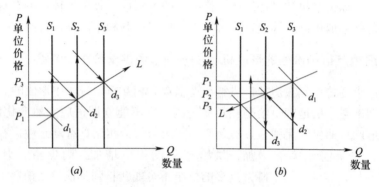

图6-2　长期内需求对价格的影响

（a）长期内需求增加的影响；（b）长期内需求减少的影响

二、房地产市场价格的形成机制 II——生产价格机制论

生产价格理论认为，生产价格是利润转化为平均利润后商品价值的转化形式，由社会成本加平均利润构成。在市场经济条件下，通过竞争，资本不断从利润率低的行业向利润率高的行业转移，导致利润平均化，等量资本不论其资本有机构成的高低都获得等量利润。平均利润率的形成使价值转化为生产价格。

我国国民经济各部门成本在售价中的比重平均为 81.8%[1]，因而成本、即商品价值构成中的 $C + V$，是商品价格的最重要组成部分，它是制定商品价格的基本依据，也是制定商品价格的最低经济界限。在社会主义市场经济条件下，价格应以社会价值而非个别价值为基础，这就是说，作为制定价格依据的成本，必须是在生产、合理经营条件下的社会成本。因而，所谓社会价值就是部门平均价值，社会成本就是部门平均成本。

价格中的盈利要正确反映商品价值中的 M。盈利由价格中的利润和税金两个部分组成。关于价格形成中应该采取什么盈利率的问题，目前主要有四种意见，即社

---

[1]　陈东琪. 全面认识近期经济形势和宏观调控. 中国物价. 2006，9，第3页。

会平均工资盈利率、社会平均成本赢利率、社会平均资金赢利率和综合赢利率。这四种意见仅是理论上的论述，都假定工资是符合按劳分配原则的，产品的劳动消耗和物质消耗是正常的，物资的价格是合理的，各类产品的成本、占用的资金也是合理。然而，这些假设条件在现实中是根本不存在的，此外，也不存在按社会平均成本利润率、平均加工价值利润率、综合利润率形成利润。税收中的价外税是不计入商品价格的税金，不是商品价格的独立构成要素，而是对价格构成中某个部分的再分配；价内税则计入商品价格，一般称税金。因此，在已知生产成本、成本利润率、税率的情况下，价格 = ［成本×（1＋成本利润率）］／（1－税率）。

三、两种房地产价格形成机制的一统论

房地产市场供求价格机制说明供求如何决定价格，房地产生产价格形成机制是以马克思的劳动价值及生产价格理论为基础的，因而传统上认为二者是不相容的，特别是认为供求价格论是错误的。

根据价值形成规律，决定商品价格的价值量是由生产商品的社会必要劳动时间决定的。商品价值决定于商品生产的社会必要劳动时间，是第一种含义的社会必要劳动时间。价值规律影响的不是个别商品，而是各个生产部门的总产品，因而，社会必要劳动时间又指社会总劳动中按一定比例用来生产社会所需要的某种商品所必要的劳动时间，这是第二种含义的社会必要劳动时间，它直接决定商品的价值，并影响价值的实现。

两种含义中社会必要劳动时间对价值的决定作用，实际上表现为某类商品的社会供给和社会需求之间的相互作用。生产价格是比较发达的商品经济社会下的价值转形。市场经济条件下必然存在利润平均化，这种利润平均化只能在一定时期内一定社会利润总量内形成。然而，利润平均化是一种处于不断变化中的平均趋势，并不存在按社会平均成本利润率形成价格的客观依据，生产价格中的平均成本利润率只能是在部门或行业内形成的。这种行业内平均成本利润率完全是由部门产品的社会总供求形成的。

从房地产市场供求价格来看，供求关系也决定着市场价格，而且是决定市场价格的最直接因素。社会主义市场经济条件下仍然存在着两种供求关系：一是长期形成、短期内难以改变的供求关系，称之为长期供求关系；二是短期内形成的、从长期来看并不具有必然性的短期供求关系。两种供求关系对价格的作用是不同的。短期供求关系直接决定价格的日常变动，长期供求关系则直接参与价值或生产价格的决定。

因此，可以认为供求关系和生产价格是决定房地产价格的两大基本因素，它们在不同层次上共同决定着房地产价格的变化。短期供求和长期供求较具体地决定着价格的短期变动和长期趋势，生产价格则抽象地决定着价格变动的长期趋

势。供求价格机制和生产价格机制是房地产价格运行机制的两个相统一的方面，是房地产价格运行外在机制与内在机制的统一。

第二节 土地价格形成机制与住宅价格形成机制

一、土地价格形成机制

土地与资金、劳动力等一样都是生产和经营的必要条件，是重要的生产要素。在市场经济条件下，它们都必须进入市场，其价格在市场中形成。只有如此，这些要素才能得到最佳组合和合理配置。法国古典经济学家让·巴蒂斯特·萨（Jean Baptiste Sean）最早提出土地的产出是劳动、资本和土地共同发挥作用的结果，地租是对劳动服务的补偿和收入❶。马克思更是认为地价是在分配领域产生的，是人们在利用土地生产产品的过程中由劳动者创造的剩余价值转化而来的。马克思的地租理论及地价理论均认为土地价格是土地收益（即地租）的资本化❷。通常把预期的土地年收益逐一资本化而成为现值（或称贴现），称为土地的资本价值。在这里，地租是指经济地租，即土地总收益扣除总成本的余额。土地总收益是指：

（1）正常情况下的收益，即在生产能力正常、管理能力正常和正常年份的收益，又称为客观收益；

（2）处于最佳利用方向的土地收益；

（3）土地纯收益，即指土地总收益扣除生产成本及一切税赋的剩余值。

如果土地的总收入刚刚等于劳动和其他费用支出，则土地毫无收益，那么地租为零。也就是说，不是土地价格决定土地收益，而是土地收益决定土地价格。

从自然属性看，土地具有有限性、非同质性、固定性、耐用性等特点；从经济属性看，土地又具有稀缺性、区位可变性、报酬递减的特征。这些特点决定了土地总量和短期内土地供给的无弹性，也决定了土地价格具有随着需求的增加不断上扬的趋势。土地供给的无弹性并不是绝对的，从长期看，不同用途土地是可以转换的。从这个意义上说，土地供给又是有弹性的，而且由于高额利润的驱使，土地供给对价格的反应程度——供给弹性要大于土地需求对价格的反应程度——价格需求弹性。根据蛛网定理，土地价格是一个发散性的蛛网，这是土地容易产生价格泡沫的原因。

（一）增量土地价格的决定

1. 增量土地价格的理论测算

---

❶ Jean Baptiste Sean. 政治经济学. 北京：商务印书馆，1963，第360页。

❷ 马克思恩格斯全集. 北京：人民出版社，1985，第700页。

一般而言，多数国家的政府根据城市经济发展需要，制定土地供应计划，严格控制总量，建立适应市场需要的土地储备制度，内容包括收购、储备和出让。政府垄断土地一级市场，可以在一定程度上缩减土地供给弹性，避免土地价格大起大落。

根据新加坡、香港等发达国家和地区的经验，土地的增值收益都是由政府收取的。即政府的土地部门将生地开发成熟地，再进行招标、拍卖，直接获取土地增值收益。如香港政府每投入 1 亿港元开发土地就可以获得 5 亿至 10 亿港元的回报。可见政府垄断土地一级市场，出让熟地，可获得数倍于开发成本的土地增值收益。但是，政府获取土地增值收益不代表政府要与民争利，而是要把土地增值收益取之于土地，用之于城市发展。

那么作为土地一级市场垄断着的政府如何确定招标或拍卖土地价格呢？即土地使用权的价格如何形成呢？

对于垄断商品，一般企业定价的原则是利润最大化。而垄断的主体为国家时，其定价原则应是社会福利的最大化。也就是说，国家在追求经济效益的同时，还要兼顾社会效益和环境效益。

一般来讲垄断企业面对的需求函数是一个连续的单减函数，设市场的反需求函数为 $p=p(y)$，其利润最大化为 $\text{Max}\ [y \times p(y) - c(y)]$，其中 y 为产量，$c(y)$ 为成本函数，其一阶导数为：

$$p(y) + y \times \mathrm{d}p(y)/\mathrm{d}y = c'(y) \qquad (6\text{-}1)$$

这就是垄断企业利润最大化的条件。而作为土地垄断者的国家，其所追求的目标是社会福利的最大化，社会福利函数为 $w(y) = u(y) + w - c(y)$，其中 $w(y)$ 为社会福利函数，$u(y)$ 为效用函数，w 为原始禀赋，社会福利最大化为 $\text{Max}\ [u(y) + w - c(y)]$，其一阶导数为

$$u'(y) = c'(y) \qquad (6\text{-}2)$$

把式（6-2）代入式（6-1），得到

$$p(y) + y \times \mathrm{d}p(y)/\mathrm{d}y = u'(y) \qquad (6\text{-}3)$$

要实现社会福利最大化，必须有 $y \times \mathrm{d}p(y)/\mathrm{d}y = 0$，即

$$p(y) = u'(y)$$

这实际上是完全竞争市场上利润最大化的定价原则。

上述分析表明，虽然国家垄断着城市土地，但为了社会福利的最大化，其土地使用权的出让基准价格评估也要遵循完全竞争的市场经济原则定价。

2. 增量土地价格的影响因素

土地价格包括土地资源价格和土地资产价格。土地资产价格与一般商品的价格形成大体相同。土地资源价格则与其他商品不同。一般商品的价格是由价值决定的，随着供求关系的变化而上下波动，土地资源不是必要劳动的成果，不包含

价值，其使用价值在价格决定中起着重要作用，因为土地用途不同，其收益不同，价格差异很大。据西方学者估算，农业、工业和商业用地的经济效益之比是1∶100∶1000。土地价格是土地在使用期间土地纯收益的现值之和。可见，预期的土地纯收益是土地价格形成的基础，影响土地价格的其他因素决定了现实交易地价。与土地价格形成相关的因素有：

（1）地租

土地价格与地租成正比。当银行利息率不变时，地租越大，土地价格就越高；反则反之。地租中级差地租的大小，主要受土地所处的区位、用途等影响。一般城市中心的地租较高，土地价格就高；偏僻地区地租低，土地价格就低。土地用于商业，经营效益越高，土地价格也越高；土地用于住宅建设，经营效益相对较低，土地价格也相应较低。

（2）利息率

土地价格与利息率成反比。在地租量一定时，利息率越高，土地价格就越低；反则反之。

（3）土地使用权的出让期

土地价格是若干年地租贴现值的总和，因而土地价格的高低与土地使用权出让期的长短成正比。同一幅土地，在用途相同的条件下，土地出让期越长，则土地价格就越高；反之，出让期越短，土地价格就越低。

（4）土地供求状况

就总量而言，土地的供给是无弹性的，土地价格主要由需求状况决定。经济繁荣，对土地的需求增加，土地价格就上升；经济衰退，土地的需求量减少，土地价格就会下降。

（5）土地利用规划和区域规划

土地的特性决定了土地资源的配置、调整必然有政府直接参与。政府作为土地一级市场上的垄断者，在进行土地用途规划时实质上是在对土地进行产品差异化，不同用途的土地可以看作是不同的产品，其未来的预期收益必然有所差异，所以必然会影响不同用途和不同区域的土地价格。

（6）法律

土地是财富之母，纵观目前各国的做法，政府对土地这一稀缺资源都十分重视，为达到土地资源的有效合理利用，各国都制定了很多法律对其进行管理，这些法规对土地的价格有着重要影响。

（二）存量土地价格的决定

供求平衡机制是存量土地价格形成的基本机制。价格形成的过程就是供求平衡的过程，供求平衡是在一定价格水平下的平衡。在自由市场经济中，土地和其他商品一样，其价格取决于本身的供给和需求，即土地供给增加，需求不变或减少，则地价下跌；土地供给减少，需求不变或增加，则地价上升。

1. 土地供给

土地供给是一定时间内可供人们利用的土地资源数量，又分为自然供给和经济供给。土地的自然供给是指土地资源的自然数量，其数量是固定不变的，它不受任何人为因素或社会因素的影响。

土地的经济供给是指土地在自然供给和自然条件允许的范围内，在一定的时间和地区，因用途、利益、价格变化而形成的土地供给数量。早在1900年，美国经济学家约翰·克拉克（J. B. Clazk）就提出了生产力分配理论，认为土地的总供给完全缺乏弹性，但对在某行业的供给来说并非完全缺乏弹性，而是一条上扬的曲线，它与该行业需求曲线的交点、即均衡点，决定地租水平[1]。当某一行业扩大规模需要增加土地时，会因提高租价而将其他行业的土地（如农用地）转移到该行业，也即土地的经济供给是有弹性的。但同时其供给量也是有限的。例如，随着城市的发展及城市建筑用地的需求增加，必然引起城郊农田转变为建筑用地，这就增加了城市用地的经济供给，但近郊的土地也是有限的，不能随意增加。土地的经济供给意味着土地在一定范围内也遵循一般商品的供给规律，即价格上升，土地的供给也增加；但土地的自然供给总量是有限度的，超过这个限度，不管价格如何上涨，也不能再增加土地的供给。

土地的经济供给可以分为短期供给和长期供给。土地的短期供给是指土地的经济供给来不及随着地租的变化而变化，这时土地的经济供给不变，供给曲线是一条垂直的 S_1。土地的长期供给是指土地的经济供给随地租的上升而增加，但不超过自然供给的极限，用曲线 S_2 表示（见图6-3）。

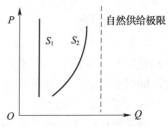

图6-3　土地供给曲线

土地的自然供给是无法改变、不受其他因素影响的，但经济供给就会受到一些因素的影响。影响土地经济供给的因素很多，大致可以归纳为自然限制因素、经济因素、技术因素和制度因素四个方面。其中，经济因素和制度因素对土地供给的影响起决定性的作用。由于土地是一种稀缺资源、是一种财产，它总是为一定的主体所占有，因而土地供给是指在一定市场上和一定时期内，与某一价格相对应的土地占有者愿意供给的数量。所以，具体的土地供给总是一定占有主体的供给行为。不同的占有主体会导致土地供给行为的差异。

---

[1]　毕宝德：《土地经济学》，中国人民大学出版社，1993年，第335～336页。

在土地的存量供给中，经济和制度的因素是起决定作用的。土地存量的主体比较分散。在这里用歌德伯戈的模型来进行解释❶。这个模型是：当土地为分散的主体占有时，是否向市场提供土地，取决于持有土地的成本和潜在收益的比较：

$$U_L = R + T_e + S - P \tag{6-4}$$

上式中 U_L 为土地使用成本率（%）；R 为利息率或抵押率（%）；T_e 为每年现行的财产税率（%）；S 为每年的保险费率和其他服务成本率（%）；P 为土地价格上涨速率（潜在资本收益率）（%）。

如果 $U_L > 0$，表明在一个阶段内占有一个单位土地要支付一定的净费用，因而占有者有可能把土地投入市场。如果 $U_L < 0$ 时，表明占有没有任何改良服务设施的土地而获得利润，因而不可能把土地投入市场。是否向市场提供土地，除了取决于 U_L，还取决于机会成本。

如果通货膨胀率上升，又存在一个扭曲的税收制度，则可能促使人们出于投机目的占有土地，而不是提供土地。此外，交易费用也是影响土地存量供给的因素。交易费用越高，土地占有者就越不可能把其投入市场，或者是为减少交易费用而进入隐形市场交易。

可见，经济和制度上的因素，决定了土地占有者是占有土地还是把它供给市场。

2. 土地需求

在使用"需求"这个概念时，总是指在某一时期内和一定市场上按照某一价格愿意并且能够购买的该商品或劳务的数量。所以"需求"这个概念不仅限定了特定的时期和进行买卖的市场，而且指购买者有支付能力的需求，从而有别于人类无限多样化的需要。

对土地的需求程度，取决于土地与其他投入品结合后产生收益的能力。因为土地作为一种生产要素，其本身不能创造利润，它只有与其他生产要素结合，才能产生收益。因此，对土地的需求总是与特定位置有关的一种具体的需求；而且，不同位置的土地在满足需求时是可以相互替代的。

在完全竞争的市场经济中，在其他条件不变的前提下，土地价格上升，人们对土地的需求量会相应减少；反之，土地价格降低，人们对土地的需求量也相应增加，以此形成土地的需求曲线。从图6-4中可见，土地需求曲线具有向下倾斜的规律。

图6-4土地需求曲线是将对土地的需求作为一种引致需求，以利用为目的。还有一种对土地的需求是把土地作为投机的对象，购买的目的是为了再出售，赚

---

❶ 歌德伯戈：《城市土地经济学》，中国人民大学出版社，1990年，第68页。

取买卖差价。以投机为目的的土地需求曲线，是一条自左向右上升的曲线，即价格上升，需求增加；价格下降，需求反而减少，这是因为对未来价格的预期是影响房地产投机的重要因素（见图6-5）。

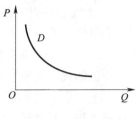

图 6-4　一般土地需求

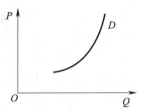

图 6-5　投机土地需求

3. 存量土地价格的形成

一般地价的形成条件可以分为短期土地供给量固定不变时的均衡条件和长期土地供给量改变时的均衡条件。短期内土地供给量恒定，没有土地供给增量，这时土地供给曲线是一条垂直于横坐标（土地供给量）的直线，而土地需求曲线是一条向下倾斜的曲线。在土地供给曲线和需求曲线的交点处，形成地价 P。这时地价的形成完全取决于土地需求，当土地需求由 D 上升至 D' 时，地价由 P 上升至 P'（图6-6）。

在长期土地供给量改变的条件下，地价的形成由供给和需求共同决定。土地供给曲线是一条向上倾斜的曲线 S。当土地需求为 D 时，D 与 S 的交点 E 决定地价 P；当土地需求上升为 D' 时，D' 与 S 的交点 F 决定地价 P'，新入市的土地供给增量为 Q_1Q_2。并且，土地供给增量进入市场，是在其价格水平高于 P 时进入的，这个价格水平包括征用土地的成本和应得的土地经营利润。如果土地供给增量 Q_1Q_2 进入市场的价格低于 P，则土地增量是不会入市的（图6-7）。

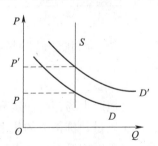

图 6-6　短期供给不变时地价的决定

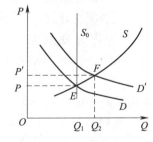

图 6-7　长期供给改变时地价的决定

二、住宅价格形成机制

（一）住宅增量价格的本质是土地价格

房地产是由土地及其地上房屋建筑物共同组成的整体。虽然从理论上讲，房价（房屋本身的价值）和地价是可以分别计算的，也应该分别独立计算。然而在现实中，房屋产权的转让（买卖、租赁）必然伴随土地产权的转让，即房地产总是作为一个整体出现在市场上的。

许多经济学家把土地分为土地物质和土地资本。土地物质以天然形式存在，未经人类改造利用，不是劳动产品，没有价值但具有价格，它等于土地纯收益的资本化。而土地资本则是指已利用的土地中所投入的人类劳动，具有价值，它是由凝结在其中的社会必要劳动量所决定，而价格是价值的货币表现形式。

房屋应该属于土地资本的一部分。马克思曾指出："固定资本或是合并在土地中，或是像所有工业建筑物、铁路、堆栈、工厂建筑物、船坞等一样扎根在土地内……"[1]。因此，马克思把房屋建筑物和其他地上建筑附属物都归在土地资本的范畴内。虽然房屋与其他土地资本相比，有较强的独立性，但归根结底仍然是一种土地投入物，即房地产包含在土地的范围之内。从这个意义上说，房地产价值的实质就是土地价值，房地产价格的实质就是土地的价格。如果说地价的实质是土地产权所带来的经济收入，那么，住宅增量价格的实质同地价一样，是一种产权价格，它的量由房地产产权的收益能力决定。

（二）住宅增量价格的形成

住宅增量的价格在增量市场上形成，价格形成的过程同样是一种供求平衡的过程。由于房地产的区位差异性和产品异质性，使市场上没有完全相同的两宗房地产。因此，房地产的价格差别较大。在短期市场均衡中，房地产产品来不及调整，可以认为对具有某一特征的房地产产品而言，它处在一个完全垄断的市场中，住宅增量价格的形成是一种厂商行为，即住宅增量价格是一种供给价格，开发商可以获得超额利润。开发商以边际成本等于边际收益的点 E 决定开发量 M 及住宅增量价格 ON，开发商获得超额利润 $NKFG$（见图6-8中阴影部分）。

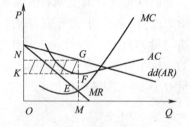

图6-8　住宅短期市场均衡

在长期市场均衡中，由于多个开发商的加入，房地产市场存在一定程度的竞争性，没有超额利润存在。张五常教授认为产品存在质量、价格上的集聚性，事实上区位、规模和质量等相似的房地产单元或类型趋于以相近的价格出售。

在均衡条件下，我们可以建立如图6-9的分析模型：假设市场上供给的房地产都是相似的（相似的地段或相似的房产），供给曲线和需求曲线的交点，决定房地产的均衡价格为 P。如果价格高于 P，房地产供给就会过多，从而使价格下

❶ 马克思、恩格斯：《马克思恩格斯全集》，人民出版社，1972年。

降。当价格下降到 P 以下时，需求必然大于供给，从而价格上升。当价格降至一定程度时（价格小于最小边际成本时），市场上将不再有任何新建房屋，即当价格 $P < P_0$ 时，S 恒等于零。在不均衡市场条件下，过多的供给、房地产闲置或过度需求都会同时存在，而这常常是增量市场的实际情况（见图6-10）。

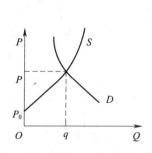

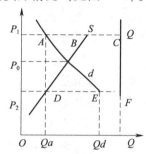

图6-9　均衡住宅价格的决定　　　图6-10　住宅市场不均衡下的价格决定

假设市场上有闲置的房地产存在，作为潜在的储备量，其中的一部分并不一定很快就出售，设这一固定的现存量为 Q，供给曲线和需求曲线的交点决定均衡价格为 P_0。如果市场价格高于 P_0，例如 P_1，此时供给 S 超过需求，愿意出卖房地产的人多于愿意购买房地产的人，从而导致过度的供给。实际交易量为 Qa，供给量为 Q。所以，闲置量为 CA，均衡条件下的闲置量为 BC，表示过度供给量（愿意在目前价格水平上出售却无人购买的量）为 AB。此时，价格的运动方向将朝均衡方向下降。

如果市场价格低于均衡价格，例如 P_2，此时愿意出卖房地产的人就会少于愿意购买的人，从而导致过度的需求。实际的交易量为 Qa，过度需求量（愿意在目前价格水平上购买但却不能买到的量）为 DE，均衡条件下的闲置量为 EF。这时，价格运动的方向将朝均衡方向上升。

（三）生产价格形成机制

针对上文分析，对于房地产开发企业来说，住宅增量价格受成本、税费、市场需求和竞争状况等诸多因素的影响，形成了以下几种实践中常用的定价方法。

1. 以成本为导向的定价方法

以成本为导向的定价方法就是房地产开发企业在定价决策中，主要考虑产品的成本因素而不考虑或很少考虑市场需求和竞争等方面因素的定价方法。

（1）成本加成定价法

所谓成本加成法，是指先计算单位房地产产品的全部成本，然后加上一定比例的利润，就得到该房地产的出售价格。当需求弹性小的时候，加成率通常较高。其计算公式为：

单位房地产价格（元/平方米）＝单位房地产价格×（1＋成本加成率）／（1－税率）

(6-5)

（2）盈亏平衡定价法

又称收支平衡定价法、损益平衡定价法。盈亏平衡分析指在既定的固定成本、变动成本和价格条件下，确定能够保证房地产企业收支平衡的产（销）量，然后据此确定价格。收支平衡点也称损益平衡点或盈亏平衡点。该价格是保本价，计算公式为：

$$房地产售价（元/平方米）=固定成本总额/盈亏平衡产量+单位变动成本 \tag{6-6}$$

（3）变动成本加成法

变动成本加成法是指以单位面积变动成本为定价基础，加上单位产品贡献额，形成产品售价。其公式为：

$$售价=单位变动成本+单位产品贡献额 \tag{6-7}$$

贡献额的意义在于，单位面积的销售收入在补偿其变动成本后，首先用于补偿固定成本。

（4）目标利润定价法

目标利润定价法是以总成本和目标利润为定价原则。定价时，按估算出的可能达到的销售量和总成本，在盈亏平衡基础上，加上预期的目标利润额，然后计算价格。具体计算公式为：

$$单位房地产价格（元/平方米）=（总成本+目标利润率）/预计销售面积 \tag{6-8}$$

这种方法简便易行，可提供预期利润率时最低可能接受的价格和最低的销售量。

2．以需求为导向的定价方法

这是一种以消费者对价格的承受能力为定价依据的定价方法。这种方法是伴随营销观念的改变而产生的新型定价方法。

（1）判断价值定价法

判断价值定价法是根据消费者愿意支付的价格而不是按照开发商的成本来定价。消费者观念中的产品价格是判断价值。判断价值定价法的关键是房地产企业要对消费者的判断价值有正确的估计。估价过高，没有市场；反之，开发商减少了获利机会。

（2）需求差异定价法

该定价方法以不同时间、地点、产品及不同消费者的消费需求强度差异为定价的基本依据，针对各种差异决定在基础价格上是加价或减价。这种方法应用时需要满足四个条件：①市场可以细分为不同需求强度的子市场；②高价竞争市场中没有低价竞争者；③细分后的高价市场与低价市场在一定时期相互独立，互不干扰；④价格差异适度，不会引起消费者的反感。

3. 以竞争为导向的定价方法

竞争导向定价法是一种以市场上相互竞争的同类房地产价格为定价依据，并随着竞争状况的变化而不断调整价格的定价方法。

（1）随行就市定价法

随行就市定价法是指房地产企业以同行的价格水平作为定价标准的一种定价方法。适用于市场竞争中差异比较小的房地产商品。而且，开发商采用随行就市定价法的关键在于对降价策略的把握。

（2）主动竞争定价法

与随行就市定价法相反，主动竞争定价法不是追随竞争对手的价格，而是根据本企业房地产产品的实际与竞争对手的差异来确定价格。这种方法一般为实力雄厚或产品独具特色的房地产开发企业所采用。

该方法在应用中，首先将市场上竞争对手的价格与本企业估算价格比较，分较高、一般、较低三个价格层次；其次，将本企业房地产产品的相关因素（如区位、质量、配套、户型、时间及建筑面积等）与竞争对手相比较，分析形成价格差异的原因；再次，根据以上分析结果确定本企业房地产产品的特色、优势及不足，在此基础上，按定价目标确定价格；最后，关注竞争对手价格变化，并及时分析变化原因，相应调整本企业房地产产品的价格。

（四）存量房地产价格的形成

消费者对存量房地产的需求源自对存量房地产提供的服务的需求。一旦消费者接受了这个房地产存量所提供的服务，消费者会保持停留在该存量房地产给他带来的效用水平上直至对这个水平不满意为止。消费者为此愿意付出的价格取决于这种需求水平和已有的供给存量的交点（见图6-11）。

在短期内，存量房地产的规模基本不变，其供给是一定的，因此在价格决定过程中，需求的影响要超过供给。图6-12中，当需求由 D 增加到 D_1 时，引起了存量市场房屋价格水平的上涨，由 P_0 上涨到 P_1。这时增量市场的开发商在利润的驱动下开始调整生产要素及生产规模增加产量，新开发商也会陆续进入，增量供给逐渐增加，从而存量供给曲线开始有弹性，供给曲线为 S'。但在短期内，增量的增加还不足以改变房地产存量的规模及存量供给的状况，从而也不会对存量价格产生影响。

这样，短期内市场均衡价格不会像一般商品那样确定在 D_1 与 S' 相交点的价格水平（即 P_2）上，而是始终保持在需求水平 D_1 和原来固定不变的存量供给 S 所决定的 P_1 水平上。在这一较高价格水平的刺激下，厂商将不满足于把产量停止在 Q_1 的水平上，而是进一步扩大产量，继续增加增量供给，至少会达到 Q_3 的水平。

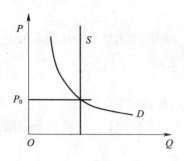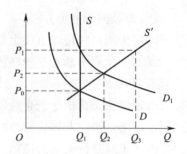

图 6-11　一般均衡时存量　　　　　图 6-12　需求变动时存量

　　　　房地产价格的决定　　　　　　　　房地产价格的决定

　　因此，短期内整个房地产市场的均衡价格是以需求和存量供给所决定的存量价格水平。在长期内，房地产存量的规模随着时间的推移发生了改变，存量价格的决定与短期相同，只不过长期内存量的供给发生了改变。图 6-12 中，房地产存量市场的长期供给曲线变为 S'，均衡价格由 P_1 下降至 P_2。

第三节　房地产价格的传导机制

一、地价与房价的互动

（一）从静态角度看地价与房价的互动关系

　　无论从任一时点，还是从房地产的建设周期看，增量房地产价格的主要组成为地价、建安造价、各种税费（包括管理费、销售费用、利息、税收等）以及合理利润。

　　设 P 代表每平方米建筑面积的房地产价格，P_L 为每平方米土地面积的价格，C 为建筑物每平方米建筑面积的建安造价，r 代表所有的税费和利润率，F 代表容积率（%）❶。

　　楼面地价为单位建筑面积上的均摊地价，等于土地总价格除以建筑总面积，或等于土地单价除以容积率。这里 P_L 是单位土地价格，因此楼面地价的计算如下：

$$P = P_L + C + (P_L + C) \times r = P_L \times (1 + r) + C \times (1 + r) \qquad (6-9)$$

将 $P_L = P_L/F$ 代入，得到：

$$P = P_L \times (1 + r)/F + C \times (1 + r) \qquad (6-10)$$

即为地价和增量房地产价格的数学表达式。

---

❶　容积率：国外称 Floor area ratio 或 Plot ratio，是规划设计上的一个概念，指城市用地上允许修建的总建筑面积与所用地块面积的比值。即：容积率 = $\dfrac{总建筑面积}{用地面积}$。

令 $(1+r)$ /$F=A$，$C\times(1+r)=B$，则 A 和 B 分别为常数。进而：

$$P = A \times P_{L} + B \tag{6-11}$$

当建安成本 C、税费率 r、容积率 F 均不变时，A 和 B 为固定的常数。事实上在短期内，可以认为全社会物价水平及技术水平稳定，C、r 和 F 均为常数。上式表达的是一条直线，也即住宅增量的价格 P 与地价 P_{L} 为线性正相关关系。

（二）从动态角度看地价与房价的互动关系

由于社会经济的发展，从长期看对土地的需求是不断增长的，从各个国家和地区的地价变动历史来看，地价是呈波浪式增长的。土地价格增长的形态可以分为投资性增值、供求性增值和用途性增值三种❶，其中供求性增长的实质体现了房价和地价的动态互动关系。

从土地供给方面看，由于整个国家或地区的土地总量是固定的，即某一地区土地总的可供给量是一定的。并且，政府作为土地所有权的法定所有者对土地实施着严格的规划和控制，在一定时期内，土地投放市场的量也是一定的。从土地需求方面看，某一地区房地产价格的上升必然引导着更多的资金流入这一地区的房地产市场，具体可表现为现有房地产开发商追加投资获取更多的土地使用权建造房地产商品；同时，新的房地产开发商也可能受诱惑而进入这一市场。这样，市场对土地使用权的需求大大增加了，在土地供给基本不变的情况下，土地的价格就自然上升了，房价推动了地价的上涨。

二、地价与房价的相互制约

从上面的表达式可以看出地价是由房价决定的。地价高是因为房价高所致，地价低也是因为房价低而引起。即使地产商已低价获得土地亦不表示地产商会以低价出售楼宇，开发商之所以愿意支付较高的地价，无非是基于某种高房价的预期。

就房地产企业来说，土地价格无疑是商品价格的成本因素，土地价格的高低决定着房地产商品成本的高低。

（一）地价是房价的基础

地产可以独立存在，房产则不然，它必须附着于地产之上，没有地产就没有房产。从这个意义上说，房价总是与地价结合在一起的，地价是房价的基础；房价中包含着地价，地价隐含在房价中。没有地价就没有房价，地价是房价的重要组成部分。

我国房地产的产权实际上包括土地使用权和房产所有权。而房产所有权是受制于土地使用权的期限的。在土地使用期限内，地价的变动决定着房价的变动；

---

❶ 乔志敏. 房地产经营管理教程. 北京：立信会计出版社，2001，第155页。

在土地使用权到期后，即使房产仍有使用价值，但房产价格因土地被国家收回而不复存在。

（二）房价是地价的表现形式

作为建筑地段的土地，其使用价值和价格是通过建造在其上的房屋使用价值和价格体现出来的。房型设计、建筑材料、施工质量都完全相同的两处房地产，因坐落地点不同，价格就有差异。这实际上就是地价不同的表现形式。

（三）房价对地价具有反作用

假设 T 期的房价会上涨，就会导致 $T+1$ 期的土地价格上涨；T 期的房价下跌，就会导致 $T+1$ 期的土地价格下跌。

（四）地价与房价具有循环关联性

在现实中，地价与房价变动相关性小的主要原因，一是我国的土地供给量和土地需求量严重不匹配；二是目前我国城市房屋的需求并不是很真实。

从微观上看，由于土地市场与房屋市场的不同规律和特点，地价与房价的变化不完全同步。一方面，土地市场相对于房屋市场有一个滞后期，同时由于存在土地存储囤积的可能，即当土地价格较低时，会出现超量购买现象。另一方面，从价格的变化幅度以及频率看，我国城市地价的变动要比房价的变动小。

仅仅从价格关系上看，一个城市房屋价格的上升，反映了房屋本身整体价值的增加，同时也反映了房屋中分摊的土地价值❶的增加。根据市场替代原理，城市其他用途的土地市场价值也要达到同样的水平，因而土地的市场价格也会上升。这种土地市场价格的上升并不是土地需求的直接增加引起的，而是由于房屋价格上涨所带来的预期造成的。从我国城市的具体情况看，虽然地价与房价的变化规律并不完全一样，甚至会有阶段性的冲突，但是，地价和房价的总体变化趋势是一致的。

从宏观上看，房屋价格除了受供给和需求的影响外，还与房屋开发的社会平均成本有关。但是这种对房屋价格的影响作用具有一定的条件。一是对土地供给实行垄断政策，使土地供给弹性很小甚至为零，这决定了土地取得的社会平均成本较高；二是当房屋开发的社会平均利润被压缩到一个临界空间时，只有上述两种条件同时满足的情况下，房屋的整体价格水平才会被迫增加。从具体情况看，我国目前的房价水平还处于利润主导阶段，利润是房价变化的决定性因素，地价作为成本并没有直接影响房价。

土地市场和房屋市场的运行并不是一个单一的过程，而是在交替过程中不断变化的。所以地价和房价作为其中的重要指标，是具有相互循环关联性的。从理论上看，第一轮房价的上涨，会带来土地需求的增加，从而使土地价格上涨。但

---

❶ 土地价值并不等于现实的土地价格。

116

是，由于房屋开发的周期性，第一轮地价的上涨会促使房屋开发的平均社会成本上升，在合乎社会平均利润的条件下，房屋成本价格会有所上升。但是这种成本价的上升可能会抑制房屋需求的增加，并不一定带来第二轮的市场价格上升，从而影响土地需求和地价的第二轮变化。因此，地价和房价的变化具有一定的循环关联性。

专题 6-1 上海住宅市场"泡沫说"和"健康说"的实证分析

近几年，上海住宅业经历跨越式发展，价格上涨幅度大大高于全国平均水平（见图6-13）。房地产业作为上海近几年的支柱产业之一，为经济增长作出了很大贡献。有资料显示，2006年上海房地产业直接或间接地拉动了1/4的GDP增长。此时，如果房地产业出现问题，居中国经济龙头地位的上海就有可能面临着增长危机。因此，研究上海住宅市场是否存在泡沫、程度如何，是一个具有现实意义和理论意义的话题。

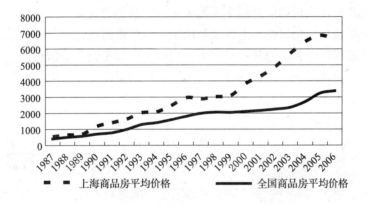

图 6-13　上海与全国商品房平均价格对比（元/平方米）
资料来源：万德网 www. wind. com. cn

一、上海住宅市场泡沫的测度

根据葛新民[1]对上海股市综合指数进行回归分析时所总结的经验，宏观经济变量增长率能在对综合指数的回归中捕捉到一些变量，但与经济变量本身对综合指数的回归比，拟合度并不太好，且出现一定程度的异方差问题。因而本文直接用经济变量对上海住宅价格的基础价值进行回归分析。模型框架参考北大光华管理学院胡健颖、苏良军等人的研究，并借鉴台湾学者杨宗宪、张金鹗对泡沫的研

---

[1] 葛新民. 泡沫经济理论与模型研究. 北京：经济科学出版社，2005，第181-193页。

究成果，构建适合上海住宅市场的模型。

（一）模型构建

泡沫是实际价格偏离基础价值的部分，因而住宅的实际价格由两部分组成，一是基本经济因素决定的基础价格，二是价格泡沫，即：

$$P_t = P_t^* + B_t \qquad (6\text{-}12)$$

式（6-12）中，P_t 为住宅的实际价格；P_t^* 为资本收益为零的住宅价格，即由经济基本面所决定的住宅基本价格，代表住宅本身的使用价值；进而可以表示为由一系列基本经济因素的函数：

$$P_t^* = f(X_1, X_2, \cdots, X_n) \qquad (6\text{-}13)$$

上式中，X_1，X_2，$\cdots$，X_n 表示一系列基本经济因素

式（6-12）中，B_t 为脱离经济基本面的价格膨胀，即住宅价格的泡沫。根据泡沫定义，泡沫是由投机所导致，而投机程度取决于住宅作为资产并可带来的预期收益贴现值的大小。投机者往往忽视住宅的实用价值和盈利能力，而只注重买卖价格。因为投机的收益来源于买入价与卖出价之间的差额，因而购买者一般会根据过去几期住宅价格的涨幅来预测未来可能获得的收益。Stiglitz（1990 年）曾说过：如果近日房价居高不下仅仅是由于明日售价会更高，而经济基本面数据似乎并不能解释房价，则泡沫已经产生。因此，泡沫受到历史信息的影响，过去价格的影响分为两部分：一是纯粹过去实际价格的变动，二可能是实际价格偏离基础价值部分占实际价格的比重。❶

因此，B_t 可表示为如下函数：

$$B_t = g\left(G_{t-1}, G_{t-2}, \cdots, G_{t-d}, \frac{P_{t-1} - P_{t-1}^*}{P_{t-1}}, \frac{P_{t-2} - P_{t-2}^*}{P_{t-2}}, \cdots, \frac{P_{t-d} - P_{t-d}^*}{P_{t-d}}\right) \qquad (6\text{-}14)$$

其中，令 $G_{t-i} = \dfrac{P_{t-i} - P_{t-i-1}}{P_{t-i}}$，$d$ 表示受影响期数

整合公式（6-12）、（6-13）、（6-14），得到：

$$P_t = f(X_1, X_2, \cdots, X_n) + g\left(G_{t-1}, G_{t-2}, \cdots, G_{t-d}, \frac{P_{t-1} - P_{t-1}^*}{P_{t-1}}, \frac{P_{t-2} - P_{t-2}^*}{P_{t-2}}, \cdots, \frac{P_{t-d} - P_{t-d}^*}{P_{t-d}}\right)$$

$$(6\text{-}15)$$

（二）指标选择及数据来源

上海住宅市场的繁荣始于 2000 年，若以年为单位获取数据，样本量过小。因此，考虑决定因素的重要程度及其数据的可获取性，本文选择户均收入、货币供应量、汇率三个指标的月度数据，并进行适当处理。

---

❶ Bourassa S. C. and Hendershott, H. P. Bubbles in Real Metropolitan House Price: Evidence from New Zealand. Real Estate Research Unit Working Paper Series. 1997, 第 5 卷，第 5 页。

1. 城镇居民户均月收入 Y（单位：元/月）

住房需求是以家庭为单位的，以人均可支配收入来体现并不准确。本文通过"上海市城镇居民当月可支配收入×上海市城镇居民当月户均人口数"这一公式来计算上海市城镇居民户均月可支配收入。但是收入这一指标具有季节波动性，年度总收入才符合收入总体水平的变化，而当期对住房的需求由过去的收入所决定。因而，本文对通过上式计算出的城镇居民户均月可支配收入作了一定调整，$Y_t = \dfrac{1}{12}\sum\limits_{i=1}^{12} y_{t-i}$，得到一个移动平均数。另外，收入与 GDP 是紧密联系在一起的两个国民经济指标，具有相同的变动趋势，所以，该模型中不再选择 GDP 作为经济变量。

2. 汇率 ER（单位：100 人民币/美元）

对于在上海置房的外国人，汇率可以作为外币的购买力水平。而人民币在国际上实行的是盯紧美元变动的汇率制度，因此，本文中选取的是美元加权汇率的当月数。

3. 利率 I（单位：%）

利率是货币政策的一般工具，体现国家对于宏观经济的调控态度。由于实际执行利率获取的困难性，本文选取由中国人民银行制定的 1 至 3 年贷款基准利率。

4. 中房上海住宅指数 P

选择中房上海住宅指数主要有以下三个原因：一是建立于 1999 年的中房上海住宅指数属于定基指数，不同时期的指数具有较好的纵向对比功能；二是计算时采用加权平均方法，权数采用基期时各类物业的规模比重，在市场结构有较大变化时，可以调整基期与权数；三是该指数单纯反映上海住宅价格的每个月状态，分离了写字楼等其他房地产子市场。

建立多元线性回归模型，得到 P_t 的最终表达式：

$$P_t = \alpha_0 + \alpha_1 Y_t + \alpha_2 I_t + \alpha_3 ER_t + \beta_1 \sum_{i=1}^{d} G_{t-i} + \beta_2 \sum_{i=1}^{d} \frac{P_{t-i} - P^*_{t-i-1}}{P_{t-i}} + \mu \quad (6\text{-}16)$$

μ 为误差项。该模型的经济含义是：由于房地产建设周期一般要 2～3 年，而本文选取的样本又是月度数据，因此我们可以假设短期供给保持不变，短期均衡价格由需求（包括基础需求和投机需求）决定。影响基础需求的因素包括反映上海市民购买力水平的户均收入、外币购买力水平的汇率以及反映融资买房难易程度的利率；而影响投机需求的因素则是前 d 期内的房价增长率和泡沫比例。

（三）数据的选取与处理

数据范围从 2000 年 1 月至 2006 年 12 月（见表6-1）。

年\月		1	2	3	4	5	6	7	8	9	10	11	12
2000	P	642	642	646	647	653	653	657	660	660	662	663	664
	Y	2821	2847	2913	2912	2928	2881	2868	2894	2908	2927	2928	2935
	I	5.94%	5.94%	5.94%	5.94%	5.94%	5.94%	5.94%	5.94%	5.94%	5.94%	5.94%	5.94%
	ER	828	828	828	828	828	828	828	828	828	828	828	828
	G	0.16%	0.00%	0.62%	0.15%	0.93%	0.00%	0.61%	0.46%	0.00%	0.30%	0.15%	0.15%
2001	P	665	666	671	676	682	693	705	710	713	725	729	731
	Y	2977	3057	2969	2969	2978	2986	2981	3030	3114	3148	3198	3245
	I	5.94%	5.94%	5.94%	5.94%	5.94%	5.94%	5.94%	5.94%	5.94%	5.94%	5.94%	5.94%
	ER	828	828	828	828	828	828	828	828	828	828	828	828
	G	0.15%	0.15%	0.75%	0.75%	0.89%	1.61%	1.73%	0.71%	0.42%	1.68%	0.55%	0.27%
2002	P	737	739	746	757	767	778	782	794	807	820	830	844
	Y	3252	3208	3327	3356	3371	3418	3430	3396	3331	3319	3281	3266
	I	5.94%	5.94%	5.49%	5.49%	5.49%	5.49%	5.49%	5.49%	5.49%	5.49%	5.49%	5.49%
	ER	828	828	828	828	828	828	828	828	828	828	828	828
	G	0.82%	0.27%	0.95%	1.47%	1.32%	1.43%	0.51%	1.53%	1.64%	1.61%	1.22%	1.69%
2003	P	855	879	895	911	930	953	996	1013	1038	1058	1102	1123
	Y	3227	3233	3270	3295	3344	3352	3386	3428	3491	3535	3590	3637
	I	5.49%	5.49%	5.49%	5.49%	5.49%	5.49%	5.49%	5.49%	5.49%	5.49%	5.49%	5.49%
	ER	828	828	828	828	828	828	828	828	828	828	828	828
	G	1.30%	2.81%	1.82%	1.79%	2.09%	2.47%	4.51%	1.71%	2.47%	1.93%	4.16%	1.91%
2004	P	1128	1145	1162	1184	1201	1209	1219	1233	1252	1270	1296	1320
	Y	3704	3895	3859	3900	3940	3988	4016	4057	4090	4125	4159	4190
	I	5.49%	5.49%	5.49%	5.49%	5.49%	5.49%	5.49%	5.49%	5.49%	5.49%	5.76%	5.76%
	ER	828	828	828	828	828	828	828	828	828	828	828	828
	G	0.45%	1.51%	1.48%	1.89%	1.44%	0.67%	0.83%	1.15%	1.54%	1.44%	2.05%	1.85%
2005	P	1347	1376	1412	1440	1456	1456	1415	1388	1357	1341	1311	1286
	Y	4225	4173	4354	4388	4414	4449	4491	4518	4550	4584	4618	4648
	I	5.76%	5.76%	5.76%	5.76%	5.76%	5.76%	5.76%	5.76%	5.76%	5.76%	5.76%	5.76%
	ER	828	828	828	828	828	828	822	810	809	809	808	808
	G	2.05%	2.15%	2.62%	1.98%	1.11%	0.00%	−2.82%	−1.91%	−2.23%	−1.18%	−2.24%	−1.91%

年 \ 月		1	2	3	4	5	6	7	8	9	10	11	12
2006	P	1273	1266	1266	1269	1276	1290	1288	1295	1300	1305	1307	1306
	Y	4678	4777	4791	4826	4863	4911	4953	4999	5034	5073	5114	5157
	I	5.76%	5.76%	5.76%	5.76%	6.03%	6.03%	6.03%	6.03%	6.30%	6.30%	6.30%	6.30%
	ER	807	805	804	802	802	801	799	797	794	790	787	782
	G	−1.01%	−0.55%	0.00%	0.24%	0.55%	1.10%	−0.16%	0.54%	0.39%	0.38%	0.15%	−0.08%

数据来源：除"中房上海住宅指数"来自上海房地产估价网 http：// www. valuer. org. cn/scjg/in-dex. php3，利率来自中国人民银行，其余原始数据均由中经网统计数据库提供（2000、2001 年 12 月的城镇居民人均可支配收入数据缺失，以其前后两个月的算术平均数替代）

（四）测算

在计量经济的软件 Eviews5 中，用最小二乘法进行指数回归。具体运算步骤如下：

1. 由于泡沫比例是含有因变量 P_t 的，不妨先假设 $\beta_2 = 0$，对期数 d 的取值进行测试，发现当 $d = 6$ 时实际价格增长率的显著性较好。

令 $S_{t-1} = \sum_{i=1}^{6} G_{t-i}$，$W_{t-1} = \sum_{i=1}^{6} \dfrac{P_{t-i} - P_{t-i-1}^*}{P_{t-i}}$，则式（6-16）可以简化为：

$$P_t = \alpha_0 + \alpha_1 Y_t + \alpha_2 I_t + \alpha_3 ER_t + \beta_1 S_{t-1} + \beta_2 W_{t-1} + \mu \qquad (6\text{-}17)$$

在 Eviews5 中，第一次回归结果见表 6-2。

第一次回归（$\beta_2 = 0$）　　　　　　　　　　表 6-2

Variable	Coefficient	Std. Error	t-Statistic	Prob.
C	−9561. 411	1183. 758	− 8. 077169	0. 0000
Y	0. 514314	0. 016316	31. 52145	0. 0000
I	−955. 7291	3481. 424	− 0. 274522	0. 7845
ER	10. 54370	1. 240121	8. 502156	0. 0000
S （−1）	580. 4276	126. 0940	4. 603133	0. 0000
R-squared	0. 963847	Mean dependent var		1027. 321
Adjusted R-squared	0. 961866	S. D. dependent var		274. 3111
S. E. of regression	53. 56742	Akaike info criterion		10. 86171
Sum squared resid	209471. 2	Schwarz criterion		11. 01279
Log likelihood	−418. 6069	F-statistic		486. 5460
Durbin-Watson stat	0. 249987	Prob （F-statistic）		0. 000000

2. 将得到的系数 α_0、α_1、α_2、α_3 代入式（6-13），求出各期基础价格 P_t^*。

3. 通过 $W_t = \sum_{i=1}^{6} \dfrac{P_{t+1-i} - P_{t+1-i}^*}{P_{t+1-i}}$，可以算出每一期的 W_t 值，将式（6-17）中 β_2 恢复，重新进行回归，可以得到新的 α_0、α_1、α_2、α_3 系数。

比较步骤 2 和 3 所求得的各项系数是否一致，若差异不大，表示加入 β_2 不影响整个回归模型估计的有效性，则认为估计值 β_2 有效；若 α_0、α_1、α_2、α_3 系数差异较大，则将步骤 3 所求得的各项系数返回步骤 2 重新估计，循环直至与步骤 3 的系数无显著差异为止。

经过 4 次由 2 至 3 步骤的循环迭代，得到一个较为满意的结果（见表 6-3）。

最 终 回 归 结 果 表6-3

Variable	Coefficient	Std. Error	t-Statistic	Prob.
C	-7235.958	969.1616	-7.466203	0.0000
Y	0.534958	0.012908	41.44376	0.0000
I	-8694.631	2895.220	-3.003099	0.0037
ER	8.082444	1.016497	7.951274	0.0000
S (-1)	555.0804	97.27692	5.706188	0.0000
W (-1)	101.7068	14.26684	7.128890	0.0000
R-squared	0.978806	Mean dependent var		1027.321
Adjusted R-squared	0.977335	S. D. dependent var		274.3111
S. E. of regression	41.29769	Akaike info criterion		10.35329
Sum squared resid	122795.9	Schwarz criterion		10.53458
Log likelihood	-397.7784	F-statistic		665.0475
Durbin-Watson stat	0.474320	Prob（F-statistic）		0.000000

此时利率的 t 统计量绝对值超过 3，已较为显著，整个模型的拟合度指标 R^2 修正值由原来的 0.961866 提高到 0.977335。S 和 W 之前的系数显著不为 0，这说明上海住宅市场确实存在投机行为。

（五）运算结果

由于投机程度以前 6 期内的房价增长率和泡沫比例来估计，经调整后的样本涵盖范围缩小至 2000 年 7 月至 2006 年 12 月。各期的泡沫比例如表 6-4 所示。

时间	实际价格（中房上海住宅指数）	估计基础价格	估计泡沫比例	时间	实际价格（中房上海住宅指数）	估计基础价格	估计泡沫比例
2000－07	657	473.72	27.90%	2003－10	1058	867.14	18.04%
2000－08	660	487.44	26.15%	2003－11	1102	896.71	18.63%
2000－09	660	494.46	25.08%	2003－12	1123	922.21	17.88%
2000－10	662	504.49	23.79%	2004－01	1128	958.18	15.05%
2000－11	663	504.29	23.94%	2004－02	1145	1060.37	7.39%
2000－12	664	507.47	23.57%	2004－03	1162	1041.24	10.39%
2001－01	665	529.81	20.33%	2004－04	1184	1062.96	10.22%
2001－02	666	573.29	13.92%	2004－05	1201	1084.02	9.74%
2001－03	671	525.92	21.62%	2004－06	1209	1109.49	8.23%
2001－04	676	526.03	22.18%	2004－07	1219	1124.54	7.75%
2001－05	682	530.79	22.17%	2004－08	1233	1146.44	7.02%
2001－06	693	534.92	22.81%	2004－09	1252	1164.28	7.01%
2001－07	705	532.08	24.53%	2004－10	1270	1182.75	6.87%
2001－08	710	558.04	21.40%	2004－11	1296	1177.81	9.12%
2001－09	713	603.30	15.39%	2004－12	1320	1194.17	9.53%
2001－10	725	621.14	14.33%	2005－01	1347	1213.07	9.94%
2001－11	729	648.30	11.07%	2005－02	1376	1184.79	13.90%
2001－12	731	673.46	7.87%	2005－03	1412	1281.83	9.22%
2002－01	737	676.75	8.18%	2005－04	1440	1300.16	9.71%
2002－02	739	653.26	11.60%	2005－05	1456	1314.17	9.74%
2002－03	746	756.45	－1.40%	2005－06	1456	1332.84	8.46%
2002－04	757	772.25	－2.01%	2005－07	1415	1311.37	7.32%
2002－05	767	779.87	－1.68%	2005－08	1388	1228.71	11.48%
2002－06	778	804.76	－3.44%	2005－09	1357	1237.75	8.79%
2002－07	782	811.09	－3.72%	2005－10	1341	1253.29	6.54%
2002－08	794	793.20	0.10%	2005－11	1311	1267.61	3.31%
2002－09	807	758.47	6.01%	2005－12	1286	1277.24	0.68%
2002－10	820	752.20	8.27%	2006－01	1273	1285.67	－1.00%
2002－11	830	731.70	11.84%	2006－02	1266	1324.68	－4.64%
2002－12	844	723.77	14.25%	2006－03	1266	1320.56	－4.31%
2003－01	855	702.83	17.80%	2006－04	1269	1323.69	－4.31%
2003－02	879	706.51	19.62%	2006－05	1276	1319.68	－3.42%
2003－03	895	725.93	18.89%	2006－06	1290	1338.49	－3.76%
2003－04	911	739.20	18.86%	2006－07	1288	1348.06	－4.66%
2003－05	930	765.47	17.69%	2006－08	1295	1358.40	－4.90%
2003－06	953	769.76	19.23%	2006－09	1300	1324.10	－1.85%
2003－07	996	787.91	20.89%	2006－10	1305	1317.79	－0.98%
2003－08	1013	810.26	20.01%	2006－11	1307	1308.83	－0.14%
2003－09	1038	844.32	18.66%	2006－12	1306	1298.83	0.55%

二、结论

图6-14描绘了上海住宅价格泡沫部分所占比例的变化趋势，从2000年7月至2006年12月共78个月，基本处于有"泡"状态，但泡沫比例的平均值为10.46%，且只有在27个月里超过15%的。这说明上海住宅市场在发展中存在明显的由投机行为主导的泡沫成分，在一定程度上影响了住宅的价格。但总体而言，住宅价格并没有脱离基础需求肆意疯涨。近几年国家、上海市政府频繁出台政策的影响力在柔性中释放，将泡沫逐渐挤出上海住宅市场，实现了住宅价格的软着陆，未出现泡沫破裂、经济大跌的局面，达到了良好的宏观调控效果。

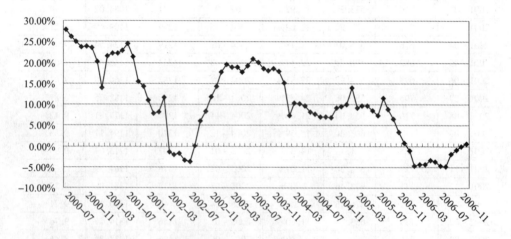

图6-14   上海住宅价格泡沫比例走势

紧盯市场走势、频繁调整利率固然可以达到短期打压投机的目的，然而中国目前的利率制度正在走向市场化，依赖金融手段增加融资难度来抑制炒房并不是一个长期可行的方法。要使住宅市场长期健康稳定发展，如何对住宅市场的泡沫进行事前防范才是应当关注的。归根结底，投机行为、泡沫的产生是源于目前住房制度的不健全及住宅市场的不完善。政府对房地产价格的有效调控，最好、最根本的是建立一个合理的住房保障制度和完善的住宅交易市场，将住房保障与市场调控结合起来，运用税收杠杆遏制投机性炒房，这样住宅价格中的泡沫比例必会相对减小。

本专题参考文献

[1] Abraham J. M. and Herdershott H. P. Bubbles in Metropolitan Housing Markets. Journal of Housing Research. 1996, 7.

[2] Bourassa S. C. and Hendershott H. P. Bubbles in Real Metropolitan House Price: Evi-

dence from New Zealand. Real Estate Research Unit Working Paper Series Working Paper. 1997, 5.

［3］Hall R. E. Struggling to Understand the Stock Market. American Economic Review. 2001, 91.

［4］葛新民. 泡沫经济理论与模型研究. 北京：经济科学出版社, 2005, 第181 - 193页.

［5］姚玲珍. 中国住宅市场营销. 北京：立信会计出版社, 1999, 第181 - 193页, 183 - 186页.

［6］包宗华. 怎样全面的分析我国的房地产形式. 理论探索与争鸣. 2004, 2：45 - 46.

［7］胡健颖, 苏良军, 金赛男, 姜万军. 中国房地产价格有几成泡沫. 统计研究. 2006, 1：39 - 42.

［8］刘琳, 郑思齐, 黄英. 房地产泡沫测度系数的编制方法. 中国房地产市场. 2003, 6：13 - 15.

［9］邱强. 我国房地产泡沫的实证分析. 社会科学家. 2005, 1：66 - 70.

［10］王雪峰. 中国房地产市场泡沫的测度研究. 现代经济探讨. 2005, 8：34 - 36.

［11］望晓东, 吴顺辉. 上海市房地产泡沫实证检测. 中国房地产金融. 2006, 11：23.

［12］郑思齐, 刘洪玉. 吸纳周期：一个比空置率更能有效反映住宅市场供求状况的指标. 房地产市场. 2004, 2：29 - 31.

竞争机制篇

本篇分别阐述了房地产市场竞争度以及房地产企业竞争战略，重点在于借鉴产业经济学相关理论研究房地产业的竞争不充分性、产业集中度，并对中国房地产业的竞争状况进行实证分析。

第七章 房地产市场竞争结构

第一节 房地产市场竞争的不充分性

一、房地产市场竞争不充分的原因

（一）市场结构的划分

一般地，根据市场集中度的高低、进入壁垒和产品差异程度，将市场结构分为完全竞争型、垄断竞争型、寡头垄断型和完全垄断型四大类，其特征如表 7-1 所示。

市场结构类型的划分及其特征　　　　　　　　　　　　表 7-1

市场结构类型	集中度	进入壁垒	产品差异度	厂商数目	对价格的控制程度
完全竞争	低	低	完全无差别	很多	没有
垄断竞争	较低	较低	有差别	较多	有一些
寡头垄断	比较高	比较高	有差别或无差别	几个	相当程度
完全垄断	高	高	唯一的产品，且无接近的替代	唯一	很大程度，但经常受到管制

资料来源：根据高鸿业的《西方经济学》和李悦的《产业经济学》有关资料整理。

完全竞争亦称纯粹竞争，指不存在任何垄断因素。完全竞争市场结构的主要特征是：（1）存在众多的小规模的卖者和买者，以致每个卖者（或买者）增减其供给（或需求）对市场价格的形成不产生任何影响。（2）产品是同质的，即产品的需求价格弹性趋向无穷大。（3）不存在任何进入、退出壁垒，厂商能够依据期望利润率的变化，自由进入或退出各产业。（4）卖方和买方具有完全的信息和完整的知识。在理论分析中，这些假设非常苛刻，一切运作都是高效的。然而在现实经济生活中，真正符合以上四个条件的市场结构并不存在。因此，市场的常态是不完全竞争市场。

不完全竞争是指某个或某几个厂商在市场上所占的份额达到控制市场的程度。就垄断造成的不完全竞争市场来说，主要有完全垄断市场、寡头垄断市场和垄断竞争市场三类。

完全垄断市场是不完全竞争市场的极端情况。完全垄断市场上只有一个生产者，或者说单一的卖者几乎具有全部的垄断力量。现实中的许多市场既非完全竞争，也非完全垄断，而是两者兼有。不完全竞争市场的典型状态是寡头市场和垄断竞争市场。寡头市场的主要特征是售卖者的数目多于一个，但没有多到每个售卖者对市场的影响小到可以忽略不计的程度。垄断竞争是指许多厂商生产和销售有差别的同类产品。在这样的市场中，垄断因素形成的主要原因是产品的差别。就房地产市场而言，市场的不完全竞争性是指开发商在房地产市场具有一定的市场势力。实际上，每个房地产子市场都是不完全竞争的。在土地供给市场，土地的有限性必然造成其供给具有一定程度的垄断，特别当地价上涨过快时，人们往往把土地作为保值和增值的手段，从而影响土地的高效配置和合理利用；在房屋供给市场，房地产商品的出售或出租往往带有地域性和垄断性，对于每一个房地产商品来说，不仅位置有差异，房屋结构以及价格都有着很大的差异性；在房屋销售和租赁市场，由于房地产投资大，回收期长，因而能进入房地产市场只能是少数人；对于消费者来说，在信息获取上更是处于完全劣势，信息不对称性十分明显。

（二）房地产市场竞争不充分的原因

房地产行业的特点决定房地产市场竞争是不充分的，具有很大垄断性。

1. 房地产产品差别化较大

所谓产品差别化，是指企业在所提供的产品上造成足以引起购买者偏好的特殊性，使购买者将它与其他企业提供的同类产品相区别，以达到在市场竞争中占据有利地位的目的。产业组织理论认为产品差异化主要有四种形式：（1）选择更有利的方便消费者购买的地理空间。（2）产品特质上的物理差异。产品用途基本相同，但不同企业的产品在质量、性能等方面有所不同。（3）销售服务上的差别。（4）购买者的主观印象。购买者对不同商标、品牌的商品会呈现不同的消费偏好。

房地产商品具有天然的异质性。房地产最重要的特性是其位置的不可移动性或固定性，房地产市场上不可能有两宗完全相同的房地产商品，两栋建筑物即使外观设计和设施等完全相同，也由于它们土地所处的位置不同而有差异，因为两块土地受区位和周围环境的影响不可能完全相同，这也是房地产产品差异性的形成原因。

由于房地产产品自身的不可移动性，不同市场供需圈的房地产难以互相替代，因而难以形成统一的市场，也就不存在统一的市场竞争和市场价格。可见，房地产市场具有很强的地域性。因此，无论房地产产品的卖方还是买方，都只能在特定的地域内展开竞争。市场竞争的范围受到极大的限制。同时，由于土地的自然异质性和空间区位、个体规格、式样的差异性，使任何房地产交易都只能是个别估价、个别成交。这也使房地产市场竞争受到一定限制。

2. 房地产市场信息不对称严重

完全竞争的另一个理论假设前提交易双方对交易的商品和服务都有充分的信息集合。显然，这种假设前提与现实世界是相差甚远的，现实中在不同的经济个体之间对有关信息的掌握常常呈现不均匀、不对称的状态。房地产市场上这种信息不对称更为明显。

（1）房地产质量信息不对称

首先，由于房地产商品本身的复杂性和差别性，使购买者很难根据自己的能力对商品的质材品种、地基处理、管线埋设、房屋特性、配套设施、功能效用等等做出客观正确的判断，而开发商对此了如指掌；其次，由于商品房预售的形式，使购买者在交易时不能先行体验，难以判断未来所建房屋的状况，一旦交易完成，开发商将在很大程度上决定未来所建房屋的状况。

（2）房地产基础价值信息难于把握

由于房地产是由土地及其附着建筑物所构成，建筑物是人类劳动产品，其价格由成本、利润、税金来确定，这相对比较稳定，较易判别。而土地并不是人类劳动的产物，其市场基础价值是土地利用效益的资本化。所以房地产的价值不能通过一般的成本、利润、税金加和来确定，其价值体现主要有两点，一是在于未来占有的收益，二是效用。因此房地产本身的基础价值很难像普通商品一样去判断。在这种情况下，交易双方都难以掌握这种可以作为衡量交易价格是否偏离基准的关键信息。

（3）市场供求状况不明晰

由于房地产二级市场的交易是独特的一对多的交易方式，即控制某一区域房地产供应量的寡头和众多的购买者进行交易，开发商所掌控的供求信息毫无疑问要比购买者多。此外，土地一级市场是政府垄断，这导致开发商和购房者很难掌握房地产开发土地供应量，当然也就无法预测房地产的供应量。

3. 房地产市场存在较高的进入障碍

进入障碍，也称进入壁垒，是指进入厂商必须承担而在位厂商不必承担的成本，它是不完全竞争市场存在的根本条件。如果不存在进入障碍，厂商可以自由进入或者退出某一市场，则市场可以达到完全竞争状态❶。由于虚拟经营、高负债和市场的区域性等特点，我国房地产市场在必要资本、规模经济和产品差别等方面的进入壁垒较高，而主要的进入壁垒在于政府的协议出让土地制度以及在位房地产企业对潜在进入者的阻止。

能否获得土地是进行房地产开发的前提。由于土地资源是有限的，为了充分有效地使用有限的土地资源，我国以颁发土地许可证的形式来进行房地产开发。在本质上，许可证是政府制造的进入壁垒，房地产开发也必须通过政府的许可才能进行。

4. 房地产供给缺乏弹性

由于土地的有限性、不可再生性及其经济供给的稀缺性和土地所有权的垄断性，使房地产市场的土地供给在一定的地域和时限内数量有限，从而导致房地产市场的垄断性增强，使市场供给主体间的竞争不充分、不广泛。因此，从总体来看，房地产产品的自然供给完全没有弹性；其经济供给由于自然供给的限制，弹性也有限。房地产商品的价格主要取决于市场需求。需求增加，地价上涨，房地产产品价格就上涨；需求减少，则地价下跌，房地产产品的价格也下跌。

5. 政策干预强

从行业特点来看，房地产业与国民经济联系极为密切，受经济发展周期和国家的宏观经济政策影响较大。为保证国民经济协调健康发展，政府常常运用税收、金融、财政多种经济杠杆对房地产业实行宏观调控，宏观政策对企业收益具有很大的影响。无论什么社会制度的国家，都要以社会管理者的身份，对房地产交易进行宏观的管理、调控和监督。政府对房地产市场的强烈干预性，必然极大限制房地产交易中自由竞争的范围和程度。

6. 建设资金密集、周期长

房地产行业的资金密集型特点表现在两个方面：（1）开发商买地和开发建设所需资金量大，并且开发周期一般在 12 个月以上。（2）消费者购买商品房所需资金量大，个人住房贷款是主要的消费信贷品种。生产和销售环节所需资金量的特点决定了资金融通的必然性。

房地产业本身是个资金密集型行业，大发展必然带来对资金的巨大需求。一个项目，从征地、规划、拆迁到建设、销售，周期短则 2 年，长则 3 ~ 5 年，资金回收周期长，而且主要集中在后期，在最初的征地、建设期间，需要投入大量资金，但没有任何资金收入。因此，房地产企业是否获得足够的资金支持，是否拥有畅通的融资渠道，决定了一个企业能否持续发展，也决定了房地产业能否持

❶ 邓启惠. 浅谈市场进入壁垒及其效应分析. 经济问题. 1996，2，第 58 页。

续健康稳定地发展，市场能否继续壮大。由于房地产具有投资规模大、投资回收期长以及随之而产生的投资风险巨大等特点，使房地产业的发展要求走规模经济的道路。并且作为资金密集型产业，房地产业的规模经济效应较其他行业更为明显。

二、房地产市场竞争不充分的度量

一般而言，对房地产市场竞争不充分的度量主要可以采用勒纳指数和贝恩指数。

（一）勒纳指数（Lerner Index）

勒纳指数 I_L 由美国学者勒纳提出[1]，它度量的是价格 P 与边际成本 MC 的偏离率。其计算公式是：

$$I_L = (P - MC)/P \tag{7-1}$$

由于 $P \geqslant MC > 0$，所以 $0 \leqslant I_L \leqslant 1$。勒纳指数 I_L 值越大，市场竞争程度越低，产业内市场支配力越大；反之，市场竞争程度越高。

勒纳指数也存在不足之处，第一，测量所需要的数据的取得难度较大，因为边际成本的测算比较困难，虽然一些学者主张用平均可变成本代替边际成本，但误差较大[2]；第二，它只是对企业实际行为的一种度量，没有反映企业潜在垄断力量；第三，该方法建立在比较静态价格理论上，难以解释价格和边际成本的差额究竟是企业降低消耗所致还是由于垄断因素引起的。

（二）贝恩指数

贝恩指数是产业组织理论的奠基者之一、贝恩提出的测量市场结构的指标。贝恩主张以企业为产品所定价格 P 比其平均成本 AC 高出的幅度作为衡量企业垄断势力的标准。以 I_B 表示贝恩指数，其计算公式是：

$$I_B = (P - AC)/P \tag{7-2}$$

由于 $P \geqslant AC > 0$，所以 $0 \leqslant I_B < 1$。I_B 值越大，表明垄断势力越大。该指数实际上是根据绩效来测量垄断势力，它计量的是企业获取超额利润的（$P - AC$）程度。

贝恩指数有如下特点：平均成本的测算比较方便，在价格上有可比性；贝恩指数是对超额利润的一种度量，它把超额利润等同于垄断。而事实上，贝恩指数具有一定的不确定性，这主要表现在如下两种情形：一是在某些情况下，超额利

---

[1] Lerner, Abba P. (1934), The Concept of Monopoly and Measurement of Monopoly Power, Review of Economic Studies, 1, pp. 157－175。

[2] 国外研究者发现倘若使用平均成本来替代边际成本会导致更为严重的错误，参见 Frankin M. Fisher 1987 On the Misuse of the Profit-Sales Ratio to Infer Monopoly Power, The Rand Journal of Economics 18, pp. 384－396。

润是由技术水平或经营水平高而产生的，并非垄断的结果；二是在一些情况下，没有超额利润并不等于没有垄断势力，因为如果市场对某一企业的产品需求不足，即使它是一个纯粹的垄断者，也无法获得超额利润。与勒纳指数一样，贝恩指数也是建立在对价格和平均成本进行静态比较的基础之上。

三、房地产市场竞争不充分的影响及应对措施

（一）房地产市场竞争不充分的影响

受房地产市场竞争不充分性影响最大的是房地产开发商。因此，本文下面主要讨论房地产市场竞争不充分性对开发商的影响。

1. 对房地产开发商定价行为的影响

由于房地产产品的异质性，开发商更多是通过选择价格而不是产量来进行竞争。假设：（1）在特定区域内只有两家开发商，房屋是同质的，开发商之间进行的是价格之争，而非产量之争；（2）价格决定一切，价格是消费者的首选因素；（3）房地产市场是买方市场，不存在消费者因缺货而购买高价房。

假设 q_1，q_2 分别是开发商 1 和开发商 2 的需求量，p_1，p_2 分别是开发商 1 和开发商 2 产品的价格。设 $q_1 = p_2 - p_1$，$q_2 = p_1 - p_2$；c_1，c_2 分别为开发商 1 和开发商 2 的单位成本，则两开发商的利润函数为[1]：

$$\begin{cases} \pi_1 = q_1 (p_1 - c_1) = (p_2 - p_1)(p_1 - c_1) \\ \pi_2 = q_2 (p_2 - c_2) = (p_1 - p_2)(p_2 - c_2) \end{cases} \tag{7-3}$$

根据利润最大化原则，得出：

$$\frac{\partial \pi_1}{\partial p_1} = p_2 - p_1 - (p_1 - c_1) = 0$$

$$\frac{\partial \pi_2}{\partial p_2} = p_1 - p_2 - (p_2 - c_2) = 0$$

得：$p_1 = \dfrac{c_2 + 2c_1}{3}$，$p_2 = \dfrac{c_1 + 2c_2}{3}$

故当 $c_2 > c_1$，则 $p_1 < p_2$，则 $q_1 > 0$，$q_2 = 0$，$\pi_1 = \dfrac{(c_2 - c_1)^2}{9} > 0$，$\pi_2 < 0$

$c_2 < c_1$，则 $p_1 > p_2$，则 $q_2 > 0$，$q_1 = 0$，$\pi_2 = \dfrac{(c_1 - c_2)^2}{9} > 0$，$\pi_1 < 0$

$c_2 = c_1$，则 $p_1 = p_2 = c$，则 $q_1 = q_2 = 0$，$\pi_1 = \pi_2 = 0$

由以上可知，一方的降价行为必然导致另一方的利润为零，所以价格之战的

---

❶ 刘旦："我国房价虚高的原因"，载《中国物价》，2007 年第 5 期，第 61 页。

最终结果将是成本之战。若单位成本不同，成本低的开发商最终将占领整个市场，高成本开发商被淘汰出局。若单位成本相等，在均衡情况下，价格等于边际成本，开发商利润为零，与完全竞争市场的均衡情况相同。这便是所谓的"伯川德悖论"。为了使模型更加符合房地产市场的现实情况，我们放松一些假设条件，假设：（1）房地产产品存在差异；（2）开发商之间是重复博弈；（3）没有一家房地产企业有能力开发足够的房地产商品来满足整个市场的需要。下面用埃奇沃思理论修正伯川德模型。假设每个开发商的最大生产能力为 K，单位生产成本相同为 C，且保持不变，市场需求函数为 $Q = D(P)$。如果两个开发商的价格相同，市场需求在两者之间平分；如果 $p_1 < p_2$，则开发商 1 的最大销售量不超过生产能力；如果 $p_1 > p_2$，则开发商 1 的产量为开发商 2 所不能满足的剩余需求，且不能超过其生产能力。这样，开发商 1 所面临的需求 D 可以表述为：

$$D(P_1, P_2) = \begin{cases} \min\left[D(P_1), K\right], 当 P_1 < P_2 \\ \min\left[\frac{1}{2}D(P_1), K\right], 当 P_1 = P_2 \\ \min\left[D(P_2) - K, K\right], 当 P_1 > P_2 \end{cases} \tag{7-4}$$

按照埃奇沃思模型的假设，如果开发商 1 定价 $P = C$，则当 $K < D$ 时，它无法满足整个市场的需求，这时就有一部分消费者转向购买开发商 2 的产品，从而使开发商 2 掌握了操纵剩余市场需求的势力，可以高于边际成本定价；同样，当开发商 1 高于边际成本定价时，如果开发商 2 以低价相竞争，也不会占据全部市场，由此可见单一价格的伯川德均衡 $p_i = p_j > c$ 在存在生产能力约束时不再是均衡解。它表明在规模报酬递减的状况下，有可能抑制价格竞争的白热化。一般来说，房地产企业谁也不会贸然采取低价竞争的手段，卷入你死我活的价格竞争中。为了避免在价格战中两败俱伤，企业有可能走向串谋。

2. 对房地产开发商定产行为的影响

定产行为可以简单地理解为开发商决定向市场提供多少产品。在寡头垄断市场，一个厂商应该提供的产品量不仅与市场的需求量有关，还与竞争者的产量决策有关。为了简便起见，可考虑一个双寡头模型，开发商面临的竞争策略有三种：（1）两家开发商同时进行开发量竞争，这实际上是古诺竞争；（2）居于领导地位的开发商首先决定开发量，另一家居于追随者地位的开发商根据领导者开发商的开发量来决定自己的开发量，这实际上是斯塔克尔贝格模型；（3）两家开发商进行价格合谋。

（1）古诺竞争

最早出现的寡头竞争模型，是法国数理经济学家古诺在 1838 年以天然矿泉水为例创立的，是纳什均衡应用的最早版本，也是研究产业组织理论的重要基础。由于房地产的固定性，在同一区域内竞争的企业可看作数量很少的寡头垄断。

假定：（1）某地域内仅有两个寡头房地产开发商 1、2，他们开发的房屋是同质的；（2）$c_i(q_i)$ 为成本函数，两开发商均无固定成本，单位边际成本分别为 c_1，c_2；（3）每个开发商的战略是同时选择产量，令 q_i 代表第 i 个开发商的产量，$i=1$、2，即开发商 1 选择产量 q_1，开发商 2 选择产量 q_2，则总产量为：$q = q_1 + q_2$；（4）设 P 为市场的出清价格，则 P 是市场总产量的函数：$P(q) = P(q_1 + q_2)$；（5）π 为利润，它是两个开发商产量的函数：

$$\pi(q_1, q_2) = [p(q_1 + q_2)](q_1 + q_2) - c_1(q_1) - c_2(q_2) \qquad (7\text{-}5)$$

当两家开发商进行古诺竞争时，则开发商都会预测对手提供多大的开发量，这是因为价格是由两家开发商的产量之和决定的，即 $P(q) = P(q_1 + q_2)$。在一家开发商对另一家开发商的产量预测之后，该开发商根据利润最大化原则来决定自己的产量。于是开发商 1、2 的问题就是：

开发商 1：

$$\max_{q_1} \{P(q_1 + q_2^e)q_1 - c_1(q_1)\}$$

q_2^e 表示开发商 1 对开发商 2 产量的预测值。

开发商 2：

$$\max_{q_2} \{P(q_2 + q_1^e)q_2 - c_2(q_2)\}$$

q_1^e 表示开发商 2 对开发商 1 产量的预测值。

当达到竞争均衡时，就会存在一对最优的产量组合 (q_1^*, q_2^*)，假设需求函数为：$P = a - bq$，为简单起见，$c_1 = c_2 = 0$，则

$$\max \pi(q_1, q_2) = [p(q_1 + q_2)](q_1 + q_2) - c_1(q_1) - c_2(q_2)$$

可转变为：

$$
\begin{cases}
\pi_1(q_1, q_2) = (a - bq)q_1 - c(q_1) = [a - b(q_1 + q_2')]q_1 \\
\pi_2(q_1, q_2) = (a - bq)q_2 - c(q_2) = [a - b(q_2 + q_1^e)]q_2
\end{cases}
$$

令 $q'_2 = q_2$，$q_1^e = q_1$，根据利润最大化原则，得出

$$
\begin{cases}
q_1 = q_2 = \dfrac{a}{3b} \\[2mm]
p = \dfrac{a}{3} \\[2mm]
\pi_1 = \pi_2 = \dfrac{a^2}{9b}
\end{cases}
$$

（2）斯塔克尔贝格竞争

开发商的第二种竞争策略是数量领先，即斯塔克尔贝格模型。假设厂商 1 是领导者，厂商 2 是追随者。当领导者宣布了自己的开发量 q_1 之后，追随者就将

q_1 作为一个给定的量，这样追随者的利润最大化函数为：

$$\max_{q_2} \left[p\left(q_1 + q_2\right)q_2 - c_2\left(q_2\right) \right] \tag{7-6}$$

需求函数，成本函数同上。

则根据利润最大化的一阶条件有：

$$q_1 + 2q_2 = \frac{a}{b}$$

对领导者而言，由于他知道追随者会根据自己的决策来决定其开发量，他就会给出一个对自己有利的开发量 q_2。因此，领导者的问题转化为：

$$\begin{cases} \max_{q_1} \left[p\left(q_1 + q_2\right)q_1 - c_1\left(q_1\right) \right] \\ s.\,t.\ q_1 + 2q_2 = \dfrac{a}{b} \end{cases}$$

这样，根据利润最大化的一阶条件，可以得出：

$$\begin{cases} q_1 = \dfrac{a}{2b}, q_2 = \dfrac{a}{4b} \\ p = \dfrac{a}{4} \\ \pi_1 = \dfrac{a^2}{8b}, \pi_2 = \dfrac{a^2}{16b} \end{cases}$$

通过斯塔克尔贝格价格竞争与古诺竞争的比较，可以看出，领导者不仅开发量 $\left(\dfrac{a}{2b}\right)$ 大于古诺竞争的开发量 $\left(\dfrac{a}{3b}\right)$，而且领导者的利润 $\left(\dfrac{a^2}{8b}\right)$ 也高于古诺竞争的利润 $\left(\dfrac{a^2}{9b}\right)$；而追随者的开发量 $\left(\dfrac{a}{4b}\right)$ 不仅小于古诺竞争的开发量 $\left(\dfrac{a}{3b}\right)$，而且其利润 $\left(\dfrac{a^2}{16b}\right)$ 也低于古诺竞争时的利润 $\left(\dfrac{a^2}{9b}\right)$。同时，领导者的开发量 $\left(\dfrac{a}{2b}\right)$ 和利润 $\left(\dfrac{a^2}{8b}\right)$ 都要大于追随者的开发量 $\left(\dfrac{a}{4b}\right)$ 和利润 $\left(\dfrac{a^2}{16b}\right)$，这也体现出领先者的优势。

（3）开发商价格合谋存在的合理性

上面我们所讨论的都是非合作博弈的情形，每个开发商都企图最大化其利润，每个开发商都独立于其他开发商作出自己的决策。其实，开发商还有一种选择，那就是合谋。当两家开发商进行价格合谋时，他们就会谋求双方利润之和的最大化。于是，上述问题转化为：

$$\max \pi\left(q_1, q_2\right) = \left[p\left(q_1 + q_2\right) \right]\left(q_1 + q_2\right) - c_1\left(q_1\right) - c_2\left(q_2\right)$$

令 $\dfrac{\partial \pi}{\partial q_1} = 0, \dfrac{\partial \pi}{\partial q_2} = 0$

假设两家开发商进行价格合谋，则

$$\frac{\mathrm{d}p}{\mathrm{d}q_1} = \frac{\mathrm{d}p}{\mathrm{d}q_2} = \frac{\mathrm{d}p}{\mathrm{d}q}$$

需求函数，成本函数同上。这样，根据利润最大化的一阶条件，可以得出：

$$\begin{cases} q_1 = q_2 = \dfrac{a}{4b} \\[2mm] p = \dfrac{a}{2} \\[2mm] \pi_1 = \pi_2 = \dfrac{a^2}{8b} \end{cases}$$

将上述三种结果进行比较，可以发现，尽管在价格合谋情况下，总开发量（$q_1 + q_2$）减少了，但房地产的均衡价格上升了，同时开发商的总利润也增加了。这表明，在价格合谋的情况下，消费者的福利降低了，而开发商的福利增加了。因此，对开发商而言，进行价格合谋是一种理性的选择。

（二）应对措施

从上面的分析可以看出，不完全竞争市场中开发商之间有强烈的合谋动机，其结果就是扰乱市场经济的秩序，损害资源配置的效率，间接降低社会福利水平。因此，针对这一点，可以采取以下几点建议，以有效地预防或者打击开发商之间的合谋。

1. 完善土地使用权的出让制度，尽量以"招拍挂"方式出让

"招拍挂"出让可以促使更多的开发商参与竞争，从而减小合谋的可能性，也减小开发商寻租的可能性。经济学理论也证明，市场中的开发商越多，市场的竞争度就越强，开发商之间合谋的可能性也越小；即使开发商之间达到合谋，这种合谋也非常不稳固。相反，如果采取协议出让，则开发商寻租的可能性大大增加。

此外，需要完善招、拍、挂的土地出让方式或者机制。2006 年 5 月 31 日，国土资源部发布了《招标拍卖挂牌出让国有土地使用权规范》（试行）和《协议出让国有土地使用权规范》（试行），自当年 8 月 1 日起试行。两个《规范》针对土地市场化运作过程中出现的实际问题，从程序、技术标准和操作规范角度对招拍挂和协议出让国有土地使用权行为进行了细化，这对规范操作行为健全和完善经营性土地出让制度、更大程度上发挥市场配置土地资源的基础性作用等具有重大意义。

2. 完善有关法律法规，加大对开发商合谋的打击力度

尽管我国在预防市场投机、合谋方面颁布了一系列法律，例如 1993 年颁布的《中华人民共和国反不正当竞争法》第 27 条明确规定："投标者串通投标，抬高标价或压低标价，……其中标无效。监督检查部门可以根据情节处以一万元以上二十万元以下的罚款。"但由于其罚款数额相对于合谋所带来的收益过小，

同时由于其条文过于模糊导致操作性不强。因此，有必要对这些法律法规进行进一步修改和完善。

第二节　房地产市场集中度

一、房地产开发商集中度

房地产开发商集中度是指房地产业中开发商的生产经营集中程度，可用最主要开发商所拥有的生产要素或其产销量占整个产业的比重来表示。它反映行业中主要开发商对该行业的影响程度，也就是通常所说的"话语权"。在一般情况下，行业内的开发商数越少，少数开发商的规模越大，其集中度越高，则少数开发商对市场的影响作用就越大，就越容易形成对市场的垄断；另外，较高的开发商集中度将增加寡头开发商的相互依赖性，增加他们之间合谋的可能性，以维持既有的市场结构。目前，国内外学术界用来衡量市场集中状况的指标较多。一般说来，这些指标大体可以分为两类：一是考察最大几家开发商所占市场份额的大小，即集中率；另一是采用各种不同的方法和指标，如洛伦茨曲线、吉尼系数、赫芬达尔指数和嫡指数等，来考察企业规模分布的不均等状况。前者是与一个行业中最大几家开发商的市场份额直接联系在一起的，具有明确的经济含义，因而一般称为绝对集中度。后者反映一个行业中企业规模的分布状况，一般与各种离散统计概念有关。在经济学以及其他相关学科中，目前已经设计出大量的这类指数。这类指数最大的特点之一，就是考虑了全部开发商的规模分布状况，其缺点是缺乏明确的经济含义[1]。

（一）集中率

在各种衡量集中的方法中，集中率（Concentration Ratio）是一个简单易行、也是使用最广泛的常用指标。它是指在规模上处于前几位的开发商的有关指标值 X（产量、销售额、资产额、利润等）占整个房地产行业指标总量的比重。房地产行业 m 家中前位 n 开发商的集中度 CR_n 的计算公式是：

$$CR_n = \frac{\sum_{i=1}^{n} X_i}{\sum_{i=1}^{m} X_i} \tag{7-7}$$

---

[1]　目前，学术界对这类不均等指数的作用具有不同的看法。有一些学者认为，集中与企业规模分布的不均匀或离散程度是同义语（Hart and Piais, 1956）。但也有一些学者不同意这种看法。特别是阿德尔曼（Adelman, 1951）强调指出，离散没有实在的经济后果。但不管怎样，有一点却是可以肯定的，即一个行业中企业规模分布的不对称性对企业行为有着重要的影响。参见克拉克森和米勒（1989 年，第 97 页）。

在分析集中度时，通常以最大的 4 家或 8 家开发商的指标份额来计量，分别称为"4 企业集中度"和"8 企业集中度"。CR_4 或 CR_8 测算相对比较容易，而且能较好地反映产业内开发商生产集中情况，显示产业的垄断和竞争程度，因此使用比较广泛，但是也存在一些局限性。一是只反映房地产行业内最大几家开发商的规模，忽略了其余开发商的规模分布情况；二是不能反映最大几家开发商的个别情况。例如，4 家开发商中有 1 家规模极大，另外 3 家规模者比较小；另一种是 4 家规模大体相当，这两种情况得出的企业集中度数值可能完全相同，实际上这两种情况的市场支配力相差很大。另外，还要注意不同时期的具体特点，以不同数值为基础计算出的集中度指标会有所不同，而实际上开发商的情况并未发生变化。

（二）洛伦茨曲线和基尼系数[1]

1. 洛伦茨曲线

洛伦茨曲线是洛伦茨（Lorenz）最早提出来的，当时主要用于衡量收入和财富分配的不平等程度。现在已广泛用于衡量收入分配、地区差异、产业集中等诸多领域。洛伦茨曲线的绘制方法是：横轴表示由小到大排列的企业累计数的百分比，纵轴表示这些企业市场份额的累计百分比[2]。这样，洛伦茨曲线可以反映行业内全部企业的市场规模分布情况。图中的对角线为均等分布线，如果曲线与对角线重合，表明所有企业具有相同的规模。当曲线向右下角凸出的程度越大，表明该行业集中度越高。

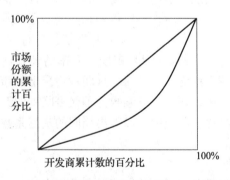

图 7-1　洛伦茨曲线

洛伦茨曲线的最大特点是比较直观，能够反映全部开发商的规模分布。但是，该曲线也具有一些缺陷：（1）绘制洛伦茨曲线需要得到市场中所有企业市场

---

[1]　目前，国内学术界一般把洛伦茨曲线和基尼系数看成是相对集中度指标。参见杨公朴和夏大慰主编：《产业经济学教程》，上海财经大学出版社，1998 年，第 138 – 140 页。

[2]　如果用横轴表示从大到小排列的企业累计数，纵轴表示企业销售额的累计百分比，则可以得出一条集中曲线。该曲线上升得越是陡峭，说明行业的集中度越大。

份额的确切数据，除非进行普查，否则很难得到这方面的系统数据；（2）绘制洛伦茨曲线是一件费时费力的工作，特别是当行业内的开发商数较多时，绘制该曲线将十分困难；（3）该曲线无法表现寡头和集中的增长情况。一般认为，随着开发商数量的减少，市场集中度将会增加。但是，利用洛伦茨曲线则可以得出相反的结果，即开发商数量的减少降低了相对集中。例如，在两家房地产开发商寡头垄断时，洛伦茨曲线与对角线重合，但其市场份额可能很高。之所以会出现这种情况，是因为"行业中厂商数目的减少使得剩余厂商在规模上更接近了，于是在绝对集中上升时，相对集中却下降了"。此外，洛沦曲线作为一种汇总指标，无法表示任何寡头和集中的增长情况[1]。

2. 基尼系数

基尼系数则是一个建立在洛伦茨曲线基础上的度量指标，它能够把洛伦茨曲线所反映的不均匀度用量化指标体现出来。其公式表述为：

$$E_i = \frac{\left[\dfrac{\chi^2}{2} - \displaystyle\int_0^\chi F(\chi)\,\mathrm{d}\chi\right]}{\dfrac{\chi^2}{2}} \tag{7-8}$$

公式表明基尼系数在 0 到 1 之间变动。基尼系数等于 0，则对角线与实际开发商资本分布的曲线之间的面积为零，意味着所有开发商规模相等。基尼系数越大，洛沦兹曲线越偏离对角线，基尼系数越接近于 1，开发商规模分布越不均等。基尼系数指标用来测度产业的集中度也有其局限性。例如，两条不同形状的洛沦兹曲线所围成的面积相等时，可以得到相同的基尼系数，但不能反映市场中开发商规模的不均匀程度。具体讲，对于由两家各拥有 50% 市场占有率的开发商组成的市场，会与 100 家各拥有 1% 市场占有率的开发商组成的市场具有不同洛沦兹曲线，基尼系数也都为零。然而，这两种情况下的市场结构显然不同。此外，在一个既定的市场中，同一基尼系数并不代表唯一的开发商规模分布。这是因为，从两条不同的洛伦茨曲线中可以得出相同的基尼系数，只要它们所围的相对面积大小是相等的。

3. 赫芬达尔指数

如前所述，集中率只考虑了前几家开发商的集中状况，没有考虑全部开发商的规模分布。洛伦茨曲线虽然考虑了全部开发商的规模分布，但忽视了开发商数量的重要性。而能够兼有绝对集中度和相对集中度的优点，同时又能避免二者缺点的综合性指数，是近年来得到广泛应用的赫芬达尔指数（HerfindahlIndex）。该指数用于反映企业集中度的综合指数，有时被称作赫芬达尔-赫希曼指数，通常

---

❶ 陈仲常：《产业经济理论与实证分析》，重庆大学出版社，2005 年，第 128 页。

简记为 I_H[1]。如果产业中共有 n 家开发商，X_i 为第 i 位开发商的规模，T 为产业的总规模，赫芬达尔指数 I_H 就可用如下公式表示：

$$I_H = \sum_{i=1}^{n} \left(\frac{X_i}{T} \right)^2 \tag{7-9}$$

赫芬达尔指数是企业集中度测量指标中较好的一个，它具有如下特点：（1）它能反映产业内开发商规模分布状况。当 X_i 值全部相等，即所有开发商规模相同时，$I_H = 1/n = 0$（$n \to \infty$）；当独家垄断时，$I_H = 1$。I_H 的数值位于 $1/n$ 和 1 之间，当某一企业垄断了所有的市场份额时，其值为 1。如市场份额按 0 到 1.0 计测，I_H 的范围则为从最小到 1。如市场份额按 0 到 100 的百分比值计算，I_H 范围则从最小到 10000。（2）兼有绝对集中度和相对集中度指标的优点，同时避免了它们的缺点。因为 I_H 值对规模较大的开发商的市场份额反映比较敏感，而对众多小开发商的市场份额小幅度的变化反映很小，这样既不会出现 CR_n 取值中的主观性，也不会出现相对集中度衡量中只按开发商数目百分比测度，抹杀绝对数的差异。（3）可以不受开发商数量和规模分布的影响，较好地测量房地产业的集中度变化情况[2]。（4）因为 N 个相同规模的开发商的赫芬达尔指数等于 $1/N$，所以可以用赫芬达尔指数的倒数来推导市场中等价的开发商数目。例如，当赫芬达尔指数为 0.125 时，市场中等价的开发商数是 8。[3] 此外，I_H 指数对规模较大的前几家开发商的市场份额比重的变化反映相当敏感，如果两个开发商合并成一个开发商，尽管总额未变，但市场支配力明显加大。

同样，H 指数也遭到了一些学者的批评。谢泼德（W. G. Shepherd）指出了 H 指数存在的三个问题：一是该指数是一个没有内容的纯数字，使用者必须将它转换成"实际"集中率同等物，以表达其可能含有的意义；二是这个指数所要求的数据量极大；三是用幂 2（或其他特定的价值）来加权市场份额，在理论上或实证模型上都缺乏依据[4]。其结果，将有可能会过高地估计大开发商本来较大的市场份额，而忽视小开发商的重要性。

由于 H 指数所需要的数据较多，难以进行广泛的经验分析。一个折中的办法是使用裁减指数，裁掉那些市场份额很少的所谓边际开发商。这样，采用少数几家最大开发商如 20 家、50 家的有限资料，就可以计算一个最起码的赫芬达尔指数。事实上，当人们需要考察能达到行业某一产出水平或市场份额（如 75%）最大规模开发商的数目时，采用这种方法被证明是可行的。

---

[1] 该指数起源于 Orris Herfindahl 于 1950 年在哥伦比亚大学作的关于钢铁行业集中度的博士论文。

[2] 简新华. 产业经济学. 武汉：武汉大学出版社，2001，第 147 页。

[3] 刘志彪等. 现代产业经济分析. 南京：南京大学出版社，2002，第 244 页。

[4] 参见约翰·伊特韦尔、默里·米尔孟特、彼得·纽曼. 新帕尔格雷夫经济学大辞典. 北京：经济科学出版社，1992，第 689 页。

4. 其他集中度指数

目前，国内外衡量集中度的方法较多。除上述指数之外，交叉弹性和熵指数也被用来作为衡量企业集中度的指标

（1）交叉弹性

不同产品间的交叉价格弹性可以反映有关产业或产业间的替代性和互补性，替代性越强，竞争性就越强。交叉弹性可用如下公式表示：

$$E_{xy} = \frac{\left(\dfrac{\Delta Q_x}{Q_x}\right)}{\left(\dfrac{\Delta P_y}{P_y}\right)} \tag{7-10}$$

供给的交叉价格弹性 =（开发商提供的 x 产品数量变动）／（y 产品的价格变动%）。如果 y 的价格降低（或提高），x 的数量增加（或减少），即交叉价格弹性为负数，表明 y 与 x 具有互补性。如果 y 的价格降低（或提高），x 的数量减少（或增加），即交叉价格弹性为正数，表明 y 与 x 具有替代性。一般来说，交叉弹性越大，y 与 x 之间的替代性越强，竞争性也越强，开发商集中度越小。由于搜集数据方面有难度，交叉弹性难于测度，实际应用价值不是很大。

（2）熵指数（Entropy Index）

熵指数（简称 E 指数）是借用信息理论中熵的概念，这具有平均信息量的含义，可用如下公式表示：

$$E = \sum_{i=1}^{n} S_i \cdot \log \frac{1}{S_i} \tag{7-11}$$

式中，E 为熵指数，S_i 为第 i 个开发商的市场份额（或其他统计指标），n 为产业中的开发商总数。

和赫芬达尔指数 I_H 一样，E 指数也属于综合指数，即客观存在、并反映市场中所有开发商的情况。不同之处在于，这两个指数分配给各开发商市场份额的权数不同，赫芬达尔指数的权数是市场份额的平方，而 E 指数根据的是市场份额的对数；同时，二者都对大开发商分配较重的权数，但重要程度有区别❶。

二、房地产地区集中度

房地产地区集中度是指特定地区的房地产业在全国该产业总额中所占的比重。它反映该地区房地产行业对全国房地产行业的影响程度。在一般情况下，该地区房地产行业越发达，大开发商就越多，其地区集中度越高，则该地区对市场的影响作用就越大；反之，影响就越小。

---

❶ 于立、王询. 当代西方产业组织学. 大连：东北财经大学出版社，1996，第41－42页。

房地产地区集中度一般用该地区房地产行业所有开发商的有关指标值 X（产量、销售额、资产额、利润等）占全国房地产行业指标总量的比重来衡量，其计算公式是：

$$CR = \frac{\sum\limits_{i=1}^{n} X_i}{\sum\limits_{j=1}^{m} Y_j} \qquad (7\text{-}12)$$

其中，i 代表某地区开发商数目，X 代表该地区房地产行业所有企业的有关指标值（产量、销售额、资产额、利润等）；j 代表该国家地区数目，Y 代表全国房地产行业的有关指标值（产量、销售额、资产额、利润等）。地区集中度可以有多种形式，可以以省为单位、也可以以某个区域为单位。如以省为单位，假设上海房地产业 2007 年销售额为 1 个单位，全国房地产销售额为 8 个单位，则上海市在房地产行业的地区集中度为 1/8。同样，如果我们对地区集中度的计算以区域为单位，如计算华东地区房地产行业的地区集中度，假设华东地区房地产行业 2007 年的销售额为 1，全国房地产行业的销售额为 6，则华东地区房地产行业的地区集中度为 1/6。

目前我国房地产地区集中度相当高，从投资指标来看，目前我国房地产投资中 70% 以上集中在东部地区，其中 50% 以上集中在北京、上海、浙江、广东、江苏 5 个省份。区域发展不平衡，东西部差距大。中部地区房地产开发也基本集中于省会城市。从面积指标来看，根据《中国统计年鉴 2007》的统计数据，2007 年 1～12 月份全国 35 个大中城市中，东部地区商品房竣工面积为 1.63 亿平方米、中部地区为 0.42 亿平方米、西部地区为 0.56 亿平方米，分别占全国商品住宅竣工面积的 62.54%、16.13% 和 21.33%；东部地区商品房销售面积为 1.64 亿平方米、中部地区为 0.497 亿平方米、西部地区为 0.671 亿平方米，分别占全国商品房面积的 58.42%、17.70% 和 23.88%。无论是商品房竣工面积还是销售面积，东部地区比中西部地区的总量还要多。

第三节　中国房地产市场竞争状况

一、中国房地产市场竞争格局

（一）区域性开发商竞争激烈，缺乏公认的高知名度行业龙头

2008 年 3 月 29 日，"中国房地产 TOP 10 研究组"在北京发布的"2008 中国房地产百强企业"名单显示，房地产百强企业在全国市场占有率普遍偏低，作为行业龙头老大的万科，在全国商品住宅市场的占有率也仅为 2.07%。而美国最大的房地产开发商全部市场占有率高达 40.6%，前十强占 72.3%；日本积水物产

的市场占有率达到 29%。从销售规模看，百强企业销售额均值为 50.07 亿元，仅占全国商品房销售总额的 16.91%。从资产规模来看，至 2007 年 12 月 31 日止，中国百强企业总资产均值为 116.96 亿元，而 2000 年全球上市房地产开发商前 50 强的总资产平均是 26 亿美元，按照当时的汇率折合人民币 215 亿元。可见，与国外开发商相比，中国开发商规模并不大，"百强"普遍还不是很强，缺乏公认的高知名度行业龙头。开发商规模过于分散对于年轻的中国房地产业来说，整个产业运行远远没有达到帕累托最优。稀缺的土地、有限的资金、匮乏的高素质人力资源被数万家开发商所分摊，分割了这些稀缺资源之间本应形成的整合效应，阻碍了整个产业良性的运行。按照意大利经济学家帕累托 80/20 市场规律：一个成熟理性规范的产业，20% 的企业将占领该产业 80% 的份额，形成有序竞争的局面，促成良性的循环和发展。与国际水平相比，我国的房地产业还远没达到这个阶段。

（二）民营开发商占主导，民营股份制开发商在竞争中不断壮大

近年来，随着房地产市场的逐步复苏，加之房地产行业的平均利润较其他行业高。因此，吸引了民营经济和股份制经济的大举进入，民营经济发展迅速，并逐渐成为我国房地产投资增长的主要动力，大有国退民进的趋势。在一些沿海发达地区，民营开发商已经占据主导地位。如表 7-2 所示，国有企业、集体企业和民营、股份制企业 1998 年分别为 7958、4538、7464 家，2006 年分别为 3797、1586、47885 家。2006 年与 1998 年相比，国有和集体开发商都减少了，而民营和股份制开发商则增加了。国有房地产开发商所占比重由 1998 年的 39.9% 下降到 2006 年的 7.13%，集体开发商由 22.7% 下降到 2.98%，民营及股份制企业则由 37.4% 上升到 89.89%。国有开发商的数据所占比例虽然在不断下降，但由于占有的土地、人才、资本等社会稀缺资源的数量巨大，其对市场的影响仍然举足轻重。

（三）市场集中度有所提升，但依旧非常低

改革开放之后，随着土地使用制度改革、住房制度改革和房地产业的发展，我国开发商数量急剧增加。从 1981 年开始组建房地产开发试点公司，全国共有 10 余家，到 1998 已有约 3.3 万家。近几年由于房地产业发展较快，加上房地产行业的平均利润较其他行业高，房地产业吸纳了各种社会经济力量的加入。虽然房地产业发展很快，但是行业却基本呈现出散、小、差的状态，竞争不充分，开发商甚至联手垄断市场抬高房价，且开发商利润明显高于社会平均利润水平。随着竞争加剧，市场为中小开发商留下的空间将越来越狭小。本轮宏观调控政策、特别是土地和房贷政策，可能将部分开发商、特别是中小开发商淘汰出局。随着部分中小开发商被淘汰出局，加上消费者越来越倾向购买品牌开发商的物业，房地产市场小、散、乱的局面将逐步改变，市场集中度将有所提升，品牌开发商的市场份额将逐步提高。

房地产开发商构成 表 7-2

年份	企业数目	内资企业	国有	集体	民营、股份制企业	港、澳、台投资企业	外商投资企业
1998	24378	19960	7958	4538	7464	3214	1204
1999	25762	21422	7370	4127	9925	3167	1173
2000	27303	23277	6641	3492	13144	2899	1127
2001	29552	25509	5862	2991	16656	2959	1084
2002	32618	28657	5015	2488	21154	2884	1077
2003	37123	33107	4558	2205	26344	2840	1176
2004	59242	53495	4775	2390	46330	3639	2108
2005	56290	50957	4145	1796	45016	3443	1890
2006	58710	53268	3797	1586	47885	3519	1923

资料来源：《中国统计年鉴》（2007 年）。

二、中国房地产市场竞争绩效

（一）收入结构有所调整

近几年，我国房地产开发商的经营总收入保持快速增长，从 1991 年 284 亿元增长到 2006 年的 18047 亿元，15 年间增长了 64 倍，特别是 2002 年和 2003 年，增幅都接近 30%。同时，商品房销售收入增长也十分迅速，15 年增加了约 70 倍。从开发商收入结构（见表 7-3）来看，商品房屋销售收入一直是房地产开发商的主要收入来源，且逐年呈上升趋势；近几年，开发商土地转让收入增幅较大，与 1991 年相比，增长了 22 倍，相比之下，房屋租金收入增幅下降了近 10 个百分点，而其他收入则呈负增长，说明近年来房地产企业主要以土地转让收入和商品房屋销售收入为主要经营收入来源；而 1999 年以前，其他收入和商品房屋销售收入为主要经营收入来源。

1991～2006 年房地产开发商经营情况（单位：万元） 表 7-3

年份	经营总收入	土地转让收入	商品房屋销售收入	房屋出租收入	其他收入	经营税金及附加	营业利润
1991	2840325	153810	2378597	39221	268697	205551	275239
1992	5285565	427420	4265938	59617	532590	414435	635196
1993	11359074	839281	8637141	106348	1776304	965917	1559223
1994	12881866	959357	10184950	172817	1564742	951029	1674350

年份	经营总收入	土地转让收入	商品房屋销售收入	房屋出租收入	其他收入	经营税金及附加	营业利润
1995	17316624	1943981	12582817	257927	2531899	903047	1434087
1996	19687850	1203378	15337647	299899	2846926	927779	179805
1997	22184557	1032847	17552061	387878	3211770	1042143	– 103462
1998	29512078	1322454	24084097	493192	3612325	1388134	– 106565
1999	30260108	1032492	25550245	627408	3049963	1453611	– 350926
2000	45157119	1296054	38968215	953237	3939613	2145704	732836
2001	54716555	1889894	47294194	1173453	4359014	2734549	1254738
2002	70778478	2251311	61457990	1445728	5623449	3701458	2529148
2003	91372734	2797200	81536881	1643335	5395318	4937227	4303655
2004	133144608	4100917	117522041	3055765	8465884	4130409	8579651
2005	147693468	3414314	133167682	2902876	8208596	8452536	11091896
2006	180467598	3006480	166213595	3167902	8079621	11271214	16698882

资料来源：《中国统计年鉴》（2007）年。

（二）开发商资产负债率偏高，风险大

国内开发商普遍存在自有资金不足的问题，企业所需资金主要靠向银行贷款解决。目前，国内最大的开发商净资产规模也不过几十亿元人民币，与境外房地产开发企业动辄几十亿、几百亿美元相比，实在相距甚远。我国开发企业资产负债率多数在 70% 以上，有的高达 90%。虽然近几年来，房地产企业资产增幅大于负债增幅，实力明显增强。1997 年开发商总资产为 16417 亿元，平均资产为 7713 万元；2006 年总资产达到 88398 亿元。同时，从资产负债率（见图 7-2）可以看出，1997～2006 年，房地产企业的资产负债率一直呈稳步下降趋势，但资产负债率仍然偏高。过高的负债必然使企业成本增加，盈利下降，甚至出现亏损。部分自有资金不足的开发企业，靠银行贷款、施工企业垫资和拖欠材料款等进行房地产开发，一旦商品房销售不畅、资金不能及时回笼，将会导致工程难以为继、引发连锁反应，隐藏着一定的金融风险。

（三）开发商营业利润及房地产行业平均利润率大幅度增长

在 20 世纪 90 年初的房地产开发热潮中，房地产开发商的营业利润及行业平均利润率都不断攀升，特别是 1993～1995 年，行业平均利润率达到 13.7%，远远超过社会平均利润率。在这种强大的利益驱动下，各种资金纷纷涌向房地产业，造成房地产市场持续过热，国家于 1995 年开始加大宏观调控力度；从 1996 年开始，房地产企业经营利润和行业平均利润率呈大幅度下降，1997～1999 年连

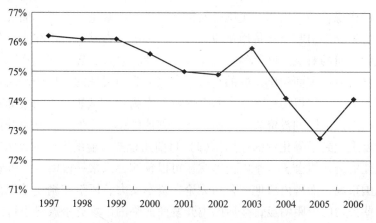

图 7-2　1997～2006 年房地产开发企业资产负债率

资料来源：《中国统计年鉴》（2007 年）。

续三年出现全行业亏损，利润率为负。2001～2003 年随着国家鼓励发展房地产企业政策的出台，房地产业形势迅速转好，开发商的营业利润率逐年大幅增长，到2003 年达到 430 亿元，为历史最高水平。2004～2005 年，受国家宏观调控政策的影响，房地产开发企业的营业利润曾有过一段波动，但总的来说，利润还是非常可观。2006 年，全国有 5.8 万多个房地产开发商，共实现营业利润 1669.89 亿元，同比增长 50.55%。从房地产企业经营总收入来说，近几年来，我国房地产企业经营总收入保持稳步增长，年均增长率为 31.89%；我国房地产企业商品房销售收入也不断增长，15 年间增加了约 70 倍，年均增长率也为 32.73%（见表7-3）。

三、中国房地产市场竞争趋势

（一）外资积极进入，竞争愈发激烈

国际资本和跨国公司大规模进入中国内地市场，恒基地产、和记黄埔、长江实业、老虎全球基金、盛阳基金、新加坡凯德置地、澳大利亚麦格理银行、摩根士丹利等国外优秀公司都纷纷将中国内地房地产市场作为投资重点。

国际资本加大进入力度，其主要原因有：（1）随着我国经济日益融入全球经济，我国的投资环境得到了极大改善并得到越来越多的国际资本认同，而很多跨国公司在经过多年的摸底探路后，也获得了较多的内地投资经验，因此国别风险（包括政策风险）明显降低。（2）资本趋利性本质促使外资涌入我国房地产领域。经济的持续高速发展使外资对我国经济前景持续看好，作为支柱产业的房地产行业发展势头良好，房价持续上涨，尤其是商业房地产项目有非常好的升值潜力。房价的大幅上升给中国热点地区房地产投资带来丰厚回报，投资收益率可

观。另外从国际环境看，目前澳大利亚、英国的房价在下调，美国房地产的泡沫处于破裂的边缘；另一方面，美国长时期执行低利率政策，最近不断加息。美国最近两年贸易赤字引起全球货币供应过高，过多的全球基础货币在全世界各地寻找投资或者投机的对象。网络经济昙花一现，使大量资金转向房地产、石油、黄金以及有色贵金属。而中国良好的经济前景以及高回报率的房地产市场自然吸引了投资者的目光。仅以房地产投资基金的收益率为例，从表7-4的数据对比中可以看出中国热点地区的投资收益率明显高于其他国家。此外，人民币升值预期也在一定程度上起到了催化剂的作用。（3）目前房地产行业的宏观调控为这些资本提供了极佳的进入机会。基于以上考虑，可以预测，未来一段时期，外资将大规模进入我国市场，而国内房地产公司无论在资本实力、风险控制还是规范运作等方面与这些公司的差距明显，今后国内开发商面临的市场竞争态势很可能呈现为"与狼共舞"，如果这些开发企业不能尽快树立自己的核心竞争力，就将不可避免地被边缘化，并最终将被踢出市场。

世界各国房地产投资基金收益率比较 表7-4

国家	美国	日本	新加坡	上海	北京
收益率	6%～7%	4%	4%	20%～50%	8%～15%

资料来源：《房地产决策参考》，北京路特通数据研究中心，2005年。

（二）国内房地产企业重组步伐加快

近几年，中国房地产业的利润过高，以致大量的资金涌入房地产业。按照"颠船理论"●，市场竞争充分化，势必导致少数竞争者左右市场的格局。况且世界各国房地产业发展历史的共同点就是企业的规模化和集团化，只有少数十几家、几十家大的房地产公司主导了大部分市场。我国房地产业经过前几年的高速发展，目前正处在一个结构性转变的关键时期。国务院18号文件明确指出："支持具有资信和品牌优势的房地产企业通过兼并、收购和重组，形成大型企业和企业集团。"可见，未来房地产市场将由市场的无序竞争转为大企业大集团占领瓜分市场，竞争将是实力的比拼，房地产企业兼并重组的步伐将加快，一批对市场有较大影响能力的房地产龙头企业正在脱颖而出。实力小和缺乏核心竞争能力的房地产企业，在未来的几年内将会面临被淘汰出局的危险。房地产行业未来的并购趋势是：股权资金雄厚、融资渠道广泛、房产质量和服务优良、经营管理成熟的房地产企业将并购那些自有资金不足、信贷以外缺乏融资渠道、经营管理缺乏

● 颠船理论是指一个湖里最终只能容纳七、八艘船，由于市场初期门槛太低，来了二、三百艘船。于是几艘先发展起来的大船就会采取策略，兴风作浪，其结果就是那些小船全部沉入湖底或被整合，风平浪静后，只剩那些大船高唱凯歌，开始新的航程。

诚信观念的企业；以获取资源为目的的战略层面并购逐渐增多；大企业之间以战略联盟为目的的并购将逐渐增多。资金、土地、市政设施等重要资源正在逐渐向一些大的开发商聚集成为不争的事实。

（三）房地产开发商向规模化、品牌化方向发展

未来几年，房地产开发商将向规模化、品牌化方向发展。在房地产过热时期，房地产业的利润率比较高，因而吸引了过多商家进入，但这些业者规模有限、专业度不高、推出的楼盘规模偏小，配套设施不齐全。随着宏观调控政策的后续效应和房地产市场竞争的加剧，房地产行业的利润将下降，再加上房地产业高杠杆经营的特色，经营风险就在这个大环境下大幅上升。在此情况下，规模优势、品牌优势越来越成为企业赢得竞争的关键。拥有一个知名品牌，是企业获取可持续发展的重要因素。这是因为：（1）在买方市场条件下，消费者成为左右市场和企业生存的决定因素。当消费者进行决策时，潜伏于心中的形象认识就会成为决策指令，这种指令对于企业来讲，就是企业的品牌形象，是一笔最重要的无形资产。这也促使房地产开发商把品牌作为战略竞争的一个手段，从而使房地产业向着品牌化的时代发展。（2）在市场供大于求的状态下，要取得竞争优势，立于不败之地，就必须有一个超越以前的竞争优势。要想超越自己，超越对手，自然就会走以品牌竞争之路。所以，房地产业走向以品牌为主要竞争手段的多元化、纵深化竞争阶段，这既是产业竞争的结果，也是市场走向成熟的必然要求。目前已有一些综合实力较强的房地产开发商，视发展成熟的品牌体系、实现高效与科学的管理模式以及树立优质的服务形象为提高自身竞争力的重要手段。

专题7-1　上海住宅市场竞争不充分性的实证分析

近年来随着上海经济的发展，城市居民的生活水平有了很大提高，人均可支配收入不断增加。与此同时，上海房价自1998年以来快速上升（如图7-3所示）。1998年上海住宅平均销售价格只有3026元/平方米，但是到2004年年底，上海住宅的平均销售价格已经达到5500元/平方米。其中，商品房平均价格为8124元/平方米，静安、长宁、徐汇、虹口等6个中心城区的平均价格均超过10000元/平方米，其他次中心区均价也超过8000元/平方米。特别是从2002年开始，房价急速飙升，尤其是2003年和2004年，市区房价涨幅每年都超过30%。2005年以来，由于受到国家宏观调控政策的影响，原来一路攀升的房价有所回落，买卖双方都进入互相胶着的观望状态，但不久房价又呈上升趋势。

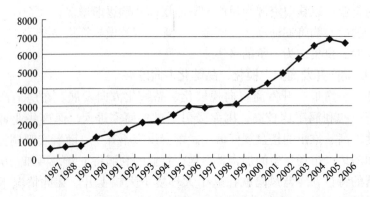

图 7-3 上海住宅平均价格（单位：元）

　　房价上涨较快的原因很多，国内学者也进行了很多探讨。但是大多数学者把上海房价上涨的原因归结为持续高速发展的上海经济、土地成本的上升、城市化进程的快速推进、世博会效应等等，很少有学者从市场结构角度对房价上升的原因进行探讨。本文认为上海房地产市场的高度垄断性是导致上海房价居高不下的重要原因。

一、理论分析

　　在西方微观经济学的发展过程中，张伯伦、罗宾逊夫人提出垄断竞争理论，将不同产业的市场垄断与竞争程度划分为五种不同类型的市场结构。理论上，一般根据市场集中度的高低、进入壁垒和产品差异程度，将市场结构分为完全竞争型、垄断竞争型、寡头竞争型、寡头垄断型和完全垄断型五大主要类型。然而在现实经济生活中，真正完全竞争市场并不存在。就如萨缪尔森所说，"从来没有百分之百的纯粹自行调节的企业制度。虽然维多利亚女王时代的英国接近于此"。❶ 现实中的大多数市场是不完全竞争市场。就房地产市场而言，房地产的特点决定房地产行业具有很强的垄断性。在房地产市场，受房地产商品所处环境以及流通方式多样性的影响，房地产交易和定价是个别进行的，房地产的价值不能直接用劳动投入量计算，只能由使用者获得的效用计算。这一特点使房地产商品不会自动地形成众人都容易识别的适当价格，在市场上不能实现完全竞争，价格表现出较强的独占性倾向。而且房地产市场还具有很强的区域性，这种区域性主要表现为区域供求关系和区域价格等方面的差异，从而一个地区的短缺不能由其他地区的富余来补偿。房地产资源的相对稀缺与人们对房地产需求绝对增长的矛盾，导致政府需要采取强有力的干预措施，来保证市场的有效供给，并依据不

---

❶ 萨缪尔森. 经济学. 北京：商务印书馆，1982，第 27 页。

合理的市场需求，调节房地产资源的配置。因此，房地产市场是一个有限开放的市场，是不完全竞争的市场。

另一方面，经济学理论告诉我们，在寡头垄断下，开发商必然索取垄断价格。因此，可以假设上海房地产市场是一个寡头垄断市场。如果这个假设能够成立，那么目前上海房地产价格在宏观调控背景下依然居高不下就可以得到一个比较合理的解释。但是，如何来衡量房地产市场的不完全竞争性呢？在产业组织理论中，判断市场垄断程度和市场势力通常使用行业集中程度指标，即考察几家最大厂商的产量或销售额在全行业市场中的影响力量，具体的方法有赫芬达尔指数、洛伦茨曲线、基尼系数、熵指数等等。但是，这些方法在测算市场垄断程度时，均要求掌握市场相关行业企业的具体情况，这需要进行大量的专项统计，而我国目前的统计数据还无法满足这方面的要求。同时，从完全垄断的市场结构出发，勒纳指数则是衡量市场势力的一个很好的指标。勒纳指数 I_L 由美国学者勒纳提出[1]，用于度量价格 P 与边际成本 MC 的偏离率，其计算公式是：

$$I_L = \frac{1}{|\varepsilon|} = \frac{(P - MC)}{P} \tag{7-13}$$

式中，ε 为市场的需求价格弹性，P 为市场价格，而 MC 则表示商品的边际成本。由于 $P \geqslant MC > 0$，所以 $0 \leqslant I_L \leqslant 1$。勒纳指数 I_L 值越大，市场竞争程度就越低；反之，市场竞争程度越高。

根据勒纳指数公式，只要测算出商品的需求价格弹性，也就相当于得到了勒纳指数。故此，有必要专门对房地产市场的需求价格弹性进行测算。

二、上海住宅市场竞争不充分性的实证分析

（一）模型设定和数据说明

为了考察上海住宅市场竞争不充分的程度，需要对房地产需求价格弹性进行测算。因此我们考虑对数模型的形式，即

$$\log fj = \log \alpha + \beta \log xs + \log \mu \tag{7-14}$$

对上式两边取微分，可得：

$$\beta = \frac{xs}{fj} \frac{\mathrm{d}fj}{\mathrm{d}xs} \quad \frac{\mathrm{d}fj}{fj} = \beta \frac{\mathrm{d}xs}{xs}$$

故有：$\beta = \frac{xs}{fj} \frac{\mathrm{d}fj}{\mathrm{d}xs}$，这样就得到了弹性的表达式，也即我们想要得到的价格弹性指标，式中 xs 和 fj 分别代表上海平均商品房屋销售价格和商品房屋销售额。在具体进行回归计算时，可对变量取自然对数，并采用过原点回归的方法。

---

❶ Lerner Abba P. The Concept of Monopoly and Measurement of Monopoly Power. Review of Economic Studies. 1934，第 1 期，第 157 – 175 页。

在统计年鉴中，"商品房屋销售面积"和"商品房屋销售额"这两个指标可以反映房地产市场的需求状况。根据经济学的定义，需求需满足两个条件，即消费者有支付能力和购买意愿，故此以"商品房屋销售额"作为代表房地产市场实际需求的变量更为合适。以"平均商品房屋销售价格"指标来反映房价。本文有关商品房屋销售和房价等方面数据全部来自中国国家统计局编制的各期《中国统计年鉴》中"固定资产投资"项下的专项数据。由于我国专门针对房产市场的统计时间不长，相关的统计指标只是近年才逐步健全起来，这给本文的实证分析带来了一定的困难。本文研究的样本范围是 1994~2006 年。下面用 Engle 和 Granger（1987）两步法进行检验

（二）上海商品房屋销售额和平均商品房屋销售价格的回归分析和协整关系检验

对 LFJ 和 LXS 进行 ADF 检验，结果见表 7-5。LFJ 和 LXS 检验 t 统计量值分别为 -2.227237 和 -2.114690，大于显著性水平 5% 的临界值，表明两者均是不平稳的时间序列。但进一步检验发现 ΔΔLFJ 和 ΔΔLXS 两者均通过 1%、5% 和 10% 的显著性水平检验，它们是二阶单整。在已知 ΔΔLFJ 和 ΔΔLXS 二阶单整的情况下，对两者进行协整关系检验。首先对 LXS 和 LFJ 进行回归，结果见表 7-6

LXS 和 LFJ 单位根检验　　　　　　　　　　　　表 7-5

变量	ADF 检验值	临界值（5%）
LFJ	-2.227237	-3.175352
LXS	-2.114690	-3.933364
ΔΔLFJ	-4.162501	-3.212696
ΔΔLXS	-5.811123	-3.212696

注：LXS 和 LFJ 分别代表上海平均商品房屋销售价格和商品房屋销售额的对数

LXS 和 LFJ 回归结果　　　　　　　　　　　　表 7-6

Variable	Coefficient	Std. Error	t – Statistic	Prob.
C	-1.989941	0.925622	-2.149841	0.0601
FJ	2.415456	0.252921	9.550244	0.0000
AR（1）	0.201760	0.170106	1.186083	0.2660
R-squared	0.960170	Mean dependent var		6.736667
Adjusted R-squared	0.951319	S. D. dependent var		0.421865
S. E. of regression	0.093079	Akaike info criterion		-1.698409
Sum squared resid	0.077974	Schwarz criterion		-1.577182
Log likelihood	13.19045	F-statistic		108.4799
Durbin-Watson stat	1.684530	Prob（F-statistic）		0.000001

从上面可以看出，计量结果非常理想，模型在1%条件下显著，拟合优度高达0.96，D-W为1.684530，即模型不存在自相关。可以看到，房地产市场的需求价格弹性值为2.42，符合勒纳指数的要求（需求弹性大于1）。根据勒纳指数公式，可得房地产市场的勒纳指数为0.41，这个结果与况伟大（2004年）对上海勒纳指数的测算结果相当，可见，上海房地产市场的垄断程度是相当高的。

回归得到残差序列E，对之进行ADF检验得：

变量	ADF检验值	临界值（5%）
E	−4.619182	−4.297073 −3.212696 −2.747676

由于检验统计量−4.619182小于显著水平5%时的临界值−3.212696，因此可认为估计残差系列为平稳系列，表明系列LXS和LFJ具有协整关系。

三、结论

实证结果表明，由于上海房地产市场的垄断程度相当高，因此，各开发商之间有强烈的合谋动机，其结果必然导致市场价格偏离正常价格水平，从而扰乱了市场经济的正常秩序，损害了资源配置效率，也间接降低了社会福利水平。因此，为了确保房地产市场的长期健康发展和居民福利的提高，政府有必要、也有责任采取必要的措施减弱竞争不完全对市场造成的负面影响。

除完善有关法规建设、加大对开发商合谋的打击力度外，还需要建立和健全房地产市场的信息披露机制。经济学理论认为，一个市场中厂商越多，信息越透明，市场的竞争度就越高，价格就越接近价值。但是在现实的房地产市场中，由于开发商在人力、财力、社会关系、信息等方面相对于零散购房者而言具有特殊的优势，因此也更加容易结成利益集团，从而形成垄断性的市场关系。而消费者获得信息的途径非常欠缺，因此一般也只能处于被动接受的弱势地位。因此，政府有必要营造一个良好的房地产市场信息环境，尽快建立房地产市场信息披露的评价指标体系，防止房价上升信息被恶意炒作。

本专题参考文献

［1］Hay, D and D. Morris. Industrial Economics and Organization. Oxford University Press. 1991, 34 − 36.

［2］Hotelling H. Stability in Competition. The Economic Journa. 1929, 39：153.

［3］Tirole J. The Theory of Industrial Organization. MIT Press, 1988. 123 − 125.

［4］况伟大. 垄断、竞争与管制—北京市住宅业市场结构研究. 北京：经济管理出版社，2003，89－101.

［5］况伟大. 空间竞争、房价收入比与房价. 财贸经济. 2004，7：79－86.

［6］平新乔. 微观经济学十八讲. 北京：北京大学出版社，2001，45－67.

［7］平新乔，陈敏彦. 融资、地价与楼盘价格趋势. 世界经济. 2004，7：3－10.

［8］沈悦，刘洪玉. 住宅价格与经济基本面：1995—2002 年中国 14 城市的实证研究. 经济研究. 2004，6：79－85.

［9］汪浩，王小龙. 通过公共产品的供给调控房地产市场. 北京大学中国经济研究中心内部讨论稿系列. 2004，2：12.

第八章　房地产市场竞争战略

第一节　竞争战略的涵义与构成

一、竞争战略的涵义

（一）战略的涵义

"战略"原是一个军事术语，它的本意是通过搜集战争中敌我双方在军事、政治、经济、地理等方面的情报，加以分析、研究，从而对战争全局及其各个局部关系作出系统的、科学的判断，以此对整个战争及其各个阶段军事力量的准备和运用作出部署。后来，随着时间的发展，其涵义也逐步演变成泛指统领性的、全局性的、左右胜败的谋略、方针和对策。在政治领域，战略通常是指一个政党或一个政府所决定的在一定历史时期内依靠谁、团结谁、打击谁和通过什么斗争形式、通过什么斗争阶段、达到什么斗争目标的总路线和总方针。在经济领域，战略通常是指一个比较长的时间内依据对影响经济发展的各种因素、条件的考察、评价，从关系经济发展全局的各个方面出发，研究和制定经济发展所要达到的目标、所要解决的重点，所有经过的阶段以及实现上述要求而需配置的资源条件和采取的重大战略。根据视角和指导范围不同，经济战略可分为宏观战略和微观战略。

宏观经济战略又可分为两部分：一是覆盖若干国家的区域经济战略或一个国家的国民经济战略，前者如第二次世界大战后美国帮助欧洲重建的战略——马歇尔计划；后者如日本政府战后提出的"贸易立国"和"国民收入倍增计划"。二是一个国家的地区经济发展战略或行业发展战略，如浦东开放开发战略。

微观经济战略，主要是指企业经营战略。企业经营战略是指企业为了获得竞争优势，谋求长期生存和发展，在外部环境分析与内部资源分析的基础上，对企业的主要发展方向、目标以及实现的途径、手段等方面所开展的一系列全局性、根本性和长远性的谋划。

（二）竞争战略的定义

国际前沿理论研究表明，企业组织特别是大公司、大集团的竞争优势，已构成一个国家或地区经济发展的微观基础。为了赢得国际竞争优势，西方经济学界和管理学界一直将企业竞争战略理论置于学术研究的前沿地位。

企业竞争战略，主要是指企业产品和服务参与市场竞争的方向、目标、方针及其策略。其内容一般由竞争方向（市场及市场的细分）、竞争对象（竞争对手及其产品和服务）、竞争目标及其实现途径（如何获取竞争优势）三方面构成。

一般来说，企业竞争战略应具有以下特征：

1. 全局性与整体性

企业竞争战略是以企业全局为对象，根据企业总体发展的需要而制定的。它所规定的是企业的总体行动，追求的是企业的总体效果。虽然它必然包括企业的局部活动，但是，这些局部活动是作为总体行动的有机组成部分在战略中出现的。这样也就使竞争战略具有综合性和系统性。

2. 长远性

企业的竞争战略，既是企业谋取长远发展要求的反映，又是企业对未来较长时期（5年以上）内如何生存和发展的统筹规划。凡是为适应环境条件的变化所确定的长期基本不变的行动目标和实现目标的行动方案，都是战略。而那种针对当前形势灵活地适应短期变化，解决局部问题的方法都是战术。

3. 抗争性

企业竞争战略是关于企业在激烈的竞争中如何与竞争对手抗衡的行动方案，同时也是针对来自各方面的许多冲击、压力、威胁和困难，迎接这些挑战的行动方案。企业制定竞争战略就是为了取得优势地位，战胜对手，保证自己的生存和发展。

4. 纲领性

企业战略规定的是企业总体的长远目标、发展方向和重点、前进道路，以及所采取的基本行动方针、重大措施和基本步骤，都是原则性的、概括性的规定，具有行动纲领的意义。它必须通过展开、分解和落实等过程，才能变成具体的行动计划。

竞争战略的上述特性，决定了竞争战略与其他决策方式、计划形式的区别。因此又可以说，竞争战略是企业对具有长远性、全局性、抗争性和纲领性经营方案的谋划。

二、竞争战略的构成

企业制定产业竞争战略离不开市场经济和市场竞争，为了突出市场环境对企业竞争战略的影响，企业就要分析研究在一定的市场竞争态势下，对其在市场的地位进行扬长避短的战略选择，发挥竞争优势。

当前，战略制胜已成为市场竞争的重要法则，特别是目前房地产业已进入买方市场，竞争日趋激烈，竞争战略的成功运用是房地产企业获得竞争优势、决胜市场的关键。

1980 年波特在《竞争战略》一书中对竞争战略进行了详尽的阐述。波特认为，竞争战略是指企业采取进攻或防守性行动，在产业内建立进退有据的地位，从而为公司赢得超常的投资收益。竞争战略的基本类型有三种，即成本领先战略、差别化战略和聚焦战略（如表 8-1 所示）。同时，波特还指出，实施这三种战略不仅需要不同的资源和技能，同时还存在不同程度的风险。这三种战略是每一家企业必须明确的，要获得竞争优势就必须做出选择，必须在充分分析自身优、劣势条件的基础上选择其一作为主体战略。这是企业获得持续竞争优势，赢得成功的必要条件。

三种战略的关系 表 8-1

目标市场 \ 竞争优势	被顾客察觉的独特性	低成本地位
全产业范围	差别化战略	成本领先战略
特定细分市场	聚焦战略	

资料来源：王迎军：《战略管理》，南开大学出版社，2003 年，第 161 页。

第二节 房地产市场竞争战略

一、房地产市场波特矩阵

产业是房地产开发企业参与市场竞争活动的领域。根据波特理论，一个产业内部的竞争状态取决于五种基本竞争作用力（如图 8-1 所示），房地产业内的竞争同样来自以上五种力量。

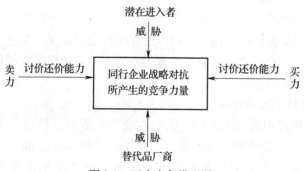

图 8-1 五力竞争模型图

资料来源：Michael E. Porter, Competitive Strategy: Techniques for Analyzing Industries and Competitors, Free Press, 1980: 4.

（一）进入威胁

进入威胁是引起市场竞争的因素之一。一方面，新进入者可能为行业带来新的技术、新的资金以及新的其他生产要素；另一方面，新进入者一旦加入，就必然会对市场份额进行重新分配，引起原有市场份额、原有成本、原有产品价格以及原有利润水平的变化。

新进入者进入某一行业的难度主要取决于两个方面：一是进入壁垒，二是现有厂商的反应程度。

进入壁垒是新进入者在进入前必须要考虑的问题。由于受经济和政策因素的影响，有时候可能很难轻易地进入某行业。波特认为，进入壁垒来源于规模经济、专利技术、学习曲线、产品差异、转换成本、资源资本、销售渠道以及政策法规形成的阻挡。房地产行业主要有以下几种进入壁垒：

1. 规模经济形成的壁垒

规模经济的存在阻碍新开发商的进入，因为它迫使新进入者不得不面临一个两难选择：要么以较大的生产规模进入，这样新开发商可能会面临资金紧张及原有企业反击的风险；要么以较小的规模进入，这样会降低新开发商的利润率。

在房地产业中，同样也存在着规模经济的概念。房地产的规模经济表现在当一个开发企业集中于一个区域进行开发时，随着开发规模的增加，开发商能取得规模经济带来的成本节约、管理费用降低等多方面优势，在这种情况下，企业的边际成本能得到有效降低。

值得注意的是，房地产业具有明显的区域性特征。从区域市场来看，房地产市场更多呈现出寡头垄断的格局，这主要是由于房地产的主要生产资料——土地是稀缺、有限的。谁拥有了土地，谁就将主导市场。土地是房地产行业的最大进入壁垒。

2. 学习曲线形成的壁垒

由于学习曲线的作用，先进入者必然具有先行一步的优势。这种优势必然使产品的单位成本降低。在房地产业同样也存在着学习曲线。先进入市场的开发商在项目开发、经营和管理中积累了丰富的经验，学习效应带来的能力提升，使现有开发商确立了竞争优势。

3. 产品差异形成的壁垒

住房需求具有很强的差别性，人们在收入、职业、性格等方面的差异性决定了住房需求是多元化的，而不是一种单层次性的需求。同时，房地产地理区位的差异使房地产业天然具有差异性。房地产业产品个体独立性强，不宜复制，项目之间的差异性也很大，不可能与其他行业产品一样实现工业化批量生产。

在一个存在产品差异的行业，品牌声誉和顾客忠诚度使原有开发商形成了优势，对新进入开发商起到了阻挡作用。

4. 资源资本形成的壁垒

某一行业所需的总资本投入额和其他资源也会对新进入者形成一种壁垒。对资本和资源的要求条件越高，符合条件的进入者就越有限。房地产业是典型的资金密集型行业，对资金的需求量极大。尽管多数开发商采用融资方式获取资本，但是国家宏观调控不断提高自有资金的比例，房地产业对资金需求仍在不断增强，这种对资金的庞大需求形成了进入壁垒。

5. 政策法规形成的壁垒

房地产行业极易受到政策法规调整的影响，因此国家针对房地产业制定的行业政策与规范使新进入者相对于原有厂商处于不利的地位，遵守法规必定使新进入者抬高成本。

新进入者即使拥有能够进入行业的能力和资源，要想进入某一行业，仍然会面临现有厂商的反应问题。由于房地产的区域垄断性特征，一旦有新进入者进入，必定会引发本土房地产商的报复，阻挡新的开发商进入。

（二）替代威胁

行业内的竞争还可能来自另一种威胁——替代品。一般来说，替代品种类越多、价格越低，厂商面临的竞争压力越大。通过对房地产行业的分析，我们可以发现房地产业的替代威胁非常小，房地产是具有必需品性质而缺乏替代品性质的产品。因为房地产业是关系国计民生的产业，与居民的生活息息相关，每个人都会有一定的住房需求。尽管出现房车等替代品，但是此类替代品不能满足消费者对于住房的一些基本要求，并不能解决居民对住房稳定、长期的需求，对房地产业的影响极小。

（三）买方讨价还价的能力

买方讨价还价的能力来自购买方的压力。消费者总是喜欢物廉价美的商品，他们以此为目标，与企业讨价还价。在一个买方市场里，行业内的企业为了赢得顾客，不得不展开竞争，力争降低价格，提高产品及服务质量。如果购买者能够在价格、质量、服务或其他的谈判条款上有一定优势，那么，购买者就会成为一种强大的竞争力量。

开发商与购买者力量的对比决定买方讨价还价的能力。一般来说，若该产业为卖方市场，即供小于求，那么购买者的谈判能力弱；反之，若形成买方市场，即供大于求，消费者在谈判过程中会占据主导地位，卖方会以降低行业利润为代价来满足消费者的需求。

一般来说，根据波特的竞争理论，谈判优势主要有以下几个方面：

（1）购买数量大，谈判能力强。由于房地产具有使用的耐久性，使用年限较长。一般购买者不会采取大量购买的方式。

（2）转换成本低，谈判能力强。行业中的客户转向替代品的成本越低，购买者就具有越强的谈判能力。但是房地产的替代性非常差，由于替代品很少，转换成本也相对较高。

（3）购买者掌握信息，谈判能力强。购买者对厂商的产品、价格和成本了解得越全面、充分，他们在讨价还价时就越主动，所处的谈判地位就越强。房地产市场并不属于完全竞争行业，产品成本组成较为复杂，消费者对土地价格、房产开发价格等都缺乏清楚的了解与认识。

通过上述分析，房地产消费者并不具有很强的讨价还价能力，但是，随着房地产市场的日益成熟，消费者开始逐渐了解房地产行业。购买者除了考虑地段、价格因素外，还要评判商品房的质量、物业管理的水平及收费标准、开发商的实力及信用状况。房地产消费者的讨价还价能力也正在不断提高。

（四）卖方讨价还价能力

卖方讨价还价的能力即来自供应方的压力。供应商可以通过提高价格或降低所购产品或服务质量来威胁行业中的买方厂商，供应商的压力可能迫使一个行业提高厂商成本，从而降低获利能力。波特认为，供应商对下游厂商是一种弱势竞争力量、还是一种强势竞争力量，取决于供应商所在行业的市场条件和所提供产品的重要性。

具体到房地产业，供应商包括土地供应、建材采购、资金供应、设计服务、建筑施工以及装修物业等。这些供应方的价格、交货方式和时间等因素都会造成房地产成本的波动。土地是决定房地产成本的重要生产要素。由于土地的稀缺性和有限性，土地供给不足必然导致房价高涨。由于我国土地产权公有化，尚未实现完全的市场化，土地供给由政府控制，政府对土地价格有较大的影响。土地供给的压力更多地表现为政府对土地的调控力度。一旦国家加强对土地的控制，导致开发商获得土地越来越困难，土地价格必然要上升。土地成本的增加必然引起房地产成本的上涨。

另外，资金的供应也是制约房地产开发企业的重要因素。房地产行业的资产负债率很高，房地产业必须合理筹措资金，控制资金成本。

（五）现有竞争对手

同行业厂商之间的竞争作为一种内部力量，是五种竞争力量中最强大的。现有对手的竞争决定了市场上的竞争程度，只有比对手制定更为合理的竞争战略，才能在市场上立于不败之地。

如果行业竞争激烈，大多数厂商利润率较低，该行业的吸引力就较小；如果绝大多数厂商的获利都可以超过平均水平，该行业就很有吸引力（见表8-2）。

行业竞争程度	行业利润水平	行业吸引力
激烈	低于平均水平	无吸引力
中等	平均水平左右	一般
较弱	高于平均水平	有吸引力

资料来源：谭宏："竞争与策略"，载《渝西学院学报》，2005年11月，第44页。

目前，我国房地产市场竞争日益激烈。1998～2006年，我国房地产开发企业由2.4万家增加到5.8万家。这样在一个行业中竞争厂商的数目众多，竞争的程度无疑会加剧。另一方面，我国房地产行业目前的集中度非常低，2005～2007年，百强企业销售总额占全国商品房销售总额的比重为16.91%。2007年，万科占全国商品住宅市场的比重为2.07%。而香港2003年前十名开发商占据80%以上的市场份额，美国2003年前十名开发商的市场占有率超过27%，我国房地产企业规模偏小，这种情况显然加剧了房地产行业的竞争。

二、房地产市场基本竞争战略

结合上述驱动产业竞争的五种力量，房地产开发企业可根据迈克尔·波特的观点，采用三种基本战略模型，即总成本领先战略、标歧立异战略以及目标聚集战略。

（一）总成本领先竞争战略

总成本领先战略是指企业通过在内部加强成本控制，在研究开发、生产、销售等领域将成本降到最低限度，成为行业中总成本最低的企业。通过实施该战略，可以使企业在市场竞争中获得三方面优势：一是价格竞争优势。只要成本低，即使企业面临着强大的竞争力量，仍可在本行业中获得高于平均水平的收益。二是产业防御优势。当企业面临产业以外竞争对手的威胁时，低成本就成为潜在竞争对手的进入障碍。三是遏制替代品优势。成本领先战略能有效遏制替代品对市场的侵入和扩张，削弱替代品对产品的危害。

房地产企业的总成本领先战略是通过在内部加强成本控制，在房地产项目的规划、设计、材料、施工、销售、广告、服务等环节把成本降到最低限度，成为房地产行业中成本领先者的战略。在房地产市场并不发达、价格战仍然是房地产市场竞争主要方式的情况下，成本领先战略对于开发企业树立竞争优势，以比竞争对手更低的价格水平吸引顾客，扩大市场份额，具有重要意义。开发商要降低成本，可以采取控制项目规模、加强管理水平以及重塑价值链三种方式。

（二）标歧立异竞争战略

标歧立异竞争战略又称差异化竞争战略，是指企业提供与众不同的产品与服

159

务，满足顾客特殊的需求，形成竞争优势的战略。差异化战略之所以能够在竞争中为企业带来超常的收益，是因为该战略能够形成对五种竞争力的有效防御。首先，通过差异化战略，使顾客对品牌的忠诚度上升，对价格的敏感性下降，企业得以避开竞争。其次，顾客的忠诚以及竞争对手为克服这种"独特性"付出的努力构成了潜在进入者的进入壁垒。另外，产品的差异化为企业带来较高的收益，使企业有较强的"话语权"。

开发商实施差异化战略的关键要根据用户购买标准，选择被多数居民视为重要的一种或多种特质，如位置、质量、环境、配套服务等，为用户提供具有独特价值的商品房和服务，同时要把这种独特价值的信号传达给用户，让其理解和接受这种价值，赢得客户的信赖，并获得效益。对于开发商来说，进行标歧立异的战略举措包括：

1. 品牌差异化

开发商应努力营造自身品牌，实施品牌经营，以良好的品牌形象树立信誉，促进销售。品牌概念要比房地产产品本身更加广泛，向购房者传递一种代表特定房屋质量与服务品质的信息。随着人们富裕程度的提高，消费追求也随之变化，房地产市场竞争已逐渐由价格竞争、质量竞争转向品牌竞争。品牌在本质上是一种文化，是客户对某种特定文化内涵的认同和追随。❶ 品牌差异化包括树立差异化的产品形象，赋予不同的产品概念，通过各种有效的媒体传播和宣传，让更多的消费者知道该品牌的特征。

2. 产品差异化

房地产作为有形产品，产品差异化是最基础的。需求的差异性以及建筑产品本身的特点，决定了商品房产品的高度差异化，其差异化主要表现在适用性、环境性、安全性、耐久性、经济性等方面。

根据购房者不同的需求重点以及支付能力，将目标市场进行划分，并进行合理的产品定位，开发差异化的产品。产品差异化可以体现在区位、环境、设施、质量、物业管理与服务、智能化、居住文化等方面。开发商可以加强规划、设计、施工、管理、服务等方面工作来实现产品的差异化。

服务是产品的外延形式，提供差异化的服务同样也是产品差异化内容的一部分。开发商可以通过多种途径实现服务差异化。如通过提供商品房质量保证书，对商品房的质量等级、保修范围、保修期以及保修单位等进行保证，承担保修责任；又比如根据购房者的需要，为购房者提供售房前的按揭服务及售后的办证、保险服务等等。通过差异化的服务可以提高房地产商自身的竞争力，吸引更多的购房者。

---

❶ 罗学农. 简析房地产企业管理的差异化管理. 湖南大学学报. 2002，11，第32页。

3. 销售渠道差异化

房地产产品的销售条件、销售环境等具体市场操作因素的差异形成销售渠道的差异。开发商可以利用中介机构的各种联系、经验、专业知识以及活动规模，创造比竞争对手更高的营销效率。

（三）目标集聚竞争战略

目标集聚战略又称专一化战略，其核心思想是形成局部的战略优势，以达到占据某一特殊市场的目标。实现这一战略的途径是在相对狭窄的经营范围里，专攻某一特殊消费群，占领一个细分市场。企业通过为目标对象提供高效优质的产品和服务，从而使其经营效益超过在较大经营范围里竞争的同行业对手。具体运用到房地产行业，目标集聚战略是指开发商把经营战略的重点放在一个特定目标市场上，为特定的购房者群体提供特殊的商品房和服务。

由于购房者存在着消费偏好上的差异，每一个群体都有自己强烈的爱好和消费特点。根据年龄、性别、地理、生活方式、文化教育、收入等差别特征进行划分，将房地产市场进一步细分为若干微观市场。目标集聚战略要求开发商把有限的资源与能力集中在某个细分市场，精于特殊房地产产品的开发，力争成为这一类细分市场的强者，从而形成经营特色，更有效地拓宽专业市场。这一战略的关键是对市场和本企业竞争性资源有深刻了解，从而更好地满足特定客户的需要，使企业在市场目标中获得优势地位。

当然，开发商最终选择什么样的战略，还取决于企业现有的项目属性、土地储备、经营特点以及现有的人力、社会、政府等其他资源优势。开发商要根据自身特性，灵活选择合理的竞争战略，塑造自身竞争优势。

（四）三种基本竞争战略的比较

1. 实施战略的要求不同

三种基本竞争战略在架构上的差异远甚于上面表 8-1 所列举的功能差异。三种战略的成功实施需要不同的资源和技能，具体体现在组织安排、控制程序和创新体制等方面（见表 8-3）。

三种基本竞争战略的实施要求　　　　　　表 8-3

竞争战略类别	基本技能和资源要求	基本组织要求
总成本领先竞争战略	（1）持续的资本投资和良好的融资能力； （2）所需建筑材料和房屋设备易于获得； （3）房地产产品易于规划设计和开发建设； （4）低成本的分销系统	（1）结构分明的组织和责任； （2）以满足严格的定量目标为基础的激励； （3）严格的成本控制； （4）经常、详细的控制报告

竞争战略类别	基本技能和资源要求	基本组织要求
标歧立异竞争战略	（1）强大的开发建设和营销能力； （2）对创造性的鉴别能力； （3）很强的基础研究能力； （4）在质量或技术上领先的企业声誉； （5）在产业中有悠久的传统或具有从其他业务中得到的独特技能组合； （6）销售渠道的高度合作	（1）规划设计、开发建设、产品开发和市场营销部门之间的密切协作； （2）重视主管评价和激励，而不是定量指标； （3）有轻松愉快的气氛，以吸引高技能工人和创造性人才
目标集聚竞争战略	针对具体战略目标，由上述各项组合构成	针对具体战略目标，由上述各项组合构成

资料来源：根据［美］迈克尔·波特著，陈小悦译. 竞争战略. 北京：华夏出版社，2001，第40页修改。

不同的基本战略也许还需要有不同的领导风格，并体现为不同的企业文化和企业氛围，从而吸引不同类型的人才。

2．各种竞争战略的风险不同

（1）总成本领先竞争战略的风险

总成本领先竞争战略的风险有：

第一，技术上的变化将降低以往投资与经验的作用，从而使总成本领先竞争战略失效；

第二，潜在的竞争者和追随者通过模仿或者以其对高技术水平设施的投资能力，用较低的成本提供相似产品和服务；

第三，由于将注意力集中在成本上，因而容易忽视购房者的需求或市场营销环境的变化；

第四，成本膨胀使开发商难以保持足够的价格差，用以抵消竞争对手的品牌形象或其他标歧立异努力的影响。

（2）标歧立异竞争战略的风险

标歧立异竞争战略同样包含着一系列风险：

第一，实行低成本的竞争对手与实行标歧立异的开发商之间的成本差距过大，以至于歧异化不再成为吸引房地产消费者的特色。在这种情况下，购房者会舍弃由歧异化开发商提供的某些特性、服务或形象的诱惑以节省大笔开支；

第二，随着消费者购房观念和行为的日益理性化，购房者需要的歧异程度下降；

第三，随着房地产业的成熟，模仿使已建立的差别缩小。

（3）目标集聚竞争战略的风险

目标集聚竞争战略包含的风险有：

第一，大范围提供服务的竞争对手与目标集聚开发商之间的成本差距变大，从而使针对一个狭窄目标市场的房地产产品和服务丧失成本优势或使目标集聚战略产生的歧异优势被抵消；

第二，战略目标市场与整体市场之间对所期待的产品或服务的差距缩小；

第三，竞争对手在战略目标市场中又找到细分市场，因而使目标集聚显得不够"集聚"。

第三节　中国房地产企业竞争战略选择

中国房地产业发展历程较短，行业的几次重大发展都出现在改革开放之后的二十几年，房地产市场并不成熟。处于发展初级阶段的中国房地产企业应该选择适合自身发展的竞争战略，力争在激烈的市场竞争中站稳脚跟。

一、竞争战略选择的一般原则

企业在总成本领先战略、差异化战略和专一化战略这三种基本战略之间作出选择时，既要考虑市场特点，又要考虑竞争状况；既要考虑企业外部因素，又要考虑企业自身条件。

任何产业的发展越来越趋向买方市场。在买方市场中，顾客的需求成为企业命运的主宰。需求主体的评价标准，可分为价格标准和非价格标准。当价格成为顾客选购产品的唯一或极为重视的标准时，企业应选择成本领先战略，以对必将发生的价格竞争给予强力支持。当顾客的价格敏感性较低，而对质量、服务和品牌等非价格标准极为重视时，企业应选择差别化战略，以便为顾客提供其需要的产品独特性，赢得顾客的消费偏好。

任何市场，一方面都表现为一定程度的异质性，因为顾客需求特点不会完全相同；另一方面，表现为一定程度的同质性，因为顾客需求特点仍有相同之处。异质性使市场细分成为可能和必要，同质性使市场细分有所遵循和有利可图。当市场同质性较高，即所有顾客的需求特点基本一致时，企业毋需进行市场细分，应实施面向整体市场的成本领先战略或差别化战略。当市场同质性较低时，企业有必要进行市场细分，应实施瞄准局部细分市场的聚焦战略，或实施向不同细分市场提供不同产品的差别化战略。

企业对服务领域的选取，在很大程度上取决于企业自身的实力。当企业实力较强时，过小的目标市场恐怕难以吸收其全部的产出能力，因此大企业倾向于实施面向目标市场的广泛的成本领先战略或差别化战略。当企业实力较弱时，企业难以抵御来自四面八方的竞争威胁，因此小企业优先选取瞄准局部细分市场的聚焦战略，考虑寻求局部优势。

综上所述，将企业对基本战略的选择归纳为表 8-4。

企业选择基本战略的影响因素 表 8-4

基本战略 影响因素	成本领先战略	差别化战略	聚焦战略
需求主体评价标准	价格	非价格	价格/非价格
市场同质性	高	低或高	低
企业实力	强	强	弱

资料来源：根据王迎军. 战略管理. 天津：南开大学出版社，2003，第 167 页修改。

二、中国房地产企业的 SWOT 分析

目前，作为分析竞争态势的一种方法，SWOT 分析法已逐渐被很多企业运用到战略制定中。SWOT 分析的目的在于对企业的综合情况进行客观公正的评价，以识别各种优势、劣势、机会和威胁因素，有利于开拓思路，正确地制定企业战略。其分析步骤为：通过对企业内部分析，识别企业的优势和劣势；通过对企业外部分析，识别外部环境存在的机会与威胁，然后将这四方面通过 SWOT 矩阵结合起来，从而找到并制定适应企业实际情况的经营战略。

竞争优势（S）是指一个开发商超越其竞争对手的能力，或者指开发商所特有的能提高其竞争力的资源。当一个开发商比其竞争对手拥有更高的利润率或赢利潜力，我们就认为这个开发商比其他开发商更具有竞争优势。竞争劣势（W）是指该开发商缺乏的能力，或某种使开发商处于劣势的条件。

面临的潜在机会（O）是影响开发商战略的重大因素。开发商应当确认每一个机会，评价每一个机会的成长和利润前景，选取那些可与企业财务和组织资源匹配、使企业获得竞争优势的最佳机会。危及企业的外部威胁（T）是指在企业外部环境中存在某些对企业的盈利能力和市场地位构成威胁的因素。开发商应当及时确认危及企业未来利益的威胁，做出评价并采取相应的战略行动来抵消或减轻它们所产生的影响。

SWOT 矩 阵 表 8-5

	内部优势（S）	内部劣势（W）
外部机会（O）	SO 战略 （依靠内部优势，利用外部机会）	WO 战略 （利用外部机会，克服内部劣势）
外部威胁（T）	ST 战略 （依靠内部优势，回避外部威胁）	WT 战略 （减少内部劣势，回避外部威胁）

（一）中国房地产企业优势（S）分析

1. 了解市场环境

房地产业是一个区域特征较为明显的行业。由于房地产的固定性，使房地产产品的区域差别大，不同地区消费者的需求和偏好都有很大的差别。作为本土企业，中国房地产企业显然比外资企业更加了解消费者的需求和偏好，更清楚当地房地产市场的运营方式。因此中国房地产企业能提供更为优质的产品和服务，且更容易满足消费者的需求。

2. 确立品牌优势

经过十几年的发展，很多优秀的房地产企业，如万科、上海绿地集团等等，已经建立了品牌优势。它们通过一流的产品质量和服务在消费者心中树立了良好的企业形象，而外资房地产企业进入中国市场的时间很短，消费者对其特点和优势尚缺乏了解和认识。

3. 具有人才优势

21世纪的竞争是知识的竞争、人才的竞争。相较外资房地产企业，中国房地产企业更具有人才优势。国内企业具有人力资源丰富、人力成本低的特点。中国房地产企业更了解中国市场，更了解需要什么样的人才队伍，加上拥有本土化的优势，因此更能够网罗具有房地产运营经验的本土管理人才。

4. 具有民族认同感

中国房地产企业与民众具有文化的相通性，其商业模式、企业的运作方式更能够获得民众的认同，产生民族认同感。

（二）中国房地产企业劣势（W）分析

1. 资金短缺

房地产业是一个资金密集性行业，其竞争大多是以财力为支撑的，与资金实力雄厚的国外企业相比，国内企业的普遍特点是自有资金不足，对抗能力有限。中国房地产企业大多采用向银行融资的方式获取资金进行开发，融资渠道单一。经过几轮房地产宏观调控，银行又逐步抬高了房地产的信贷门槛，对房地产企业自有资金有了更高的要求。国内企业房地产的资金短缺成为房地产企业发展的瓶颈。

2. 企业规模狭小

从表8-6看到，三级及以下开发商的数量及人员分别占91.95%和82.17%，企业规模总体偏小，行业集中度非常低。

3. 管理水平落后

我国房地产企业发展时间较短，大多数房地产企业强于经营而不善于管理，管理方法落后，甚至限制了企业发展。外国房地产企业经过多年的发展，管理较为成熟，更熟悉国际房地产市场的运作模式，并形成一套系统有效的管理方法，可以优化配置各类资源。

2005 年全国房地产开发概览　　　　　　　　　　　　　表 8-6

	总计	一级	二级	三级	四级	暂定	其他
数量（个）	56290	522	4006	18194	11890	17134	4543
从业人员（个）	1516150	61316	208987	520226	280761	367083	77752
利润情况（亿元）	1335	2655	295	339	71	261	103
资产总额（亿元）	72194	6865	12430	19125	5316	21896	6562
2005 年投资（亿元）	15909	1043	2676	4744	1583	5087	777

资料来源：《中国房地产统计年鉴》（2007）。

（三）中国房地产企业潜在机会（O）分析

1. 宏观经济环境稳定

自改革开放以来，中国经济发展非常迅速，宏观经济环境稳定。入世几年来，国民经济运行也持续良好，进入一个新的成长周期。1998 年取消福利分房以后，住宅市场实现市场化。房地产行业作为国家支柱产业，发展势头良好。

2. 城市化进程加快

中国的城市化正进入一个加速期。我国目前的城市化率在 45% 左右，根据西方发达国家的历史经验分析，一直到 2018 年，中国都将处于城市高速发展的时期。城市化进程的加快必然带动房地产投资和消费的快速增长，为中国房地产企业创造一个良好的发展机会。

3. 居民消费结构升级

随着人民生活水平的进步，居民的消费结构也逐步升级。按照国际经验，人均 GDP 超过 1000 美元之后，将推动国内社会消费的结构升级。2003 年，我国人均 GDP 达到 1090 美元，国内居民的财富积累已到了消费升级的临界点。居民在医疗保健、交通通信、娱乐文化教育、居住等享受型和发展型的消费倾向方面显著上升。消费升级将给我国房地产行业提供前所未有的发展机遇。

（四）中国房地产企业外部威胁（W）分析

1. 国外房地产企业进入市场

根据 WTO 协议，中国政府三年内允许外商成立独资房地产企业，同时合资合作房地产企业享受"国民待遇"。这表明，外资开发商在项目开发上与本土开发商的待遇已基本相同。随着政策的进一步放开，更多国外房地产企业将进入中国，在房地产市场上开拓新的领域。国外房地产企业实力雄厚，在管理和营销上都更为成熟，它们的进入无疑会增加房地产市场的竞争，瓜分中国房地产企业现有的市场。

2. 同业竞争加剧

中国房地产市场同业竞争日趋激烈。房地产企业数量攀升很快，从最初的2.7万家发展到今天的近6万家。行业内企业数量众多加剧了同业竞争，产品同质化现象也日趋明显，给中国房地产企业带来了很大的生存压力。

3. 政策法规变化

近几年，中国政府为了规范房地产业的发展，进行了几轮宏观调控，对房地产业的政策、法规也作了相应的调整。例如，2003年8月，央行出台"121文件"开始要求房产企业自有资金达到35%，才能进行开发贷款。该政策对房地产企业的自有资金率提出了更高的要求。房地产企业很容易受政策影响，土地供给政策、住房政策、金融信贷政策、财税政策等都会对房地产业带来不可预见的影响。政策、法规的变化使中国房地产企业的生存环境更加艰难。

三、中国房地产企业竞争战略的选择

结合我国房地产企业所处的竞争环境，中国房地产企业可以考虑采取成本领先战略、品牌战略、差异化战略和专一化战略。

（一）成本领先战略

成本领先战略要求中国房地产企业必须拥有最低成本的产品。这一战略的实施需要在房地产开发的各个环节实行严格的成本控制，包括图纸设计、建筑施工、产品销售等等，以达到全面降低开发和管理成本的目的，进而以成本优势击败对手。

中国房地产业具有人才优势，可以通过廉价劳动力实现低成本战略。由于中国房地产企业规模普遍偏小，中小型房地产企业可以考虑采用有效管理措施来降低成本，比如在土地取得时尽量采用联合开发的形式；项目实施过程中进行成本管理费用的控制；相对减少为树立品牌而花费的巨额广告费用等。规模较大的房地产企业则可以通过调节项目规模，利用规模效应，来降低单位成本，实现成本优势。

（二）品牌战略

随着房地产行业竞争日益激烈，房地产企业的竞争已不再是单纯的产品和服务的竞争，已经进入了品牌致胜的时代。随着房地产市场的不断成熟，品牌建设尤为重要。房地产企业通过实施品牌战略提升自身产品的形象，有利于企业长远发展。房地产企业想在竞争中脱颖而出，要创立特色品牌，提升企业核心竞争力。

房地产企业要创造品牌，首先要有准确的市场定位。开发企业要根据自身的资金、管理实力选择合适的有发展空间的目标市场。另外，由于土地资源、区位、政策等外部因素对房地产业的影响较大，房地产企业在选择目标市场之前要

对相关要素进行评估。其次，要保证开发产品的质量。质量是品牌的基础。优质的房地产开发产品不仅包括一流的工程设计、建筑、结构、装修，还包括舒适的绿化环境和良好的人文氛围以及完善的配套设施。中国房地产企业要树立品牌，必须保证各个环节的质量，形成经济、社会、环境效益的有机统一。最后，提供优质的售后服务。经过几年的发展，我国房地产市场已逐渐从卖方市场转变为买方市场，消费者开始越来越重视房地产产品的服务，包括售后服务和物业管理等。优质的、有成效的管理服务，是品牌得以信赖的保证，是企业核心竞争力的体现。

另外，房地产企业还应该设计健康积极的产品形象，使企业形象在消费者心目中占据不可动摇的地位。

（三）差异化战略

目前，房地产企业数量众多，产品同质化现象严重，房地产开发企业实施差异化战略势在必行。房地产企业通过细分市场，针对不同市场的特点推出具有差异化优势的产品来吸引消费者，促使企业不断发展。

中国企业实施差异化战略可以包括：

1. 产品差异化

目前，中国房地产企业产品同质化现象严重，产品定位和目标市场定位趋同。房地产企业的区域性特征使每一个房地产项目、每一套房子都是绝不相同的，其产品本身存在与生俱来的差异性。因此房地产企业要发挥创新性，选择自己的开发特色和市场定位。同时，房地产企业还要注意服务的差异化，为消费者提供更为便利的售后服务。

2. 销售渠道差异化

目前，我国房地产企业大多采取直销方式，利用间接营销渠道较少。房地产企业可以通过多种方式实现营销渠道差异化，如通过控股、契约或管理控制等方式建立垂直营销系统，或通过与其他企业共用营销机会，实现共生营销；建立销售资料库，营销公司、中介公司可将客户过去的购买记录，如收入、职业、年龄、人口、购买面积、套型等资料用电脑加以分析，建立销售档案，积累相关销售资料和经验，进一步提高销售业绩。

（四）专一化战略

我国房地产市场集中度较低，至少有90%以上的房地产开发企业属于中小企业，规模偏小。中小型房地产企业应当放弃"小而全"的经营方式，考虑采用专一化战略，将经营重点集中在特定的目标市场上。中小房地产开发企业在资金、人才、规模方面都难以和大型房地产开发集团竞争，所以要集中力量，开拓专业市场，提高运作效率，建立产品优势。比如，中小房地产开企业可以集中精力开发利润率相对较低的普通商品住宅、经济适用房等项目。

专题 8-1 台湾地区老年公寓市场分析

一、台湾地区老年人口结构

自 1946 年台湾地区推行人口政策以来，死亡率和出生率快速下降，根据台湾地区内政部门发布的数据，2005 年岛内婴儿出生数约 20.6 万人，出生率仅为 9.08‰，创历史新低。同时，数据显示未来十年内人口增长率可能为 0，人口结构改变使台湾地区快速进入老龄化社会。2006 年台湾地区 65 岁以上的老年人已达 226 万，占总人口数 9.35%，2007 年首度突破 10%。台湾地区人口年龄分布见表 8-7。

台湾地区人口年龄分布　　　　　　　　　　　表 8-7

年度	年底人口结构（%）		
	0～14 岁	15～64 岁	65 岁以上
1991	26.3	67.2	6.5
1996	23.2	69.0	7.8
2001	20.8	70.4	8.8
2005	18.7	71.6	9.7

资料来源：台湾内政部门、台闽地区人口统计资料数据。

（一）老年人和老龄化社会的定义

人口统计学将"老年人"定义为 65 岁以上的依赖人口；心理学将人生分为产前期、婴儿期、幼儿期、儿童期、青年期、成年期、中年期和老年期八个阶段，其中 60 岁以上为老年期；社会学家则将"老年人"细分为生理的老年人、心理的老年人以及社会的老年人。依据台湾地区《老人福利法》的定义，65 岁以上人口为老年人。

一般而言，老龄化社会是指退休养老人口占多数者。世界卫生组织依据年龄和人口分布，将老龄化社会定义为"一个国家 65 岁以上的人口占全国总人口数达 7% 以上"。表 8-8 是主要国家和中国台湾地区老年人口的发展趋势以及翻番所需的时间（即倍化时间）。

主要国家和中国台湾地区老年人口的发展变化　　　　表 8-8

国别	达到 65 岁人口比例年度					倍化时间（年数）	
	7%	10%	15%	20%	30%	7%～15%	10%～20%
法国	1864	1943	1995	2019	—	131	76
英国	1929	1946	1980	2020	—	51	74

国别	达到 65 岁人口比例年度					倍化时间（年数）	
	7%	10%	15%	20%	30%	7%～15%	10%～20%
德国	1932	1952	1976	2010	2035	44	58
美国	1949	1967	2015	2030	—	66	63
日本	1970	1985	1996	2006	2038	26	21
中国台湾地区	1993	2007	2019	2025	2040	26	20

资料来源：台湾内政部门、台闽地区人口统计与预测数据。

（二）台湾老年人口结构

台湾地区在 1993 年 9 月底 65 岁以上的老年人已超过 148 万人，占总人口数的 7.09%，已达世界卫生组织所定的老龄化社会指标。随着平均寿命延长和生育率的降低，根据台湾地区行政部门推测，2027 年台湾老年人口估计有 490 万余人，占总人口的 20.69%，即每五人中就有一位是老年人，其中 75 岁以上的老年人将占 65 岁以上老年人口总数的 40% 以上，变化趋势见表 8-9、表 8-10。

台湾地区 65 岁以上人口的变化趋势　　　　　　表 8-9

年度	1951	1956	1961	1966	1971	1976
结构	2.45%	2.44%	2.49%	2.71%	3.03%	3.63%
年度	1981	1986	1991	1996	2001	2006
结构	4.41%	5.28%	6.25%	7.81%	8.66%	9.35%
年度（预计）	2011	2016	2021	2026	2031	2036
结构	9.96%	11.48%	14.42%	17.43%	20.04%	21.65%

资料来源：台湾地区内政部门、台闽地区人口统计数据。

台湾地区未来老年人口的变化趋势　　　　　　表 8-10

年度	65 岁以上	65～74 岁		75 岁以上	
	人数（万人）	人数（万人）	占老年人口（%）	人数（万人）	占老年人口（%）
2006	226	132	58.1	95	41.9
2016	302	175	58.1	126	41.9
2026	475	296	62.3	179	37.7
2036	686	317	46.2	369	53.8

资料来源：台湾地区内政部门、台闽地区人口统计数据。

二、台湾地区老年公寓市场的供给与需求

老年公寓的消费主力来自于第二次世界大战后出生的人群，即所谓有经济实力的"第二代老人"。根据发达国家经验，未来老年公寓的需求将与日俱增，并成为老龄化社会重要的产业之一。例如，欧美国家65岁以上老年人中，约有10%居住在老年公寓中，日本则在5%左右，中国台湾地区目前仅有少数几家民间机构投资老年公寓。根据《银发社会趋势》研究报告，按照台湾地区200多万老年人口估算，银发相关市场每年即可达3000亿元新台币的规模。民间投资者的评估则更为乐观，润泰、台塑、国泰、新光、富邦、远雄、国宝、中寿等纷纷投入老年公寓的开发。

台湾老年人住房的拥有率大约在80%以上。据测算，2016年台湾地区老年人需要居住老年公寓的数量接近30万人，目前台湾地区拥有的老年公寓只能满足2016年30万人口的1/6，即不到5万人（见表8-11）。

台湾地区老人长期照护、养护及安养机构　　　　　　　表8-11

	数量	可供进住人数				实际进住人数			
		安养	长期照护	养护	其他	安养	长期照护	养护	其他
长期照护机构	30		1599	25	—		965	161	7
养护机构	854	552	32123	847	—	462	23949	531	—
安养机构	47	7463		3805	93	4733		2658	41
小区安养堂	10	345				101			
老人公寓	5	860				420			

资料来源：台湾地区内政部门统计资料。

虽然目前台湾地区老年人长期照护、养护及安养机构供给量明显不足，但是实际入住率却不高。其主要原因是由于台湾地区老年人仍习惯由子女供养，即居家养老；其次，台湾地区老年公寓的收费较高（见表8-12），大部分老年人无法负担。

台湾地区部分老年公寓的收费和入住状况　　　　　　　表8-12

	收费（新台币元/月）	保证金（新台币）	地点	入住率
长庚养生村	14坪①：18000（单人）/23000（双人）22坪：26000（单人）/31000（双人）	12个月保证金（约20～37万）	桃园龟山	低
双连	8～16坪：18000起	0～10个月	台北阳明山	高
至善	10坪：23600（单人）15坪：33200（双人）	10坪：6万15坪：9万	台北阳明山	高

	收费（新台币元/月）	保证金（新台币）	地点	入住率
五股老人公寓	8000（单人）/10000（双人）	5.8 坪：4.8 万 8.1 坪：7.2 万	台北五股	中上
北区老人之家	3000		台北新店	高
润福新象	17000（单人）29000（双人）	500～1014 万（分 15 坪和 30 坪两种）	台北淡水	高

①：1 坪 = 3.3m²

资料来源：王怡方. 台湾老人住宅的过去、未来和发展. 台湾：台湾大学出版社，2006，第 45～78 页。

三、台湾地区老年公寓的设施规定与优惠措施

为适应社会老龄化趋势，台湾地区于 1991 年公办民营，补助兴建"老年公寓"，租用给中低收入老人居住，这是台湾地区最早推动的老年公寓模式，但是由于人们缺乏老年公寓的观念，现大多作为多功能福利场所。

国外老年公寓常见的形式有一般住宅、老人之家和老人小区三种。一般住宅是将老年公寓设立在一般小区中，可以使老人接近一般人群而不觉得失落感和孤独感。老人之家主要为那些身心健康，但是因为年龄已大不能自理家务劳动的老人所设计，主要负责老年人生活上的照顾和协助家务处理，同时提供老人的活动和娱乐，如一些文艺活动等。通常老人之家有专门为老人设计的厨房、卧室、厕所，还附设公共餐厅、浴室和公共阅览室、医疗室等。老人小区由一般住宅、老人之家、医疗机构组成的小区，提供全方位老年公寓的需求。

台湾地区主要区分为"老人安养机构"及"老人住宅"两类。"老人安养机构"是由财团法人经营，不以营利为目的的安养福利机构；老人住宅则以能自理生活的老人为对象，由民间企业经营的老年公寓。例如"至善安养护中心"是由台北市政府和台北耕莘医院合作的公办民营老人安养中心，提供安养和养护的服务，可容纳约 560 人，其中被养护人数占 2/3。"润福新象"为台湾地区第一家私人经营的老年公寓，主要服务对象为中高收入的老人，是目前经营私人老年公寓的成功范例。台塑集团的养生村则是台湾第一家结合专业医疗服务的老年公寓。

为维护老人居住安全及权益，根据台湾地区老人福利法中明确规定适合老人安居之住宅应符合下列规定：（1）提供老人宁静、安全、合适、卫生、通风采光良好的环境及完善设备与措施。（2）建筑物的设计、构造及设备与措施，应符合建筑法及其有关法令规定，并应具无障碍环境。（3）消防安全设备、防火管理、防焰物品等消防安全事项，应符合消防法及其有关法令规定。（4）小区规划及住宅设计，应符合住宅小区规划及住宅设计规则的有关规定。

此外，综合服务管理应包括下列事项：（1）环境清洁维护；（2）水电设备

与房屋的维护、维修；（3）门禁安全与紧急呼叫按钮的设置；（4）其他必要的住宅管理及服务。同时台湾地区对社会资本参与老年公寓建设和经营提供优惠措施，例如土地优惠和租税减免等优惠政策（见表8-13）。

促进民间参与建设老年公寓的优惠措施　　　　　　　表8-13

优惠方案	内　　　容
土地优惠	（1）公有土地：建设期间按一般地价税和相关费用交纳，无优惠。但是开始营运后则按国有出租基地租金计收标准六折计算； （2）将老年公寓列为"非都市土地申请变更作为社会福利设施使用其事业计划审查作业要点"项目，可申请非都市土地变更（如农地或山坡地变更）作为社会福利设施（兴建老年公寓）使用
提高建筑容积率	为增加居室服务空间、共享服务空间及公共服务空间之楼地板面积，总楼地面积增加约20%
租税减免优惠	（1）民间机构参与老年公寓建设适用免纳营利事业所得税，免税期限为5年； （2）民间机构参与老年公寓建设者：购置自行使用之兴建、营运设备或技术及人才培训等支出，当年达到一定课税金额以上者，可以就投资支出的13%～20%不等，抵扣当年度应纳营利事业所得税额； （3）民间机构参与老年公寓建设营利事业股东：持有老年公寓股票时间达4年，可依法以其取得该股票之价款的20%，抵减其当年度应纳营利事业所得税额
低息贷款优惠	协助申请"中美基金促进民间参与公共建设优惠贷款要点"： （1）由中美基金（经建会）与联贷银行以1：2的比例共同出资办理； （2）本贷款利率按邮政储蓄2年期定期储蓄机动利率加2.25%浮动计息； （3）贷款年限最长为10年（最多宽限3年）

资料来源：王怡方．台湾老人住宅的过去、未来和发展．台湾：台湾大学出版社，2006，第45~78页。

面对老龄化社会的快速来临，如何为老人提供多元的住宅形式选择以及让老人在地老化，都是老年公寓政策规划要考虑的要素，未来应朝无障碍住宅环境规划发展，意指即使是行动困难的老年人也可通过生活辅具和科学技术的协助，在家独立自主生活；此外，应鼓励开发兴建老年公寓、老人照顾和养护住宅的规划、鼓励三代同堂或三代同邻的住宅设计，同时提供住房优惠贷款，对弱势的老人提供经济上协助，如房租补贴政策、提供老年公寓修缮补助等，皆是未来应对老龄化社会住宅政策的重要思考方向。

本专题参考文献

［1］陈光雄．台湾银法住宅相关法规简介．台湾老人医学杂志．2006，3：187-196．

［2］王怡方．台湾老人住宅的过去、现在与未来发展．台湾：台湾大学出版社，2006，45-78．

［3］邱俊村．退休老人及休闲环境研究——以润福生活新象为例．台湾朝阳科技大学出

版社，2002，78~90.

[4] 台湾 2006 年至 2051 年人口推计简报. 内部资料. 2006，6：19.

[5] http：//www. cgmh. org. tw/cgv/.

[6] http：//law. moj. gov. tw/.

[7] http：//www. cepd. gov. tw/.

[8] http：//www. moi. gov. tw/.

调控机制篇

第九章　房地产市场调控手段

第一节　房地产市场调控的一般描述

一、房地产市场宏观调控的定义

房地产业与宏观经济密切相关，被称为国民经济的“风向标”和“晴雨表”(见图9-1)。为了保证国民经济安全运行，各国政府都对房地产市场进行宏观调控与管理。房地产市场宏观调控是指以政府为主体，通过经济、法律、并辅之以行政手段，对整个房地产行业和房地产经济运行所进行的宏观指导、监督、调节和控制，以发挥房地产经济在国民经济中的作用，保证其健康发展。[1]

房地产业在国民经济中的地位
- 基础性产业
  - 生产基本要素
  - 生活基本要素
- 先导性产业
  - 属固定资产投资
  - 属第三产业
- 主导性产业
  - 具有较高的增长率
  - 能够带动其他产业增长
- 新的增长点
  - 社会财富的新生力量
  - 增量需求持续旺盛
- 支柱性产业
  - 关系国计民生
  - 对国民经济贡献大

图9-1　房地产业在国民经济中的地位

资料来源：根据曹振良：《房地产经济学通论》整理，北京大学出版社，2003年。

二、房地产市场宏观调控的必要性

在计划经济条件下，宏观调控就是国家的指令性计划，这是不容置疑的，不

[1] 张宏力. 房地产经济学. 北京：机械工业出版社，2004，第226页。

存在需要不需要的问题。但是在市场经济条件下，究竟还要不要宏观调控，不同的经济学派有着不同的观点。新古典宏观经济学认为，市场机制具有自动维持和恢复均衡的作用，需求的冲击使短期经济偏离长期趋势形成经济的周期性波动，是正常的，它不是市场机制失灵的表现。因此，政府通过宏观经济政策干预经济运行是不必要的，而且失误的宏观经济政策有可能加剧经济的波动。而凯恩斯主义则认为，上述经济的周期性波动可能是非常剧烈的，也可能持续的时间比较长，因此需要政府的干预，以便经济回到充分就业的均衡上来。

从实际情况来看，在成熟的市场经济国家，对经济的调节大多是由市场机制来完成的。在我国，由于市场机制不健全，当经济出现波动时，政府对经济运行的宏观调控不可或缺。具体到房地产业，实施房地产市场宏观调控的必要性表现为：

第一，房地产市场宏观调控是整个宏观调控的重要组成部分。虽然我国一直致力于建立完善的市场经济，但市场机制并非万能，在某些时候可能会失灵。因此，我国社会主义市场经济不但不能排除政府对经济的宏观调控，而且还必须借助和依靠政府来干预市场的运行，以"有形之手"助"无形之手"。房地产市场是整个市场体系的重要分市场，在市场经济的发展过程中，政府干预市场、加强宏观调控，必然要对房地产市场和房地产业的发展进行干预和管理。

第二，实现房地产总供给和总需求的平衡，促进房地产业持续、稳定、健康发展。我国房地产市场发展时间较短，只有短短二十几年，房地产市场尚不成熟，并且在发展的过程中出现了竞争无序、价格体系混乱、房地产企业运营不规范等种种问题。政府作为市场规则的制定者，有必要通过多种调控手段规范房地产市场发展，促进行业成熟。

第三，城市住房问题是困扰世界各国政府的首要问题，在我国这一问题更为突出。为了解决城市居住问题，则要在坚持住房商品化的同时，兼顾住房分配的公平性。而要解决居住的公平性，则必须加大政府的宏观干预力度。

此外，由于我国实行的是公有土地制度，政府作为土地管理机构，直接参与了土地的供给，政府行为本身就会对供求关系产生巨大影响。

三、房地产市场宏观调控的目标

目前，政府调控房地产市场的目标应该是实现房地产供给与需求的总量平衡、结构协调和价格稳定。政府的宏观调控应该及时纠正市场失灵，抑制市场的消极作用，保证房地产市场的有序发展。

无论在发达国家或地区还是在发展中国家或地区，对房地产市场进行调控是其解决房地产业可持续发展不可缺少的措施。而价格是房地产市场的核心，是房地产市场健康的晴雨表。正常情况下，房地产价格取决于供求，如果供求不均衡，则市场价格机制会自行调节供求。由于一般商品有较强的流动性和较短的生产周期，能够根据价格信号迅速做出反应，自动调节供需状况。而房地产市场由于承载其土地位置的固定性和住房生产周期较长等特质，对价格信号的反映相对比较迟缓，自我调节能力本身也就比较薄弱。房价的不断上涨，应是市场供求不均衡的必然表现。从近几年影响我国房地产市场价格的内部因素、即供求方面进行分析，不难看出，开发商提供的产品结构趋于高档化造成了近几年房地产价格的不断上涨，从地价、建材到各项开发成本的不断走高也造成了房价的不断升高；需求市场的投机盛行、外资涌入、经济的迅速发展致使资金市场上过多的流动性、投资渠道不畅等均是导致供求失衡的直接内部因素。当然，一些外部因素可能会加剧供求的失衡。

四、房地产市场宏观调控手段的构成

房地产市场的宏观调控手段主要有行政手段、经济手段和法律手段等。

（一）行政手段

行政调控手段是指政府在职权范围内颁布行政命令、指令、条例、规定和采用其他行政措施，对房地产经济活动进行组织、指挥和调节。因此，行政手段具有以下特点：（1）权威性。行政手段所依据的是组织的权威，其实施效果主要取决于上级行政领导机构的等级和权力大小。一般来说，组织层级越高，权威也就越强。（2）垂直性。行政手段主要是通过自上而下的命令传达，即垂直领导和被领导的关系传递信息。（3）强制性。由于行政手段是通过上级向下级发布命令的方式传达，因此，下级对上级下达、颁布的命令必须坚决服从，贯彻执行。

（二）经济手段

经济调控手段是指政府运用经济杠杆，即税收、金融、价格等经济机制调节各市场主体的物质利益关系，进而调控房地产市场的一系列措施。

1. 税收手段

税收调控手段是指政府通过设置税种、调整税率、税收优惠和减免等措施参与房地产收益的初次分配和再分配过程，进而影响房地产经济的各项活动。目前，我国与房地产有关的税种包括契税、土地增值税、营业税、房产税等。随着我国对房地产税费体系的改革，税收调控手段在房地产宏观调控中的作用会日益增强。

2. 金融手段

房地产业是资金密集型产业，其供给和需求都离不开银行贷款，具有第二金融的"美称"。因此，政府可以通过信贷限制及利率调整，调节资金投放房地产业的数量和结构，从而影响房地产经济活动。我国对房地产宏观调控的金融手段主要包括法定存款准备金、再贴现利率、公开市场业务等方式。另外还有一些特

殊的金融方式，如调节个贷利率、进行直接的信用控制及调节首付比例等等。

3. 价格手段

房地产价格反映供需情况，因此，发挥价格杠杆作用，是对房地产市场进行调控的关键。房地产价格调控手段主要包括：（1）建立完善的房地产成交价格和申报制度；（2）建立完善的房地产价格评估制度；（3）建立城市基准地价的公示制度。

（三）法律手段

法律调控手段是指政府依照一定的立法程序，建立房地产市场经济运行的准则，并通过司法、执法活动对特定社会经济现象进行管理的一种手段。法律手段的特点是：（1）严肃性。法律一旦制定，不允许任何人以任何形式加以更改、违背和触犯，违法者要受到法律的制裁。（2）普遍适用性。法律法规的使用期限长，适用范围广，它适用于反复出现的社会经济现象。（3）稳定性。法律、法规将在较长时间内发挥作用。

第二节　美、日、新房地产市场调控手段比较

美国、日本、新加坡都是市场经济较为成熟的国家，其房地产市场的共同特点都是通过市场机制优化房地产资源配置。但是，由于不同的国情和资源情况，它们在进行宏观调控时具体采用的手段又有一定的差别。

一、美国房地产市场调控手段

美国是一个市场经济高度发达的国家，但由于房地产有别于一般商品，房地产业发展水平直接影响到整个国民经济的发展以及社会的稳定。因此，美国也对房地产市场进行宏观调控。同时，由于美国实行土地私有制，因此，美国房地产市场是典型的私人房地产市场，房地产业按照市场规律发展，政府干预不多。在美国，政府主要是通过行使政府的管辖权、课税权，制定和实施有关政策、法规，对房地产市场进行间接干预，其调节以法律手段、经济手段为主，行政手段为辅。

（一）法律手段

法律手段是美国政府对房地产市场进行规范时最重要的手段。美国房地产法律内容涉及房地产市场运行的各个环节，主要分联邦和地方两个层次。美国目前并没有专门针对房地产市场的联邦法律，但在相关法律中对房地产产权及房地产市场运行的主体行为都有明确的规定。如《宪法》和《财产法》对房地产的私有产权作出了界定；《公司法》等对房地产开发企业等市场参与主体的行为规范进行了说明；《房地产金融法》对房地产金融市场的主体有明确的规定；同时，

美国联邦政府制定环境保护条例，控制土地利用，减轻因土地开发而受到的危害。

另外，美国地方政府也制定了各地区的区域法案，包括各州的区划法案、细分制度、建筑条例等，对房地产市场的参与者行为进行规范。其主要内容有：

1. 分区规划条例

该法规是随着1916年通过的传统区划法出现的。它把目标地区划分为居民区、商业区、工业区。分区规划详细说明各地区的特殊用途，并对该地区建筑物、停车场的高度作出了说明。

2. 细分条例

土地细分条例是一种对地块划分的法律规定，主要是将大的地块划分成尺寸较小的建设地块，并对该土地的边界予以测量并备案，以满足地块产权转让的需要。土地细分条例还规定开发商必须提供一定量的土地建设学校、娱乐设施或社区设施等。

3. 建设条例

建筑法规规定在房地产开发过程中，必须进行工程检验。该条例是为了维护公众的安全而制定的，目的是防止建筑过程中施工缺陷，提高工程质量。

（二）经济手段

1. 税收手段

房地产税收政策也是美国政府调节房地产市场的重要手段。政府通过调节房地产税收影响房地产市场主体的活动。

美国对土地和房屋直接征收的是房地产税，又称不动产税。由于财产税与地方的经济关系紧密，因此多由地方政府征收，是地方政府财政收入的主要来源。

美国房地产市场上，二手房交易占据主要部分。二手房交易需缴纳的税种主要归在交易税、遗产赠予税和所得税项下。交易税在房地产买卖时缴纳；遗产赠予税在房地产作为遗产或被赠予时才征收；所得税实行超额累进税率，其税率对二手房交易有很大的影响。

同时，美国为购买、建造和租售住宅也制定了许多税收鼓励政策，并针对低收入者的实际困难采取了更加优惠的措施，利用税收杠杆促进房地产市场的发展。比如，对利用抵押贷款购买、建造和大修自己房屋的业主，在征收个人所得税时减免抵押贷款的利息支出；对拥有自己住房的业主，还可减免个人所得税、财产税等；另外，还有针对低收入者购房和租房的税收优惠政策等。灵活合理的税收制度大大促进了美国房地产市场的发展。

2. 金融手段

美国房地产金融市场主要分为一级市场、二级市场及抵押保险市场。美国政府对住房金融市场有比较完善的调控系统，政府主要根据房地产市场的变化，调整抵押贷款、特别是二级抵押贷款利率和条件。美国政府主要通过房利美和房地美两个机构来支持、调控住房融资体系。当房地产市场出现萧条时，政府金融机构首先降低二级抵押贷款利率，放宽信贷条件，进而降低私人金融机构的一级抵押贷款利率，降低融资成本，刺激房地产市场。

另一方面，美联储对房地产业进行政策指导。近年来，鉴于房地产市场过热可能带来风险，美联储已向各商业银行、房贷公司和信贷联盟等各类金融机构发布了"住房权益信贷风险管理导引"，要求各机构重新审视高风险业务和信贷政策以及风险评估和业务拓展方式。

（三）行政手段

美国政府同时运用行政手段对房地产市场的主体与客体行为进行管理和监督。美国各州和地方政府都设有房地产交易登记部门，实行非常严格的交易登记制度，保证交易产权的清晰并为进入房地产市场的交易双方提供足够和明确的信息。

另一方面，各州和地方政府也都设有专门的规划机构，负责制定、修改和实施各种区划及建筑条例，并对房地产开发实行严格的许可证制度。对于从事房地产中介服务的专业人员，各州都实行严格的资格考试制度和执业审查制度。同时，各州政府设有专门的房地产管理部，负责监察和规范中介商的行为。

二、日本房地产市场调控手段

日本国土面积只有 37.78 万平方公里，人口密度非常高。因此，土地需求与供应之间的矛盾非常突出，政府的调控就愈加显得重要。但是，和美国相似，在日本，私人是房地产交易市场的主体。❶ 因此，日本政府对房地产的调控也是以间接干预为主，其调节手段主要包括法律手段和经济手段。

（一）法律手段

日本政府制定了大量的法律对房地产市场进行管理，法律几乎覆盖房地产开发和交易的所有环节。首先，法律包括的范围广、内容细，并且有专门针对土地、建筑物的法律。如仅就土地而言的法律就有《国土利用规范法》、《农地法》、《土地征用法》、《不动产鉴定评价法》、《地价公示法》等。完备的法律制度，明确了市场主体的责任，提高了市场效率。

其次，日本在泡沫经济崩溃前后实施不同的法律政策。1984 年到 1998 年之间的 15 年，日本房地产业经历了从急剧上涨到急剧下跌的巨大振荡。泡沫经济崩溃前主要实施的是抑制地价的政策，崩溃后逐步转向促进土地有效利用。例

---

❶ 虽然日本实行公私共有的土地制度，但在现有土地中，私人土地占 65%，且公有土地大部分是山林河川等。因此，私人是房地产交易市场的主体。

如，日本政府于 1989 年公布了《土地基本法》，该法强调土地的适度利用、按照计划使用土地、抑制土地投机以及房地产升值所获得的利益要征税。该项法规主要是为了缓解土地的供需矛盾。

出现泡沫经济之后，日本经济开始停滞，以大都市圈为中心的地价持续下跌，土地需求也陷于低迷。为此，日本政府 1997 年制定了《新综合土地政策推进纲要》，土地政策一改"抑制地价"的主调，变为"从拥有转向利用"。同时，1998 年 6 月对作为日本重要政策的《国土利用计划法》进行了修正，放宽了土地贸易限制，对拟交易土地将事前申请改为事后申请，停止了对土地利用目的的审查，废止价格审查等。总体上说，日本所制定的稳定地价的法律法规成效明显，但这些政策不是在泡沫经济的前期而是在后期制定的，日本经济为此付出了巨大的代价。

（二）经济手段

1. 税收手段

日本房地产泡沫和日本政府所采用的税收制度有很大的关系，税制的偏差加大了房地产投机的可能性。主要表现在：

（1）日本征收的主要是不动产税，是将土地、房屋和有关建筑物、机械以及其他固定资产综合在一起而课征。其中，固定资产税的标准税率过低，且没有根据市场情况进行税率的调节。1985 年房价开始高涨，导致实际税率进一步降低，土地资产较低的实际税率促使大量资金向土地转移。

（2）日本政府在 1988 年开始采取一系列减轻继承税和所得税的措施，降低继承税的税率，并调整了基础扣除额。这些优惠政策使土地所有者倾向于保有土地，而且还促使更多的居民和企业将金融资产转变为土地，这种倾向在限制土地供给的同时扩大了土地需求，造成地价上涨。

（3）日本政府征收高额的转让所得税。虽然转让所得税可以抑制土地投机，但事实上土地保有者更愿意长时间地保有土地来赚取保有期内土地的增值收益，而不是在短期内频繁地买卖土地。因此，在日本房地产泡沫急速膨胀时期，过高的转让所得税抑制土地交易，相应地减少了土地的供给，形成相反的政策效果。

尽管日本有关房地产税制的偏差直接导致了房地产泡沫经济，但是其税收制度中还是有许多值得借鉴的成功经验。主要包括：建立了不动产征税的价格评估，为不动产提供了计税依据；制定了完善的税法体系，为房地产税收征管提供了法律依据，保证了不动产税收征收的严肃性；合理划分了中央与地方的分税比例等等。

2. 金融手段

日本政府在 20 世纪 80 年代所采取的金融放松手段被认为是导致房地产泡沫最直接的原因。日本金融政策主要包括贴现率政策以及信贷政策。

1985 年签订"广场协议"以后，日本政府调低了贴现率，设法平抑日元对美元的升值。中央银行贴现率是决定市场利率的核心，其下降直接导致了利率的下降，进一步促进了银行贷款规模的扩张及货币投放量的增加。低利率刺激了对房地产、股票的投资，使资产价格上涨。因此，日本政府所采取的宽松的利率政策是造成房地产价格大涨的最主要原因。

1990 年，由于地价上涨所带来的社会问题日益突出，日本政府为解决地价问题，采取调高贴现率的方法，数次上调利率，导致了土地价格及股市的持续、大幅下降。日本政府面对持续低迷的房地产市场，又开始降低利率，连续九次降低中央银行的贴现率（见表 9-1）。同时，放松信贷规模，导致大量信贷资金进入房地产市场。随着土地价格的高涨，开发商需要大量资金进行投资。但面对银行毫无节制地发放抵押贷款，日本政府没有采取合理的金融政策，任由信贷资金流入房地产市场，并且进一步降低融资成本，刺激了房地产投机行为，从而推动了房价的上涨。

日本房地产泡沫前后的中央银行贴现率调整及其作用　　　　　　表 9-1

时间	中央银行贴现率调整方向	调整目的	副作用	评价
1989 年 5 月以前	数次下调	刺激投资	催生泡沫	失败
1989 年 5 月～1990 年间	数次上调	降低土地价格	导致泡沫崩溃	失败
1991 年	数次降低	鼓励投资，恢复景气	使退休人员收入减少	失败

资料来源：刘丽. 日本房地产泡沫破裂前后的土地财税政策对比分析. 国土资源情报，2006，第 37 页。

3. 价格手段

日本早在 1970 年就颁布实施了《地价公示法》，建立了公示地价制度。通过选定城市及周边地区的标准土地，公示其正常价格，使其成为一般土地确定交易价格的指标，并用来测算公共利益用地的合理补偿金额。公示价格是房地产交易的一般性指导价格，是判断合理价格的客观标准，维持了财产评估的公正合理性。之后，日本政府又相继建立了地价土地交易制度、土地利用计划制度、土地租税制度、土地登记制度等各种法律制度来规范土地价格。但是，基准地价并没有正式向社会公布，地价交易制度也没有及时加以利用，因此，在房地产泡沫时期没有起到抑制资产价格上升的作用。

三、新加坡房地产市场调控手段

和日本一样，新加坡也是一个国土面积狭小、人口密集的国家，国土开发利用程度很高，但是新加坡的土地制度与日本有很大不同。新加坡国土面积为626.4平方公里，其中国有土地面积达72%，政府通过《土地取得法》基本掌握和控制了全国的土地。因此，新加坡的土地所有制既不是单一的"国家所有"，也不是纯粹的"土地私有"，土地使用制度既有英联邦国家"土地批租"的特点，也有美日等"市场模式"的特征。所以，新加坡虽然是市场经济国家，但是对房地产市场的管理却不完全依赖市场，是以政府为主、市场为辅。

（一）行政手段

由于新加坡的土地大多属于国有，政府主要通过行政手段来规范房地产市场。

新加坡的房地产业由土地局、市区重建局和住屋发展局负责，各部门各司其职。土地局的职责包括：出让国有土地、强制征用私有土地、管理国家土地、征收土地、保存土地记录。市区重建局的职责包括：制定城市总体发展规划、制定土地利用计划和有关法规、履行规划和依法管理、管理土地资源。住屋发展局的职责包括：实施政府确定的建屋计划、征用土地、拆迁旧屋、规划设计住宅区等。

由于新加坡大部分土地属于国有，因此，新加坡政府对土地的管理非常严格。法定机构、企业和个人若要使用土地，需要向政府提出申请，并且都要经过详细审查，只有符合总体规划的要求，才可能获得批准。政府对土地使用的控制相当严格，全国所有土地划分为近千个小区，每一小区内都有详细的土地规划。按照功能划分，土地使用分为五类：第一类是工业用地，通常以招标的形式供应；第二类是空白用地，主要指区域内居民的休闲活动空间；第三类是居住用地，即通过规划将居民集中到不同区域后在区域内建立完整的配套措施，同时推行微型居住区计划，尽量减少单一居住区规模，以控制区域内建筑的类型和密度；第四类是交通用地，其中优先考虑城市地下铁路系统用地；第五类是中心商业区用地，这类用地一方面以优先发展金融和商业为主，鼓励建筑高楼以促进土地资源的高度利用；另一方面，新加坡政府通过调节土地的供应时间和供应量来控制土地价格，拥有土地的实质定价权。同时，新加坡还将全部土地管理程序和档案电脑化，提高管理效率。

（二）经济手段

1. 金融手段

新加坡政府发展公有住房与其独特的金融手段密不可分。金融手段包括中央公积金制度和住房贷款两方面，其中中央公积金制度尤为引人注目。新加坡的中央公积金制度始建于1955年。60多年来，公积金制度不断完善，现已成为解决住房、医疗、社会保障等方面的重要制度。会员已经由建立之初的70多万人发展到250多万人，公积金提存率从1955年的10%逐年提高到2003年33%左右，公积金存款由最初的900多万新元增加到400多亿新元。公积金的建立为新加坡社会的许多方面提供了可靠的经济保障，尤以在解决居民住房问题上的作用更为突出。

中央公积金制度采用强制的储蓄模式，即政府凭国家权威和信用，通过国家法令和行政法规等强制手段将雇员工资收入的一定比例定期存入指定机构，专项用于雇员的住房等消费支出。[1] 中央公积金的主要用途为：（1）向住屋发展局发放社会住宅贷款或进行再投资；（2）个人买房时用来支付首期付款以及提供以分期付款形式还本付息的住房贷款。

新加坡的住房公积金制度较为完善，由专门机构——中央公积金局负责公积金的归集、管理和增值功能。新加坡公积金除用于住房贷款和支付个人提取外，其余部分首先用于购买政府债券，从而保证了住房资金良性循环和住房公积金的保值增值。

实行公积金制度有效解决了资金问题。这种储蓄模式一方面为国家提供了大量而稳定的住房投资来源；另一方面使居民有支付能力的需求得到满足，既增加了建房投资，又增强了居民的购买力，形成了住房资金的良性循环，具有无可比拟的优势。

2. 税收手段

新加坡政府也通过财政税收政策调控房地产市场的经营活动，实现房地产资源的合理流动和配置。

政府征收的与房地产有关的税种包括不动产税、印花税和遗产税等。另外还有专门针对土地的税费，包括产业租金、地权费、地租和土地溢价费等。非农建设用地均须按法定标准交税。土地税收是新加坡财政的重要来源，税款一律上交国库。近几年，新加坡每年征收的土地税款一般达5亿美元，占国家财政收入的20%～25%。新加坡政府同时使用税收政策作为辅助手段对房地产市场进行管理。例如，私人向政府购买的土地，若没有按照最初约定使用土地，而是改变了土地用途，在土地增值时，政府将收取溢价费用。

（三）法律手段

新加坡建立了完善、健全的法律制度管理房地产市场，如仅与土地有关的法规就有20多种，主要有《地界法》、《特别物产法》、《土地改良法》、《土地地契法》、《土地税征收法》、《地价租赁金法》、《地契注册法》等等。另外，新加坡政府还设有专门的执法机构。例如，土地局就是执行有关土地法规的主要机构，设有土地稽查员和专门的执法组，负责违法建筑和非法侵占公地的案件，依法对未经批准占用国有土地的机构进行起诉。配套的法规及严格的执法对新加坡房地产市场的规范运作起到了很好的作用。

---

[1] 姚玲珍. 中国公共住房政策模式研究. 上海：上海财经大学出版社，2003，第170页。

第三节　中国房地产市场调控手段的评价

一、中国房地产市场宏观调控的回顾

自 20 世纪 90 年代以来，中国对房地产业共进行了三轮宏观调控，第一轮宏观调控开始于 1993 年，其目的在于为市场降温，控制房地产投资，平稳房价；第二轮宏观调控开始于 1997 年，目的是推动房地产市场走出低谷，尽快实现市场的复苏和繁荣；第三轮宏观调控始于 2002 年，并于 2003 年全面展开。

（一）第一轮宏观调控（1993 ~ 1996 年）

1992 年，以邓小平"南巡"讲话为契机，中国房地产市场掀起了第一轮高潮。然而，由于市场不成熟，很快出现了房地产投资过热、房地产价格猛涨、市场供给失控、企业开发行为不规范等混乱现象。针对房地产市场过热的现象，中央政府采取了双紧政策，即收紧财政支出、收紧银根。甚至强调，国有银行一律不能给房地产开发企业贷款。经过 3 ~ 4 年的努力，该轮房地产市场宏观调控基本上达到了预期目标，取得了一定成效。同时，房地产价格上涨的势头得到抑制，开发企业和市场秩序也得到了整顿。

（二）第二轮宏观调控（1997 ~ 1999 年）

第二轮宏观调控始于 1997 年。经过持续几年的宏观调控，市场对于房地产的需求强度明显减小。1997 年爆发的东南亚金融危机，进一步抑制了中国房地产的投资，造成了需求的大幅下降。整个房地产市场出现疲软，房地产企业大幅度削价销售和严重亏损。针对房地产市场的状况，政府开始进行又一轮宏观调控来繁荣房地产市场。中央政府采取的措施主要包括：（1）鼓励各地建造低价住房，满足大量中低收入群众的住房需求；（2）用宽松的住房金融，推动住宅需求；（3）减免税金，降低购房负担；（4）降低房屋交易费；（5）推动增量市场发展。与 1993 ~ 1995 年的那轮房地产市场宏观调控相比，本轮调控手段呈多样性。除了金融市场调控（放松银根）之外，还大量采用了税收、费用和制度改革的手段。但是，这两轮宏观调控的手段、方法都显得过于呆板，没有针对不同情况作不同的处理，且缺乏对房地产市场形势的准确判断，没有掌握最佳的调控时机。

（三）第三轮宏观调控（2003 年至今）

20 世纪 90 年代末以来，我国房地产业进入了一个快速发展时期。1998 年，房地产开发投资为 3614 亿元，投资增长率为 13.7%，房地产开发投资占全社会固定资产投资的比重为 12.72%，商品房销售面积为 12185.3 万平方米，销售额为 2513.3 亿元，个人购房比重占 79.85%，住宅平均售价 1854 元/平方米，土地

开发面积 7730.1 万平方米。经过 5 年的运行，到 2003 年，房地产投资达到 10154 亿，投资增长率为 30.3%，占全社会固定资产投资的比重为 18.27%，商品房的销售面积为 33717.6 万平方米，销售额达到 7670.9 亿元，个人购房比重为 92.46%，住宅平均价为 2197 元/平方米，土地开发面积22166.3万平方米。❶

　　为了控制房地产市场投资过热的局面，保持国民经济的健康发展，自 2003 年下半年以来，国家出台了一系列宏观调控政策，对房地产市场开始了第三轮宏观调控。具体而言，本轮宏观调控可划分为三个阶段：第一阶段从 2003 年下半年到2004 年底。2003 年 8 月 21 日，国务院下发了《关于促进房地产市场持续健康发展的通知》（18 号令），2004 年，中央政府又出台了一系列宏观调控政策，主要包括紧缩"地根"和紧缩"银根"。第二个阶段从 2005 年初开始。2005 年 3 月 26 日，国务院办公厅发出《关于切实稳定住房价格的通知》，提出 8 条意见，称"老八条"。同年 4 月 30 日，住房和城乡建设部等 7 部门发出了《关于做好稳定住房价格工作的意见》，称"新八条"。"新八条"从规划、土地管理、税收、信贷、优惠政策、经济适用住房和廉租房、市场秩序、信息等 8 个方面，提出了稳定住房价格的系统措施，具有很强的针对性。第三阶段是从 2006 年初至今。2006 年 4 月 28 日，央行全面上调各档次贷款利率。同年 5 月 17 日，温家宝总理在国务院常务会议上提出了促进房地产业健康发展的六项措施（"国六条"），包括住房供应结构、税收、信贷、土地、廉租房和经济适用房建设等方面。其后，国务院办公厅、国税总局、住房和城乡建设部、国家发展和改革委员会、国家工商行政管理总局等国家行政部门都出台了相应政策。

二、现阶段中国房地产业宏观调控手段的评价

　　2004 年以来，中央政府综合运用经济、法律和必要的行政手段，以区别对待和循序渐进的方式，对房地产业连续出台了一系列宏观调控政策。总体来看，调控初见成效。但房地产市场仍存在供给结构不合理、部分城市房价上涨过快、中低收入居民住房难以满足等问题。亟需在总结经验的基础上，继续加强和完善宏观调控政策。

（一）我国现阶段房地产市场宏观调控的背景

1. 房地产市场发展的宏观经济环境

　　2001 年以来，随着居民生活水平提高，居民消费结构升级带动产业结构升级以及工业化进程加快和城镇化率快速提高，中国经济进入了以房地产业、汽车

---

❶ 数据来源：王慧：《楼市起步阶段的政策给养》，http：//tj. house. sina. com. cn. html，2006 年 9 月 28 日。

业、电子通讯业、能源和基础原材料业较快发展为标志的新一轮增长周期。其中，房地产、钢铁、水泥等行业投资迅猛增长，带动整个固定资产投资快速增长，经济运行中出现了新的不平衡，能源、运输供应紧张，居民消费品价格指数开始走高，中国经济运行出现偏热的迹象。

同时，较好的经济环境创造了更多的住房需求。一是城市新生代成家立业、城市化中新迁入人口需要住房。二是城市居民生活水平提高，对居住有了更高的要求，部分取得房改产权的居民产生以旧换新、以小换大的住宅需求。三是大量的城市拆迁改造，增加了居民住房需求。四是大量社会资金将房地产作为投资品所产生的需求。

2. 房地产市场发展的制度与政策背景

第一，土地使用制度改革全面推进。1990 年我国颁布了《城镇国有土地使用权出让和转让暂行条例》，实行所有权和使用权分离的土地使用制度，对国有土地使用权的取得和流转都做出了全面的规定。十多年来随着我国经济体制改革的不断深入，土地使用权制度也为适合经济体制改革的需要而不断更新、完善。2007 年颁布的《物权法》提出"建设用地使用权"的概念，对建设用地划拨方式、公开竞价出让方式以及使用权的收回和续期方面都做出了规定，对土地使用制度的改革和完善进行了突破。

第二，城镇住房制度改革向纵深发展。1998 年城镇居民住房制度改革全面推进，有关住房的分配、供应、市场、金融、物业管理、中介、行政管理和调控等七个体系的改革全面启动，取消了实行 40 余年的住房福利分配制度，代之以货币化分配；明确了居民住房产权的私有化和住房获得渠道的市场化，调动了居民购房积极性，居民住房需求开始集中释放。

第三，国家对房地产业发展的政策支持，从供求两方面促进了房地产业的快速发展。同时，作为经济增长的支柱产业，国家对房地产业的持续发展给予包括放宽商业住房信贷规模控制、实行预售房制度、整顿取消部分行政事业性收费项目等政策支持，促进了房地产业的快速增长。从"九五"初期开始，为扩大国内需求，中国政府将住宅作为居民新的消费热点，给予优惠房贷、减免税等政策支持，鼓励购房，刺激了住房消费。2003 年与 1999 年比，房地产投资完成额年均增长 24.5%，高于同期固定资产投资增速 7.3%。

3. 体制机制欠缺与房地产市场的宏观调控

从 2003 年下半年开始，房地产市场在发展过程中出现了部分地区房地产投资过热、房价上涨过高的现象，成为此轮宏观经济偏热的一个象征。其根源在于体制、机制的欠缺。一是房地产市场已经放开，但相应的制度没有建立和完善，市场机制不能有效发挥作用。二是大部分土地以协议方式转让，不能反映真实地价，土地资源得不到合理使用。三是资金使用成本低。这些因素导致需求和投资动力旺盛，市场难以有效调整。2004 年 4 月以后，为遏制房地产投资过快增长势头，国务院连续出台一系列政策对房地产业进行宏观调控。

（二）2004 年以来房地产市场宏观调控手段的特点及成效

1. 2004 年房地产市场宏观调控手段的重点及成效

从调控目标和重点看，2004 年初，为抑制房地产投资过快增长，中央政府采取了"管严土地、看紧信贷"的宏观调控政策。一方面，加大了对房地产用地的治理整顿力度，清理整顿建设用地，严格审批管理，从紧土地供应，逐步推行经营性用地的"招、拍、挂"，从源头控制土地供给。另一方面，中国人民银行两次提高存款准备金率，将房地产开发项目（不含经济适用房项目）资本金比例提高到 35% 及以上，上调金融机构存贷款基准利率，严禁房地产流动资金贷款等，收紧银根，减少房地产开发的资金支持。

2004 年的房地产调控措施以行政手段为主，力度较大，通过控制土地和资金供给，压缩房地产供给，使房地产投资增长速度由年初的 50.2%，逐月下降到年末的 28.1%，回落 22.1 个百分点。

但这次调控主要是抑制供给，对需求、尤其是非合理需求缺乏有效控制，前些年扩大内需、刺激住房消费的一些政策仍然在发挥作用，引起了供求关系的失衡。出现投机炒作和被动需求等非合理需求的快速增长；中低档住宅供应比例下降、房地产供给结构不合理等问题引起的商品房价格大幅上涨，全国平均销售价格同比增长 14.4%。尤其是上海、杭州等东部沿海城市房价涨幅更大，引起了社会各界对是否会出现"房地产泡沫"的关注。

2. 2005 年房地产市场宏观调控手段的特点及成效

2005 年初，根据房地产市场出现的新情况和新问题，中央政府三个月内继续出台了一系列调控政策。

从调控目标和重点看，2005 年的调控目标由控制房地产投资规模过大的单一目标向既控制投资速度又要抑制商品住房价格上涨过快的双重目标转换。调控重点相应调整为三个方面：（1）有效调整房地产市场的供求关系。从增加供给和减少需求两方面入手来调整房地产市场，实现稳定房价的目的。一方面，利用信贷、税收等经济手段，提高炒房成本，抑制房产投机需求；严格控制城市拆迁改造规模，抑制被动住房需求。另一方面，加大对闲置土地的清理力度，以此增加土地供给。（2）在规划审批、土地供应以及信贷、税收等方面，对中小套型、中低价位普通住房给予优惠政策支持，改善住房供给结构。（3）整顿房地产市场秩序。出台了不准预售房再转让、实行购房实名制、上网交易等措施，并依法严肃查处违法违规销售行为。加快建立健全房地产市场信息系统，加强对房地产市场运行情况的动态监测，创造良好的市场环境。

总体来看，2005 年的宏观调控取得了一定的进展，年末房地产投资增长

19.8%，增速比上年同期回落8.2个百分点；商品住宅销售价格上涨7.5%，涨幅比上年同期回落3.6个百分点；上海、杭州等城市大幅上涨的房价得到了有效抑制，说明宏观调控初见成效。但2006年初，一些问题又凸现出来。一是房地产投资增速出现反弹；二是供给结构不合理状况依然存在，中低档住房和经济适用房的比例偏低，供给不足；三是部分城市房价大幅上涨，如深圳、北京、广州、大连等，中低收入人群难以承受，增加了社会不安定因素。

3. 2006年房地产市场宏观调控政策的特点及成效

2006年5月末住宅和城乡建设部、发改委等九部委联合出台了《关于调整住房供应结构稳定住房价格的意见》，各部委和地方政府陆续出台相关配套措施。

2006年的调控目标是发展满足当地居民自住性需求的中低价位、中小套型普通商品住房，有步骤地解决低收入家庭的住房困难。调控的重点，一是要求地方政府利用廉租房和经济适用房真正解决低收入人群的住房问题。二是自2006年6月1日起，90m²以下普通住房的供地面积和开发面积不得低于当年计划面积的70%，通过限套型、限房价以及竞地价、竞房价的办法，保证中低价位和普通住房的供给。三是运用经济手段加强调控。包括强化住宅转让环节的税收管理和外资购房的管理，抑制投机炒作；提高银行存贷款利率，有区别地调整住房消费信贷的首付比例，引导合理消费；规范房地产市场秩序，增强市场信息透明度和加强舆论引导，促进房地产市场的有序运行和健康发展。四是将落实房地产调控政策纳入到对地方政府目标责任考核制度中，保证调控措施的有效落实。

4. 2007年房地产市场宏观调控政策的特点及成效

2007年宏观调控重点放在进一步调整结构，规范市场，均衡供求关系上，而加快保障性住房建设也是2007年房地产调控中重要的政策之一。因此调控从以下几个方面展开：一是通过加息、提高存款准备金率、提高住房贷款首付比例和贷款利率等手段，从金融信贷政策上控制房地产资金来源，抑制过热投资。二是出台一系列法规加强土地审批、清理和流转等方面的监督和管理工作，以稳定地价、规范土地市场，促进土地集约利用。三是清理和调整房地产开发企业相关税费，并试点和"空转"物业税，从税收方面对房地产供求产生影响。四是努力完善住房保障制度，出台住房保障政策和管理办法，解决低收入家庭的住房需求。

2007年一系列政策的叠加效应使得房地产调控成效显著。房价上涨趋于平稳，投资和投机得到遏制，消费者的需求和预期也趋于理性。对违规操作和囤积抬价的清理整顿也进一步规范了市场秩序。

（三）对本轮宏观调控手段的总体评价

1. 本轮宏观调控手段的特点

总体而言，本轮宏观调控手段具有三个特点：（1）宏观调控呈阶段性，循序渐进。重在解决每个阶段的突出矛盾，调控逐步深入，注重保持经济政策的连续性和稳定性，产生的震动和影响较小。（2）调控政策的综合性和系统性。根据不同的调控对象，采取相应的调控手段，形成了综合使用行政手段、法律手段和经济手段的政策体系，得到了较好的效果。（3）调控手段注重区别对待，分类指导。主要体现在既要控制房地产投资速度，抑制投资需求，又要保护普通居民购房积极性。在"双紧"的情况下，土地供给、项目审批、信贷支持等政策都向经济适用房、中低档住房倾斜。在抑制非合理需求的同时，对普通居民的自住性需求给予贷款、税收方面的优惠。

2. 本轮宏观调控手段的成效

第一，控制了房地产投资过快增长的势头，保持了房地产业的平稳发展。银根、地根紧缩及政府监管力度加大，房地产投资在规范中发展；投资、投机需求以及超前拆迁引发的被动需求得到一定程度抑制，房地产市场向以自住性需求为主转换；地方政府在调控和住房保障政策方面被赋予更大的责任。房地产投资过快增长的势头得到了有效控制，房地产业累计投资实际完成额同比增速由 2004 年年初的 50.2% 回落到 2005 年年末 20.1%，2006 年 12 月份为 25.4%，2007 年 12 月份为 32.2%；商品房平均销售价格同比由 2004 年上涨 14.4%，逐步回落，2006 年 12 月份同比上涨 5.4%，2007 年 12 月份同比上涨 10.05%，住房价格涨势平缓回落。

第二，促进了土地制度的深化改革。调控采取了与改革相结合的政策措施，建立了经营性土地使用权招标、拍卖、挂牌出让制度，并加强土地交易的监督和管理，堵塞了漏洞，促进了土地交易市场化的进程和规范。

第三，住宅市场体系初步形成。基本形成了由新建住宅市场、二手房转让市场和住宅租赁市场构成的住宅市场体系；并逐渐建立和完善了商品房预售、规范房地产交易秩序、住房交易实行网上申报等规章制度，房地产市场秩序逐步改善。

3. 仍然存在的问题

虽然本轮宏观调控取得了一定的成效，但房地产市场发展中仍然存在一些突出问题。一是住房供应结构不合理仍十分突出。当前住房市场供应体系发展中的突出问题是与广大中低收入家庭承受能力相适应的中低位价、中小户型普通商品住房供应比例偏低。2006 年上半年，全国 40 个重点城市上市预售的套均建筑面积达 115 平方米，适合当地居民自住需求的中低位价、中小套型普通商品住房和经济适用住房仍然供应不足。二是部分城市房价上涨仍然较快。如表 9-2 所示，2007 年 1~12 月，全国 70 个大中城市房屋销售价格平均增长率将近 7.6%。三是住房保障制度不完善。我国目前住房保障制度建设相对滞后，低收入家庭住房难的问题没有根本解决。具体体现在政策落实不到位、保障体系不健全、配套政策不完善、经济适用住房以及廉租住房制度建设推进缓慢。

	1 月	2 月	3 月	4 月	5 月	6 月	7 月	8 月	9 月	10 月	11 月	12 月
总体	5.6	5.3	5.9	5.4	6.4	7.1	7.5	8.2	8.9	9.5	10.5	10.5
新建商品房	6.1	5.9	6.0	5.3	6.6	7.4	8.1	9.0	10	10.6	12.2	11.4
二手房	5.3	4.4	5.9	6.1	6.8	7.8	7.3	7.9	7.6	8.7	9.3	11.4
非住宅商品房	4.5	4.2	5.7	4.9	5.3	5.4	6.0	6.2	7.0	6.7	6.4	7.0

资料来源：中国国家统计局。

三、完善我国房地产市场宏观调控的建议

针对我国房地产市场目前仍然存在的问题，我们提出如下政策建议：

第一，大力培育房地产市场，进一步拓宽租售并举的市场供应。同时，政府要给予中低价位、中小户型普通住房建设一定的政策支持，按照需求增加普通住房的供给，并制定普通住房定向销售细则，在土地供应、房贷利率、首付比例以及公积金贷款使用等方面给予优惠，满足普通居民购房需求，降低购房成本。

第二，完善住房保障制度，解决低收入家庭的居住问题。一是根据低收入居民的支付能力，建立多层次的住房保障体系。针对经济水平不同的人群实施不同的住房保障制度。对低保人群实施廉租房政策；为低收入者提供经济适用房。二是建立住房保障基金，解决资金来源。三是完善配套政策，包括建立低收入人群的住房档案和分配制度，根据实际需求安排住房投资和住房分配。

第三，加快财政税收体制的改革，扩大房地产税基，考虑开征新税种。在房地产保有环节，将房地产税、城市房地产税与土地使用税合并，制定统一的房地产税。在房地产转让环节，要统一内外资房地产企业所得税制，适当降低税率，为内外资房地产企业公平竞争创造良好的税收环境。加强对个人所得税的征收与管理。同时，对开发经济适用房、廉租房等提供税收优惠，鼓励提供保障住房。

第四，调动地方政府落实调控政策的积极性，为地方政府落实调控措施创造制度条件。一是改革地方官员的政绩考核制度，减弱 GDP 增长的影响。二是改革、完善分税制度。三是完善土地收益分配制度，降低地方政府对土地收入的依赖程度。

专题 9-1　宏观经济变量对房地产价格的影响

针对我国房价上涨较快的原因，国内学者进行了很多探讨。但是，主要局限于定性方面，在定量方面的研究还不普遍；另外，大部分研究集中在微观的房地

产投资研究及房地产企业营销等方面，而从宏观层面研究房地产价格波动的原因并不多见。从理论上讲，房地产价格受建设成本、宏观经济因素、社会因素、人口因素、政策体制及供求变化等多方面的综合影响。但是，考虑到我国房地产业起步较晚，从 20 世纪 70 年代末、80 年代初的萌生，到 90 年代初房地产市场的建立，再到今天房地产业具有相当的规模，也不过短短数十年。其中，作为房地产业发展背景的宏观经济因素起着至关重要的作用。因此，本文试图通过一些基本的宏观经济变量包括居民消费价格指数、货币供给量、人均 GDP 和利率等对房地产价格进行实证分析。

一、宏观经济变量对房地产价格影响的理论假定

综合相关理论和已有的实证研究，本文假定宏观经济变量从以下几方面对房地产市场价格产生影响：

（一）国内生产总值的影响

宏观经济与房地产业发展的有重要的互动影响。如果经济发生衰退，金融机构和企业将进行大量的改组和合并，使市场上供出售的土地和建筑大量增加；同时，居民由于失业以及收入的下降，对增量住房的需求也会大幅减少，存量住房的供给则会上升。供给和需求的不匹配将导致价格下降。相反，在经济高速增长期间，伴随着收入的稳步增长，人们对未来有良好的期望，房地产市场一般将出现供销两旺、价格稳步上升的现象。此外，从理论上说，衡量宏观经济发展的一个重要指标就是国内生产总值。一般地，房地产价格与 GDP 在经济上呈正相关关系。

工业增加值同样可以反映实体经济的运行情况。工业增加值越大，说明实体经济运行的状况越好，产生的社会财富越多，进而也会形成房地产市场出现供销两旺、价格稳步上升的现象。因此，工业增加值对房地产价格的影响也是正的。

（二）利率的影响

房地产业作为资金密集型产业，在供给方面，当利率下降时，房地产开发投资和房地产抵押贷款将源源不断地涌向房地产业，并推动房地产价格持续上涨。例如，日本广场协议导致其市场利率急剧下降，在超低利率的刺激下，日本国内泡沫空前膨胀。自 1985 年起，日本六大城市土地价格每年以两位数上升，1987 年住宅用地价格竟上升了 30.7%，商业用地则跳升了 46.8%。在需求方面，由于房地产是一种价格较高的特殊商品，大多数消费者缺乏一次性付款购买的能力，而大多采用住房抵押贷款的方式进行购买。因此，利率会直接影响消费者偿还贷款的利息额，影响其还贷成本，从而使部分消费者进入或退出房地产市场，影响房地产需求，进而导致房地产价格的相应变化。因此，房地产价格与利率在经济上呈负相关关系。

（三）货币供给量的影响

在二级银行体制下，中央银行通过公开市场操作、再贴现、再贷款和法定存款准备金等货币政策工具来改变货币供应量，进而影响商业银行的贷款供给能力。银行贷款能力的变化会影响住房贷款的可获得性，从而增减房地产的有效需求，导致其价格的相应变化。因此，货币政策影响房地产价格的信贷途径可以表述为：如果央行采取扩张性货币政策，如买入有价证券、增加再贷款、降低再贴现率和法定存款准备金率等货币政策来增加货币供应量，商业银行发放贷款的能力提高，住房贷款随之增加，从而扩大房地产的有效需求，导致房地产价格上升；反之，如果央行采取紧缩性货币政策，将会导致房地产价格下跌。

（四）通货膨胀率的影响

居民消费价格指数是反映一定时期内居民消费价格变动趋势和变动程度的相对数。国际上通常将 CPI 作为反映通货膨胀（或通货紧缩）程度的重要指标。一般来说，物价指数或通货膨胀率主要通过两个途径影响房地产市场的发展。

1. 通货膨胀通过影响房地产的名义价格和实际价值变动来影响房价

房地产价格是构成总物价水平的重要组成部分，所以物价指数或通货膨胀率与房地产价格之间存在着明显的正相关关系。以英国为例，1970～1992 年通货膨胀持续高涨的时期，房价（包括销售和租赁价格）伴随物价上涨达到年均增长率 12.5%，房价总体上涨 13 倍，实际价值年均增长 2.5%。通常情况下，当物价总水平上涨时，房地产名义价格也随之上涨；扣除通货膨胀后的房地产实际价值也相应上涨。另一方面，通货膨胀率的变化会直接导致建设成本、经营成本和利率的变化，从而反向影响投资回报率。特别是按揭贷款利率的变化与通涨率的变化关系更为密切，基本上是同步的。在较成熟的房地产市场，长期租金一般都直接与通货膨胀率挂钩，通货膨胀率上升会直接导致名义租金提高，短期名义租金除受供求关系影响外总体上也受通货膨胀率的影响。因而通货膨胀率的变化与房地产租金波动趋势的关系是十分紧密的。

2. 通货膨胀通过改变居民的消费行为和储蓄行为对房价产生影响

托宾等人曾提出通货膨胀会减少人们的货币储蓄，增加投资。因为当物价上涨引发通货膨胀时，必然导致货币价值下降。由于房地产有很好的保值和升值功能，因此作为一种投资品和消费品，往往成为有效抵抗通货膨胀的壁垒。于是，当通涨率上升时，消费者宁愿持有房地产而放弃贬值的货币资产，因此对房地产的投资需求增加。然而，这种需求上升并非是因为居民正常的生活需求所引起，只是因为投机需求而引起，与有基本面支持的真实房地产需求有着本质的区别。一旦通货膨胀恢复正常，房地产价格上涨到一定程度后就会出现拐点。这时，房地产需求会大幅下跌，而通货膨胀时期开发商投资建设的房地产供给又很难迅速减少，供给大于需求，进一步加剧房地产价格的大幅下跌，导致房地产的名义价格和真实价值呈下降趋势。

二、实证研究方法设计

（一）变量的选择

为了较为全面地分析宏观经济变量对房地产价格的影响，本文选取反映国民经济整体运行状况的国民生产总值、固定资产投资完成额、工业增加值指标，反映国家货币政策的货币供给量指标 M_0（流通中现金）、M_1（货币）、M_2（货币和准货币），反映通货膨胀程度的居民消费价格指数、商品零售价格指数指标，反映利率程度的指标平均加权利率（参见表9-3）。此外，为消除异方差影响，对各序列取常用对数。

变量及其代码 表9-3

代 码	变 量 名	代 码	变 量 名
a_1	国内生产总值	a_6	M_2
a_2	固定资产投资完成额	a_7	居民消费价格指数
a_3	工业企业增加值	a_8	商品零售价格指数
a_4	M_0	a_9	银行间同业拆借加权平均利率
a_5	M_1		

（二）样本选择与数据来源

考虑到我国对房地产市场的专项统计时间并不长，《中国统计年鉴》中详细公开披露房地产业相关指标也只是从 1999 年开始，而且由于房地产市场真正的发展是从 2001 年开始的。因此，本文选取 2001 年 1 月至 2006 年 12 月为研究样本区间。同时，考虑到宏观经济变量数据的可获得性，在实证研究过程中，采用季度数据进行分析。本文所使用的宏观经济数据分别来自中国人民银行、中华人民共和国商务部与中华人民共和国国家统计局。

（三）方法设计

1. 向量自回归基本模型

向量自回归模型（VAR：Vector Autor Egression）通常用于分析相关时间序列系统的相关性和随机扰动对系统的动态影响。因为它避免了结构方程中需要对系统中每个内生变量关于所有内生变量的滞后值函数的建模问题，所以运用更为广泛。

VAR（r）的基本模型为：

$$AIC = -2l/T + 2k/T \quad Y_t = A_1 Y_{t-1} + \cdots + A_r Y_{t-r} + B_1 X_1 + \cdots + B_s X_{t-s} + \varepsilon_t \quad (9-1)$$

其中，Y_t 和 X_t 分别是内生变量向量和外生变量向量，A_i 和 B_i 是待估参数矩阵，γ 和 s 是滞后期。一般根据 AIC 和 SC 信息量最小标准确定模型阶数，定义为：

$$AIC = -2l/T + 2k/T \tag{9-2}$$

$$SC = -2l/T + k \log T/T \tag{9-3}$$

其中，$k = m(rd + pm)$ 是待估参数个数，n 是观测值数目，而且：

$$l = -\frac{mT}{2}(1 + \log 2\pi) - \frac{T}{2}\log|\Omega|$$

其中，$|\Omega| = \det\left[\frac{1}{T-r}\sum_i \varepsilon_i \varepsilon_i'\right]$ 是残差方差矩阵。

2. 脉冲响应函数

脉冲响应函数（IRF：Impluse Response Function）用于衡量来自随机扰动项的一个标准差冲击对内生变量当前和未来取值的影响。考虑下面的两变量 VAR（1）模型：

$$P_t = \alpha_{11}P_{t-1} + \alpha_{12}M_{t-1} + \varepsilon_{1,t}$$
$$M_t = \alpha_{21}P_{t-1} + \alpha_{22}M_{t-1} + \varepsilon_{2,t}$$

模型中随机扰动项称为新息。上面的 VAR（1）模型中，如果 $\varepsilon_{1,t}$ 发生变化，不仅当前的 P 值立即改变，而且还会通过当前的 P 值影响到变量 P 和 M 今后的取值。脉冲响应函数试图描述这些影响的轨迹，显示任意一个变量的扰动如何通过模型影响所有其他变量，最终又反馈到自身的过程。如果新息是相关的，它们将包含一个不与某特定变量相联系的共同成分。通常，将共同成分的效应归属于 VAR 系统中第一个出现（依照方程顺序）的变量。

在经济系统中，扰动项一般用于刻画从模型中省略下来而又集体地影响变量的全部变量的替代物。如果扰动项对经济系统的当前值和未来值冲击程度较高，说明该经济系统对经济环境的依赖作用较强；反之则相反。除此之外，由于扰动项是通过模型中各变量的滞后值对各变量的未来值施加影响，脉冲响应检验也可以反映各变量对其他变量未来值和现期值的影响程度。

3. 方差分解

方差分解提供了另一种研究系统动态特性的方法。其主要思想是，把系统中每个内生变量（共 m 个）的波动（k 步预测均方误差）按其成因分解为各方程新息相关联的 m 个组成部分，从而了解各新息对模型内生变量的相对重要性。方差分解能提供与冲击响应函数同样的信息，但与冲击响应函数不同的是，方差分解把一个内生变量的变化分解为 VAR 模型中所有内生变量冲击，它显示了 VAR 模型中各变量随机误差的相对重要程度。

三、计量结果及分析

（一）序列的单位根检验

许多经济变量原本是不平稳的，但经过一阶差分以后就变得平稳，则称这样一个经济变量为 I（1）。如果对这种经济变量直接回归，则可能出现伪回归现象，因此必须检验经济变量是否平稳，先对样本时期内的商品房价格指数、季度宏观经济变量时间序列分别进行 ADF 检验。常用的单位根检验方法为 Dickey 和 Fuller（1974）提出的 ADF 检验法。本文利用 Eviews5.0 软件分别对各变量的水平值和一阶差分进行 ADF 单位根检验，检验方程的选取根据相应的图形来确定，检验过程中滞后项的确定采用 SIC 原则，结果见表 9-4。从表 9-4 可以看出各序列在 5% 的显著水平下都是一阶差分平稳的，也就是都是属于序列 I（1）。因此，它们满足构造 VAR 模型的必要条件。此外，为避免多重共线性采用 Stepwise 进行自变量筛选，利率指标被剔除。

各个序列的单位根检验过程　　　　　　　　　　　　　表 9-4

变量	ADF 检验	检验类型	滞后阶数	显著水平（临界值）
LFJ	−1.745077	含线性趋势项和常数项	0	−3.622033（5%）
ΔLFJ	−7.010076	含常数项	0	−3.004861（5%）
LHB	−2.965397	含线性趋势项和常数项	0	−6.350865（5%）
ΔLHB	−3.622033	含常数项	0	−3.004861（5%）
LWJ	−1.399051	含线性趋势项和常数项	0	−3.622033（5%）
ΔLWJ	−3.238965	含常数项	0	−3.004861（5%）

从检验结果看，在 5% 的显著水平下 LFJ、LWJ 和 LHB 都是一阶单整的。在下面的分析中，本文将利用这些一阶单整变量进行分析。

（二）建立向量自回归方程

基于上面的结果，一阶单整变量包括 LFJ、LWJ 和 LHB。因此首先将它们分别作为内生向量（其中替代性指标选择其一）进行向量自回归。然后逐次剔除非显著变量或将它们列为外生变量作回归，同时根据 AI 及 SC 信息准则选取最佳滞后阶数，得到最后的向量自回归方程。

VAR 模型参数估计值　　　　　　　　　　　　　表 9-5

	LFJ	LWJ	LHB		LFJ	LWJ	LHB
LFJ（−1）	0.325668	0.231943	−0.473264	LFJ（−3）	0.003755	−0.135451	0.006115
	(0.28862)	(0.13614)	(0.57763)		(0.23909)	(0.11278)	(0.47851)
	(1.12838)	(1.70368)	(−0.81932)		(0.01570)	(−1.20101)	(0.01278)
LFJ（−2）	0.315055	0.132986	0.571767	LWJ（−1）	0.976044	0.793539	−0.193060
	(0.29222)	(0.13784)	(0.58485)		(0.52162)	(0.24605)	(1.04397)
	(1.07813)	(0.96476)	(0.97762)		(1.87116)	(3.22506)	(−0.18493)

	LFJ	LWJ	LHB			LFJ	LWJ	LHB
	− 0. 179202	− 0. 166803	0. 012272			0. 153049	0. 020189	− 0. 079556
LWJ（− 2）	(0. 74773)	(0. 35271)	(1. 49649)	LHB（− 2）		(0. 17738)	(0. 08367)	(0. 35501)
	(− 0. 23966)	(− 0. 47292)	(0. 00820)			(0. 86282)	(0. 24128)	(− 0. 22409)
	− 0. 534783	− 0. 293231	− 0. 707867			0. 061771	− 0. 040570	0. 546897
LWJ（− 3）	(0. 55175)	(0. 26026)	(1. 10426)	LHB（− 3）		(0. 15123)	(0. 07134)	(0. 30268)
	(− 0. 96925)	(− 1. 12667)	(− 0. 64103)			(0. 40845)	(− 0. 56870)	(1. 80686)
	− 0. 219372	0. 030153	0. 532542			0. 523499	1. 872324	3. 695961
LHB（− 1）	(0. 13605)	(0. 06418)	(0. 27230)	C		(1. 33592)	(0. 63017)	(2. 67370)
	(− 1. 61239)	(0. 46983)	(1. 95574)			(0. 39186)	(2. 97116)	(1. 38234)

VAR 模型各方程检验结果　　　　　　　　　　表 9-6

R- squared	0. 844325	0. 905689	0. 994574
Adj. R- squared	0. 716954	0. 828525	0. 990135
Sumsq. resids	0. 001630	0. 000363	0. 006530
S. E. equation	0. 012173	0. 005742	0. 024364
F- statistic	6. 628879	11. 73722	224. 0378
Log likelihood	69. 57031	85. 34964	54. 99965
Akaike AIC	− 5. 673363	− 7. 176156	− 4. 285681
Schwarz SC	− 5. 175971	− 6. 678765	− 3. 788289
Mean dependent	4. 668298	4. 616819	13. 45483
S. D. dependent	0. 022882	0. 013867	0. 245298

VAR 模型整体检验结果　　　　　　　　　　表 9-7

Determinant resid covariance （dof adj. ）	2. 40E − 12
Determinant resid covariance	3. 46E − 13
Log likelihood	211. 8878
Akaike information criterion	− 17. 32265
Schwarz criterion	− 15. 83048

（三）基于 VAR 模型的脉冲响应函数分析和方差分解

由于本文主要研究宏观经济变量对商品房价格指数的影响，因此本节主要运用脉冲响应函数研究宏观经济变量的扰动对商品房价格指数当前和未来取值的影响。从图 9-2 可知，商品房价格指数对其自身的一个标准差新息在第 1 期就立即有较强的反应，增加了约 0.12，虽然整体影响是正的，但其影响程度随着时间的推移变得越来越低；而该序列对来自物价指数的新息在前 6.5 期呈正向反映，然后随着时间的推移，其影响是负的；该序列对来自货币供给量的新息在第 1 期没有反应，第 2 期反应比较明显，约为 − 0.004，虽然整体影响是负的，但其影响程度随着时间的推移总的趋势是变得越来越低，到了第 10 期逐渐稳定，其值约为 0。

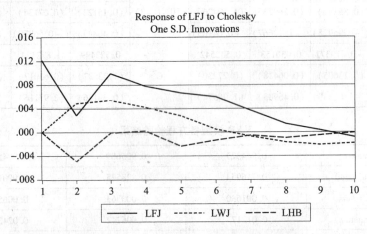

图 9-2　商品房价格指数的脉冲响应函数

接着我们做商品房价格指数变动的方差分解（见图 9-3）。从图 9-3 可以看出，以商品房价格指数自身变动为因变量的方程对商品房价格指数变动的重要性排第一，其对预测误差的贡献率达 70% 以上；其次是物价指数，其对预测误差的贡献率大概是 20% 左右；最后是货币供应量，其对预测误差的贡献率大概占 10% 左右。

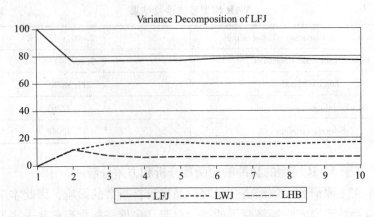

图 9-3　商品房价格指数的方差分解

通过脉冲响应函数与方差分解分析，发现宏观经济变量的扰动会影响商品房价格当前和未来取值。随着时间的推移，商品房价格的波动除受其自身的影响外，还主要受国内通货膨胀率和货币供应量变化的影响，而且通货膨胀率对商品房价格的影响是正的，货币供应量变化对商品房价格的影响是负的。此外，利率指标没有通过我们的检验，这说明，尽管房地产业是一种资金密集型的产业，但是利率调整对房地产业产生影响会有一个相当长时间的滞后性，房地产业对利率变动的敏感程度不高。

四、政策建议

通过以上对房地产价格走势的影响因素分析，可以为政府制定相关政策提供参考，以抑制对房地产市场的炒作，稳定房地产价格，控制房地产市场泡沫。首先，由于我国目前的利率政策并不灵活，使房地产销售价格对利率的反映并不敏感，因此通过提高利率的方式来稳定房地产市场的效果并不会明显，政策效果有限。其次，由于我国经济持续高速增长，必然会带动房地产价格的上升，如果此时再加上投机炒作，必然会导致房地产市场泡沫膨胀。因为在房地产过热期间，许多投机资本来自国有企业、国有银行甚至政府职能部门，因此加快企业制度改革与房地产使用制度改革就显得尤为重要，使房地产投资主体成为自负盈亏、自我约束的经济主体。再次，政府应适时发出警告，公布有关市场信息，加强对投资者市场风险的教育，稳定市场情绪，尽量化解大众的非理性行为。

本专题参考文献

[1] 王家庭，张换兆. 房地产融资方式多元化的经济学分析. 财经科学. 2005，6：54-56.

[2] 宁玉娟. 银行利率与房地产业关系的实证分析. 经济纵横. 2005，9：78-79.

第十章 中国房地产市场调控模式选择

第一节 概　　述

宏观调控的总体目标是总需求和总供给的大致平衡。在模式选择上，有以调控需求为作用取向的目标模式，有以调控供给为作用取向的目标模式，还有以调控需求和供给为作用取向的目标模式。

一、以总需求调控为作用取向的目标模式

这种模式的特征是把保持供求平衡的重点放在需求方面，通过抑制或刺激总需求来实现供求平衡。凯恩斯分析了风险机制约束下的投资行为，认为投资者对投资风险预期过高，从而导致投资不足，因此产生了有效需求不足。指出客观调控必须以刺激需求为作用取向，建立以刺激需求为重点的调控体系。这就是从20世纪30年代开始形成的西方宏观调控模式的核心内容。这种模式对于因需求不足引起的供求失衡是有其积极作用的，并能在短期内取得成效。但是这种模式也有严重缺陷。第一，单方面的需求调控难以完全奏效。总需求和总供给是相互联系和相互作用的有机统一体，能否平衡最终取决于供求双方的状况，单方面的需求调控难以收到预期的效果。对于由于总供给不足造成的供求失衡，这种模式的调控作用就非常有限。在我国现在的条件下，这种模式的作用就受到很大的限制。我国的总需求膨胀是由于有效供给不足造成的，主要原因在供给方面，因而单纯抑制总需求不能从根本上解决问题。如果一味抑制总需求，不设法增加有效供给，将影响既定的社会经济目标的实现。第二，单方面的需求调控会对经济运行和发展产生不可避免的副作用。对投资需求的紧缩，会影响中长期供给的有效增加。紧缩投资固然会使眼前的需求减少，但也会使今后生产能力的增加受到影响，加剧中长期的供求矛盾。同时，投资紧缩还会影响劳动者的生产积极性，使供给增加失去能动要素。

二、以总供给调控为作用取向的目标模式

这种模式的特征是把供求平衡的重点放在供给调控上，认为供给是决定供求平衡的根本力量，强调通过供给调控来实现供求平衡。以调控供给为作用取向的调控格局，有许多优越性，集中到一点就是它能够对生产力的发展起到保护和促

进的作用。但是这种调控模式也有很大的局限性。首先，单纯的供给调控不可能实现供求平衡。供给调控只能单向地通过促进供给增加而实现供求平衡，因而，它对于有效需求不足引起的供求失衡就无能为力，不可能产生调控效应。同时，单纯的供给调控对于需求推进型供求失衡也是无能为力的，这种供求失衡只能用抑制需求的办法来解决。其次，单纯的供给调控发生作用的周期较长。供给调控作用的核心，是为增加供给创造条件和环境。因而不是一朝一夕能发生作用的。例如，扩大投资是增加有效供给的重要途径，但是从开始建设到房地产商品投放市场，形成实际供给的能力，绝非短时间内所能做到的，它的作用只有通过中长时期才能显示出来。因此，在短期内是无能为力的。

三、以供求调控为作用取向的目标模式[①]

以供求调控为作用取向的目标模式，其主要特征是把保持供求平衡的重点放在对供求双方的共同调节上，围绕对供求双方的共同调控而构建宏观调控体系，形成以供求调控为基点的双向调控机制。这种模式把供给与需求调控有机结合起来，避免了单纯的供给调节和需求调节的缺点，是一种理想的宏观调控的目标模式。它的主要优点是：第一，可以从供给与需求两个方面调控总供给和总需求的平衡。总供给和总需求作为相互联系和相互作用的有机统一体，不仅需要来自总供给和总需求两个方面的调节，而且对无论来自总供给还是来自总需求的调控都能作出反映。从双向调控着眼，就能使各种调控方式同时发生作用，起到任何单向调控都不可能发挥的调控效应。第二，可以实现供给调控和需求调控的最佳配置和长短期效应的结合。这种调控模式既能发挥需求调控和供给调控的优点并克服其局限性，又能把宏观调控的长短期效益结合起来。第三，对于供求失衡具有综合治理的功能。宏观经济运行受到各种复杂因素的干扰，因而供求失衡往往是多发症综合性供求失衡，需要采取综合治理方式。以供求调控为作用取向的宏观调控机制，对这种综合性供求失衡具有根本的调控效应。

以供求调控为作用取向的宏观调控模式，一般说来又可以分为两种类型，一种是刺激总需求而稳定总供给的模式，另一种是抑制总需求而促进总供给的模式。前一类是西方发达国家的模式，不符合我国的国情。后一类与我国的国情大致相符，我们应当选择这种模式。以此作为目标模式构建我国的宏观调控体系，一方面能建立起抑制总需求的机制，另一方面又能建立起促进总供给的机制，把近期效应和中长期效应有机结合起来，就可以比较有效地保障供求平衡，实现宏观调控的基本目标。

---

❶ 巩存忠等. 宏观经济调控概论. 北京：当代中国出版社，1994，第71页。

第二节　房地产市场宏观调控差异的国际比较

一、房地产市场宏观调控的制度差异

制度是房地产宏观调控的基础和决定性力量。本节侧重分析房地产市场交易制度，即仅对房地产产权制度、土地制度、金融机构、税收制度及房地产市场交易法律制度的核心内容进行国内外比较。

（一）土地制度比较[1]

1. 土地所有制和土地使用制的差异分析

一般认为，产权即财产权利，也称财产权，是指存在或设定在一切客体之中或之上的完全权利。产权是体现一种经济关系的范畴，是社会经济运行中通过一定方式界定并加以维护的各经济行为主体对财产的权利关系。与其他国家和地区相比较，我国房地产的产权制度安排的主要相异之处在于土地产权制度安排。土地所有制度和使用制度的不同，直接决定房地产市场宏观调控手段的选择和调控目标的确定。

国内外房地产土地所有制和土地使用制概况　　表 10-1

	美　国	日　本	中国大陆	
土地所有制	以私有制为基础的土地所有制	以个人私有为主，国家所有、公共所有、个人与法人所有并存	社会主义土地公有制	城镇土地全民所有制（即国家所有）、农村和城市郊区土地劳动群众集体所有制（即集体所有）
城市出让土地分类	工作；居住；游憩；文教；交通；其他（保留用地；防灾、填筑地及其他未利用地）	工业、街道、住宅；国民保健用地（绿化带、公园等）；其他公共建设用地（交通、军事设施等）	商业、金融；写字楼、公寓；住宅；工业仓储	
备注	现在美国私人所有的土地约占全国土地面积的58%，其余土地为美国联邦政府和州政府所有（其中联邦政府占32%，州府占10%）	私人所有的土地面积占全部的60%左右；按市价计则占90%以上	改革开放之前，城镇土地在社会主义国有制基础上实行行政划拨、无偿无限期使用、使用权不准转让的土地使用制度；80年代初期，逐步进行土地使用制度改革，坚持城镇土地国有制的前提下，实行城镇国有土地使用权出让制度，开放土地市场	

资料来源：李恩辕、杨德忱. 房地产市场. 北京：中国建筑工业出版社，1997。

---

[1] 本节主要侧重分析土地所有制和土地使用制。

表 10-1 表明，我国土地产权制度与国外存在较大差异。美国和日本实行以个人私有为主，国家所有、公共所有、个人与法人所有并存的土地所有制。

而在我国的土地产权制度安排中，土地所有权分为国有土地所有权和集体土地所有权，城镇土地所有权的主体是国家，名义上由国务院代表国家行使，实际上是由各级地方政府在行使；集体土地所有权的主体是农村劳动群众集体，由农村集体经济组织或村民委员会经营、管理。国有土地所有权和集体土地所有权均不能转让，集体土地所有权可经土地征用程序转为国家土地所有权，国家土地所有权则是单向性的、不可逆的，不存在国家土地所有权的终止。国有土地使用权按获得方式不同，分为出让和划拨两种。这两种类型土地使用权的权利内容有很大差别，其中出让土地使用权是国家以土地所有者身份将土地使用权在一定年限内让渡给土地使用者，是从国家土地所有权中通过市场方式分离出来的、具有法律规定的土地所有权的相应内容，即占有权、使用权、收益权以及一定期限内的处分权。而划拨土地使用权，是由政府通过行政手段，将国家所有土地的使用权无偿交付给土地使用者的，土地使用者只有占有和使用的权利，没有收益和处分的权利。对于集体土地使用权，我国的法律做了许多限制性规定，如其主体范围只能是本集体组织内的成员。这种主体资格的限制性，在一定程度上决定了集体土地使用权流转的有限性。另外法律还规定集体农地使用权不能擅自转变为建设用地。在这种土地产权制度安排下，房地产开发占用土地一般只能通过政府并使用国有土地，其具体途径为：通过地方政府征收农民集体所有土地或收储原使用功能已不符合城市规划的已划拨或出让的国有土地使用权，然后或出让给开发商进行商品房开发，或以行政划拨方式供应土地用于经济适用房、廉租房等公共住宅的建设。在整个流程中，可以发现我国地方政府构成了对土地一级市场的垄断，此时地方政府对土地的供应数量、供应方式和供应价格将直接影响房地产二级市场的供应量和供应价格。从这个角度看，以地方政府作为垄断供给方的房地产一级市场是房地产二级市场能否得以正常运行的前提和基础。

2. 土地征用制度差异

从上面对土地所有权制度的分析可以看出，我国土地产权制度的安排内容，可以概括为：城市土地属国家所有，由国务院代表国家行使，国务院授权各级地方政府来具体管理和经营；集体土地所有权由集体经济组织来代表实施，集体土地使用权由集体内的成员所拥有，不能在非本集体成员之间流转，因而也就不能在市场上自由交易。在公共利益需要时，政府可以通过强制性征用集体所有土地。但是我国大陆的土地征用制度与香港地区和美国存在较大差异（见表10-2）。

中国大陆与香港地区及美国土地征用法律法规比较 表10-2

比 较 项	共 同 点	差 异 点		
		美国	中国香港	中国大陆
征地法律法规	都制定有征地法律、法规	有完善的法律体系和运行机制	已形成《土地征用条例》和《收回土地条例》	尚未形成体系
征地性质	强制性、补偿及公共目的性	私有土地变公共所有土地	收回或转收土地	集体土地变国家所有
征地目的	兴办公益事业实施经济政策	法律条文具体详细	法律条文具体详细	法律条文较原则
征地对象	土地	私有土地	营业权持有的土地	集体所有土地
征地补偿	主要有土地的补偿、地上物的及其他补偿	市场的合理价格或法院确定的价格	法定补偿、特惠津贴及其他津贴	土地的补偿；农业人口的安置补助；新菜地开发建设资金；耕地开垦费等
主管机构	各级土地行政主管部门	内政部土地管理局	地政总署	各级土地管理部门
土地补偿费计算方法		市场价格	市场现值	土地平均年产值的倍数
征地审批权限		土地管理局	地政总署	国务院、省级政府

资料来源：都昌满：《中国大陆与香港地区及美国房地产交易制度比较研究》，2001年。

从以上分析可以看出，土地征用制度在发达国家和地区已比较完善，土地征用的通常做法是：第一，征用权的唯一主体是国家；第二，征用目的只能是满足公共利益需要；第三，征用补偿一般以市价计算；第四，征地法规较严密。相比较而言，我国土地征用制度尚未形成体系，征用补偿的费用较低。

（二）国外房地产金融机构的设置与功能

房地产金融机构是房地产市场的重要组成部分，主要承担有关房地产领域的生产资金、消费资金的筹集、融通和为其提供信贷结算、咨询服务等工作。随着我国房地产业的发展和城镇住房制度改革的深入，房地产金融在房地产市场中的作用越来越大。但我国房地产金融机构的设置及其运行机制却显得相对滞后。因此，有必要借鉴国外房地产金融机构设置先进经验，健全和完善我国房地产金融机构体系。

国外房地产金融机构种类繁多,有的是专门的房地产金融机构,有的是非房地产金融机构兼营房地产金融业务。如按金融机构所有制划分,可分为政府建立的房地产金融机构、民间合作社性质的互助金融组织和商业银行;如按房地产贷款的发放方式,有房地产抵押贷款机构、合作住房融资机构以及其他非银行房地产融资机构(见表10-3)。

国外住房金融机构   表10-3

类别	职能	代表国别	代表机构	特点
政府公营的房地产金融机构	宏观上促进居民开展住房储蓄,为居民尽快实现住房目标服务	日本	住房金融公库	行使政府住房金融职能,贷款条件优惠、偿还期长、利息较低
		美国	住房抵押保证机构;联邦住房贷款银行系统;二级市场抵押贷款协会	政府设立联邦住房贷款担保局等机构,为低收入家庭住房贷款提供担保;联邦住房贷款银行系统由政府充当保证人,吸收私人资金,为建房和购房融通资金发挥房地产金融机构的储备中心作用
商业银行	其传统业务是工商存贷,适应房地产融资的金融机构多是非银行金融机构	美国	商业银行,如联邦住房管理局、退伍军人管理局	投资风险均较小,资金运行较稳定,从而得到广泛发展;住房抵押贷款是美国商业银行分散投资风险的重要融资方式
		英国	英国商人银行;地方性银行,如北爱尔兰银行、苏格兰银行	既经营对个人购建房的抵押贷款业务,也经营房地产证券交易和对建筑商、房地产代理商办理业务
合作性住房融资机构	通过集资方式进行融资的非银行金融机构	英国	互助性的建筑社团	通过参加人员逐月集资的方式,购地建房,解决住房问题
房地产抵押贷款机构	通过房地产抵押来实现其资金融通	美国	美国的联邦住宅贷款银行和联邦住宅管理局	在行业内部向个人筹集资金,然后向住房协会提供资金,以解决住房协会分布分散、规模小而不易取得住房贷款的困难
		加拿大	住房抵押贷款发放机构	
		英国	住房金融公司	

类别	职能	代表国别	代表机构	特　点
其他非银行房地产融资机构	通过多形式的房地产金融机构体系进行资金融通	日本	邮政局	在经营房地产融资业务上，日本是邮政储蓄机构资金力量最为雄厚的一个
			住房公团	半官方半民间性质，资金来源于国家贷款和民间投资，受政府监督
		澳大利亚	住房贷款保险公司	在借鉴美国和加拿大两国政府抵押保险成功经验的基础上而建立
		巴西	巴西保障就业基金会	这种福利保障和住房保障一举两得的做法，获得很大成功

资料来源：王进才. 房地产金融：资本市场中的新亮点. 北京：中国财经出版社，1998。

（三）房地产税收制度比较

1. 税收性质

在国外，房地产业涉及的税种较多，且多为地方税种，地方政府具有相应立法权，其税收收入在地方政府的收入中占有一定的比重。以美国最为典型，美国的房地产税法由各州制定，房地产税由各市、镇征收，收入归地方政府，用于当地的各项基础设施建设。房地产税一般要占地方财政收入的 50% ~80% 。这样的税收格局把地方政府的事权和财权有效地结合起来，形成一种良性循环机制，一方面激发地方政府征收房地产税的积极性，另一方面又扩大了地方政府基础设施和公用事业的规模，从而为税收收入的循环增长创造了条件。与发达国家和地区相比，我国房地产税收对地方财政的贡献微不足道。从历史角度考察，我国城镇土地实行国家所有制，无论是工商企业的经营场所，还是城市居民的住宅，都属于国家财产的范畴。而且我国的地方政府在很多方面缺乏自主权，对于税收征管，主要是根据国家政策，完成地方税收的征收管理。在政企不分、产权不清和财税体制混乱的前提下，房地产税收难以发挥调节作用，房地产税和土地使用税都流于形式。从现实角度审视，各种行政事业性收费的膨胀，抑制了房地产税的培育和生长，使真正意义上的房地产税收反而处于从属地位。

2. 税收分布结构

从税收的分布结构看，美国、英国都重视对房地产保有的征税，而房地产权转让的税收则相对较少。以英国为例，直接来源于房地产转让的税收仅占全国总税收的 1% ~2% ，而来自于房地产保有的居住用不动产税和经营性不动产税，占总收入的 30% 左右，这样的税种结构极大地鼓励了不动产的流动，刺激了土地的经济供给。而高额的保有房地产税负避免了业主控制或低效率使用财产，刺激了交易活动，这既繁荣了房地产市场，又推动了房地产要素的优化配置。而我国现行房地产税制的一个明显特点，是在房地产开发和流通环节税种多、税负重，而在保有环节课税较少，且税收优惠范围大。特别是土地的保有税负过低，使几乎占城镇土地总量 98% 的土地由企业无偿或近似无偿地取得和持有着。

3. 税负水平

美国、英国和我国香港地区房地产税收政策坚持"宽税基、少税种、低税率"的基本原则。宽税基，即对除公共、宗教、慈善等机构的房地产实行免征外，其余的房地产所有者或占有者均为纳税对象，以美国最为典型。这就为稳定充足的房地产收入提供了物质基础。少税种，即发达国家和地区设置的有关房地产的税收种类较少，一方面可以避免因税种复杂而导致重复征税等税负不公现象发生，另一方面又可以降低税收征管成本，提高税收效率，以我国香港地区最为典型。低税率，则能够在税基较宽、征收效率较高的前提条件下，为地方财政创造相对充足和稳定的收入来源。相对而言，我国现行的房地产税制存在着"税基窄、税种复杂及收入不公平"等弊端。

4. 房地产税费政策取向

"正租、明税和少费"是发达国家和地区房地产税费政策的另一重要特征，以美国和英国比较典型。对于房地产而言，无论处于社会再生产的任何环节，要交纳的规费都很低，一般仅占房地产价值的 1%～2% 左右。即便如此，在西方许多国家，它也被列入地方财政预算，明确它的使用方向和范围，而不列入预算的规费一般都被设置特定的用途。我国房地产行政事业收费的数目过多，对经济的影响、特别是对房地产市场发展的消极影响是巨大的。考察当前商品房的价格构成，各种形式的收费总额已与商品房的建筑价基本相当，这是收费政策极端不合理的一种表现。

5. 课税依据

从房地产课税依据上看，发达国家和地区房地产税制经常调整，课税范围宽，收入总额大，成为地方政府的主要税种。如前所述，美国、英国的房地产税收一般占地方财政总收入的 50%～80% 以上。而在我国，房地产税制陈旧老化，课税范围窄，难以成为地方政府的主要税种。

6. 房地产税收法规

完善的房地产税收法规，力保房地产税制改革。立法先行，是发达国家和地区房地产税收制度成功的重要因素。例如，美国国会从 1976 年到 1986 年的 10 年间，先后通过了六个房地产税收改革法案；英国政府历来重视房地产税收的立法，曾先后多次通过房地产税收方案，因此都有非常完善的房地产税收体系。而我国房地产税收法规有待进一步完善。如 1994 年工商税制改革方案中拟定的房地产税制改革思路，至今还没有付诸实施。地方税制改革的滞后，制约了房地产税制的完善和优化。

此外，英国、美国都有一整套比较完备的财产登记制度、房地产评估制度和房地产税收评税政策，因此房地产税收征管力度较大。与国外发达国家相比，我国房地产税收征管手段贫乏，税收流失较为严重。一是我国还缺乏严密的财产登记制度，征管资料信息来源不畅，致使税务机关难以操作，影响了税收征管的力度。二是房地产评估制度和房地产税收评税政策不健全，有关部门配合不够得力，导致税基侵蚀，税收流失较为严重。

二、国内外房地产市场宏观调控目标比较分析

政府有限度地干预对市场，对其正常有效运行具有重要的作用。房地产业是一个关系国计民生、行业规模大、涉及范围广的行业。政府作为产业政策的制订者和社会管理者，要对房地产业进行宏观调节，使房地产业发展不仅要保证产业的经济效益，而且要保证产业的社会整体效益。因此，房地产业发展中有经济和社会双重目标，经济目标的实现要体现经济原则和市场原则，社会目标的实现要体现社会原则和福利原则。经济目标的实现是保证房地产业顺利发展的前提条件，因为只有一定的产业经济效益，房地产的生产和再生产才能正常进行，也才能调动房地产开发商和经营者进行开发建设的积极性。社会目标的实现是促进房地产业健康发展的必要条件，无论在何种社会制度下，政府要保持社会安定，必须把住房问题纳入社会保障体系。房地产业的经济目标和社会目标既有联系又有矛盾，房地产业自身发展要在实现经济目标的同时，必须在一定程度上实现社会目标。因此，房地产业自身发展主要是以经济目标为主，政府是以社会目标为主，政府社会目标的实施要以房地产业正常运行为基础。但具体到各个国家，由于房地产市场制度的差异，调控目标又有所不同。

（一）我国房地产市场宏观调控的目标

现阶段，我国房地产市场宏观调控的主要目标和任务应该是：保持市场供求总量的基本平衡，促进市场结构的优化，保持房地产价格基本稳定，从而促进房地产市场持续、快速、健康发展。[1] 这一目标可具体化为最高目标、中期目标和短期目标三个层次。

1. 房地产市场宏观调控的最高目标

由于我国社会主义土地公有制从根本上代替了土地私有制，城市土地终极所有权属于国家，国家是全国房地产资源和资产的主要拥有者，是全体劳动者利益的根本代表。这决定国家对房地产市场运作的宏观调控管理的根本目标应该是向社会提供有效的房地产品，更有效地满足社会主义经济和社会发展的要求，尽快地提高全体劳动者的居住水平和环境质量。只有尽力满足广大劳动者的生活需

---

❶ 季郎超. 非均衡的房地产市场. 北京：经济管理出版社，2005，第190页。

要、尤其是居住的需要，才能使劳动者在生理、精神和社会方面的正常需要逐步得到满足。

2. 房地产市场宏观调控的中期目标

房地产市场宏观调控的中期目标是调整房地产经济总量及结构平衡，实现房地产业的可持续发展。就我国而言，中期目标应该主要包括：（1）实现房地产市场上商品多样化的供求结构平衡，限制高档住房供给、增加中低档商品房供给。（2）防范发生房地产金融风险，实现社会、经济的安全。加强对金融机构的监管，将房地产业链条中银行贷款资金所占总资金的比重及其增长幅度控制在合理的范围之内。

3. 房地产市场宏观调控的短期目标

房地产市场宏观调控的短期目标主要是解决当前房地产市场上存在的问题。就我国而言，主要包括：将房地产价格调控到合理的价位；打击、抑制对房地产的投机炒作；控制房地产行业贷款占银行贷款总额的比例及其增长幅度；控制房地产市场上土地的供给数量和增长幅度；对经济适用房做出具体的开发、使用规划并投入实践等等。

当前，我国房地产市场宏观调控的主要目标是防止房地产投资过热，稳定房地产价格。但必须看到，房价是现实经济运行状态的综合反映，房价上涨是由市场总量性持续供不应求、供给结构不合理、土地使用权出让价格过高和建筑材料涨价以及房地产市场秩序比较混乱等多种因素造成的。因此，在制定房地产市场宏观调控目标时，要将最高目标、近期目标和长期目标结合起来，实现总量平衡和结构平衡，促进房地产业与国民经济的协调发展。如果简单地考虑宏观调控的短期目标，不考虑中长期目标，势必会降低国民经济的发展。❶

（二）国外房地产市场宏观调控的目标

同中国一样，其他国家和地区房地产市场宏观调控的最终目标也是不断改善本国居民的居住条件，让绝大多数人都居者有其屋，但是在具体目标上，由于房地产市场制度不同而有所差距。本文主要介绍美国、英国和中国香港的情况。

1. 美国房地产市场的调控目标

2000年高科技泡沫破裂后，美国经济经历了长达5年多的扩张期，在这5年里，美国的住宅价格上涨了57%。❷另根据美国联邦住宅企业监管委员会公布的最新数据，2004年美国51个州区，一年内房价超过10%的有35个，超过20%的有6个。2005年第一季度美国全国平均房价已上涨12.97%，累计涨幅已达50.56%，而过去半个多世纪美国全国平均房价的涨幅仅为5.5%。美国的房价/

---

❶ 陈伯庚，顾志敏. 加强和完善房地产宏观调控探析. 中国房地产，2005年第7期。

❷ 世界新闻报 2006年12月22日。

收入比、房价/租金比都已处于历史最高水平。但2007年以来，房价在全国范围内普遍下降，未售房数达到13年的最高，据美国商务部统计，今年第三季度的住房建筑投资猛跌18%，是20世纪70年代以来的最大单季跌幅度。因此，按照我们的逻辑，当前美国房地产市场宏观调控目标应该是防止房市泡沫破裂。但实际情况并非如此，在美国市场经济的大环境下，房地产市场也是一个完善的市场。在这个市场里，房屋就是商品，商品就要根据市场供求的规律来流动，政府并不直接干预房地产市场的运作。即便是住房市场出现泡沫，房价高企不下，以致出现住房危机时，政府所做的也只限于向市场发出预警信号，增强市场参与者的风险意识。市场是否接受这些信号，最终还是由它自己决定。美国政府在住房市场上发挥的作用主要就是帮助低收入家庭获得住房。此外，政府对市场的监管分为联邦、州和县、市地方政府多个层次。联邦政府对私人住房市场的基本原则是"不干预"。政府的功能只在于创造一个有利于公平竞争的市场环境，维持信息披露的透明度，让市场充分发挥其资源配置的功能。州政府对房地产市场的调控仅限于房产税，县、市政府则是采用微观和直接的调控手段。此外，联邦和州政府的调节重心是在对住房市场的需求，而县、市一级的调控则是在对住房市场的供给。房地产业是政府管制最严的行业之一。对房地产市场干预权力最大的是县、市级地方政府。从住房的开发申请、开工，到最后的验收、出售，每个环节都在政府管制之中。上至住房面积、结构，下到实住面积与绿化面积的比率、住房在小区内的密度、环保等，都要经过县市政府的审查、批准。

2. 英国房地产市场的调控目标

从2001年开始，英国房地产市场持续繁荣，房价不断走高，进入了新的上涨周期。2001~2003年，英国房价连续3年以每年20%的速度增长。因此，当前，英国房地产市场宏观调控的主要目标也是防止房地产投资过热，稳定住房价格。但由于房价上涨的原因不同和房地产市场制度的差异，在具体调控手段上有所差异。为了抑制房地产市场持续过热给经济发展带来的风险，英国政府从供需两方面入手，采取双管齐下的政策和措施为房地产市场降温，取得了明显效果。（1）发挥利率的杠杆调节作用，主要采取通过央行提高利率对购房热进行"釜底抽薪"。英格兰银行从2003年11月到2004年8月连续5次上调利率，导致抵押贷款成本增加。（2）增加房源供应，包括通过政策鼓励住房建造以及对城市改造中以旧建新给予政策扶持等。

3. 中国香港政府房地产市场的调控目标

香港人口密度高、土地资源有限，其房地产市场经历了1995~1998年的暴涨暴跌，但香港政府并未因此成为众矢之的。原因在于政府寻找到了干预与不干预的界限。香港政府的成功之处，在于区别商品房市场与公共保障住房，分两种模式进行管理，并采取两种不同的调控体系。首先，不干预商品房市场的运行，认为商品房市场上的房屋是一种商品，因此，商品房市场按照商品交换的规律和游戏规则，通过供求关系和价格来调节。就像股票市场一样，政府在商品房市场上的作用是建立和完善市场机制，包括完善信息制度和法律制度来打击房地产交易中的欺骗活动，保证市场的公平公正。其次，香港政府意识到公共住房体系不可能依靠市场的力量来发展，于是采取各种鼓励措施直接干预它的发展。例如，政府对属于公共住房所需的土地采取无偿拨付和低租金形式给予补贴。政府赋予房屋委员会资源和财力，它在2005/2006年的资本支出额达到50亿元港币，仅对租房户每年的补贴就达到15亿元港币。正因为如此庞大的实力和政策上的优惠，房屋委员会才可以有效地推行公共住房计划。

总上所述，由于房价上涨的原因不同和房地产市场制度的差异，各个国家和地区在具体的房地产宏观调控目标和调控手段上都有所不同。但总体来看也有一些共同点，（1）明确政府在私人商品房市场和低收入住房保障体系中的不同定位，对私人住房市场的基本原则是"不干预"，政府调控的范围或者说作用是帮助那些通过市场不能解决住房问题的低收入家庭获得住房；（2）政府在商品房市场中应尽可能减少干预。即使对房地产市场进行调控，干预手段也只能是信贷、利率和税收政策等经济措施，而非直接的价格控制；（3）政府直接运用土地资源、财力和行政手段，帮助低收入家庭解决住房问题。

三、房地产市场调控的微观基础差异

（一）宏观调控对房地产企业的要求

宏观调控的微观基础是企业，企业作为宏观调控的基础一环，属于宏观政策的最终承担者。[1] 房地产企业包括房地产开发企业和房地产中介服务企业两大类。前者是指通过开发符合市场需求的房地产，如住房、商铺、写字楼等，来获取最大化利润的经济组织。[2] 后者主要包括房地产经纪、房地产评估、房地产咨询三大类。[3] 它涉及房地产开发建设、经营管理、市场交易和房屋消费等一系列环节，贯穿于房地产业全部经济活动过程的始终，是沟通房地产开发、流通和消费不可缺少的桥梁和纽带，是整个房地产市场的重要组成部分。

政府对房地产市场的调控要取得成效，须具备两个重要前提：（1）具备健全合理的房地产宏观调控机制；（2）具备反映灵敏的房地产微观经济活动主体。一方面，微观基础是政府调控目标的最终实现者；另一方面，微观经济活动状况所提供的经济信息，又反过来构成修正政府调控指标的重要依据，没有这种信息反

---

[1] 巩存忠等. 宏观经济调控概论. 北京：当代中国出版社，1994，第54～55页。
[2] 曹振良等. 房地产经济学通论. 北京：北京大学出版社，2003，第36页。
[3] 张永岳、陈伯庚. 上海市房地产中介服务机构发展初探. 中国房地产金融. 2000，12，第44～48页。

馈，政府调控就会因失去依据而变为无的放矢，甚至盲目决策，就不能发挥它应有的调节作用。另外，房地产宏观调控的有效性必须以市场行为人能够作出灵敏的反映为前提。也就是说，必须有完善的房地产微观经济基础。一般来说，国外房地产企业的运作机制都比较规范，具体包括：（1）房地产企业具有经营自主权且自负盈亏，以追求利润最大化为直接经营目标。（2）能够对价格信号和数量信号作出灵敏反映的市场主体，也就是说，房地产企业必须产权明确，有市场行为的动力和压力。（3）有较为完备的市场机制，保障反映房地产市场供求变化的价格、利率等信号不被扭曲，房地产企业具有规范的市场运行方式。（4）完善的市场体系，使所有的房地产生产要素能够充分自由流动，在竞争的价格机制调节下实现资源的优化配置。（5）较为成熟和理性的房地产消费者。

（二）我国房地产企业的特点

改革开放之后，随着土地使用制度改革、住房制度改革和房地产业的发展，我国的房地产企业也应运而生。从 1981 年开始组建房地产开发试点公司，到 1988 年各类房地产企业已达 2500 多家，到 1998 已有约 3.3 万家。近几年由于房地产业发展较快，加上房地产行业的平均利润较其他行业来说较高，房地产业吸纳了各种社会经济力量的加入，从国家统计局的资料来看，我国房地产开发企业的数量自 1999 年到 2006 年间，增加了 32948 家之多，而其中又以民营及股份制房地产企业增长最快，具体见表 10-4。

我国房地产开发企业数量   表 10-4

年份	房地产企业数目	年份	房地产企业数目
1999	25762	2003	37123
2000	27303	2004	59242
2001	29552	2005	56290
2002	32618	2006	58710

资料来源：2007 年《统计年鉴》有关数据。

尽管改革开放以来我国房地产企业从无到有、由少到多并不断发展壮大。但是，也应该看到，我国房地产业的很多领域，还没有实行企业化经宫；有些领域虽然有了形式上的企业，但政企不分，离规范的现代企业制度还相差甚远。我国房地产企业存在的问题，突出表现在以下几方面：

1. 房地产开发企业非规范化

我国现有的房地产开发公司主要分为两类，一类是由原来的"统建办"转化而来的，带有明显的政企合一性质；另一类是由政府各部门、各单位组建的开发公司。这两类公司都是按照行政程序设立，直接脱胎于其主体的母腹，不可避免地带有行政主体的烙印和痕迹。首先，在体制上存在着传统国有企业产权的问题，职工与企业只有劳动关系，没有产权关系，企业经营机制不灵活、冗员较多等弊端。致使企业人浮于事、经营不力、不能自觉进入市场，制约着企业核心能力和竞争力。其次，管理体制不健全，缺乏有效的治理结构。国有房地产企业的经营管理仍带有浓厚的行政事业单位管理性质，甚至沿袭了其管理模式，缺乏规范的组织形式和现代化的管理手段，缺乏现代企业管理知识和经验，没有形成成熟的房地产企业队伍和具有自己特色的经营方式、管理模式，缺乏科学的决策机制和监督机制，难以适应市场经济的发展要求。再次，看重眼前利益，企业缺乏发展后劲。由于房地产业固有的投机性和相对较高的利润空间，许多国有房地产企业在发展到一定规模后，缺乏长远打算，忽视了企业发展战略研究，只是片面追求眼前利润的最大化，短期行为严重，使企业缺乏持久竞争力，导致企业发展速度缓慢。最后，激励机制不均衡。人才是企业成长的关键。在用人制度上，国有房地产企业普遍存在用人不能自主的现象，机构臃肿，人浮于事。在利益机制中，普遍存在大锅饭现象，行政事业单位的分配制度与市场经济下房地产企业运行机制的突出矛盾是更多地强调了资历等因素，而与其贡献多少、绩效大小联系不大，不利于调动职工的积极性和创造性，阻碍了企业的发展。❶

2. 资金过度依赖于银行信贷，存在金融风险

在我国现行融资体制下，房地产项目的全部流程几乎都离不开银行信贷的支持，开发资金的信贷依赖银行，物业抵押的信贷依赖银行，购方的消费信贷依赖银行，建筑企业垫付的工程资金还是依赖银行。我国目前房地产开发的每一个阶段都和银行资金的支持紧密相关。全国房地产业银行信贷依赖水平在 70% 左右，而美国房地产资金构成中银行贷款只占 15%，而企业自有资金占 70%。这样的融资体系势必会影响到我国房地产业的资金循环。这种以间接融资为主的方式，既与我国融资主渠道吻合，也与我国金融市场不健全以及房地产金融发育不良有关。发展多元化的房地产开发融资方式以减少银行信贷风险的任务仍很艰巨。

3. 中介服务企业发展不够

房地产是专业化、社会程度很高的部门，要求信息、咨询、经纪代理等服务都有相应的发展，构筑起一个中介服务体系。但是，由于长期以来重生产、重开发、而忽视中介服务，致使我国房地产业的信息、咨询、评估、经纪、代理等中介机构和从业人员缺乏，即使有一些这方面的服务机构，如交易所、估价所等，也多是由政府部门垄断，而没有实行企业经营。房地产中介体系发展滞后，不能适应房地产市场发展的形势，必须大力发展。

---

❶ 李世红. 国有房地产企业的制度创新问题. 财经理论与实践. 2002，2。

第三节　中国房地产市场调控模式的取向

一、中国宏观调控未达到预期效果的原因分析

通过对 2003～2004 年我国政府出台的一系列宏观调控政策的梳理，不难发现这期间宏观调控的着力点放在房地产供给环节，对需求有所忽视，结果房价上涨得更快。2005 年中央有关部门不得不又出台了一系列涵盖土地供应、开发、销售、流通环节等房地产行业全过程的调控政策，调控手段从行政手段上升到诸如利率、税收等经济手段。这期间调控政策的主要目标，在于抑制房地产需求，如开征房地产交易税、提高房贷利率等都是着眼于需求方面的。但在供给方面，由于担心投资过热，在稳定房价的政策下，政府采取一切措施防止投资增长的反弹，控制房地产投资。结果是部分城市商品房价格在 2005 年下半年经历了半年"冷冬"后，2006 年 3 月份开始回暖，房地产价格又开始上涨。那么房价为什么越调越高呢？仔细分析我国房价长期高位运行的原因可以发现，导致房价上涨过快的因素，既有需求层面的、也有供给方面的。而我国调控政策的着力点要么放在需求层面，要么放在供给层面。因此，宏观调控未达到预期效果也是必然的。

（一）房价上涨与市场需求旺盛息息相关

在中国房地产市场上存在着刚性需求和巨大的潜在需求。首先，从潜在需求看，城市化进程的加快，导致许多城市中具有大量的流动人口，这些人口也有着巨大的住房需求。我国现有城镇居民 4.9 亿人，到实现"全面小康"的 2020 年，我国城市化水平将达到 70%，城镇居民将超过 9 亿人。在此期间约有 4 亿多的新增城镇人口需要解决住房问题。

其次，从有效需求测算，居民收入水平的提高和较低的银行贷款利率，都为城镇居民改善住房提供了有利条件。也就是说，原有城镇人口存在改善住房条件的刚性需求。2003 年末中国城镇居民人均住房面积为 $23.8 m^2$ 平方米（不算农村进城经商务工人员的住房需求，只计算城镇居民改善住房的需求），如果假定有 20% 的城镇家庭有改善住房的要求，而且这 20% 要求改善住房的城镇家庭每户也只增加 $20 m^2$ 的住房，那么中国 20% 的城镇家庭是 2700 万户，每家增加 $20 m^2$，这个现实需求总量是 5.4 亿 m^2。此外，我国目前很多城市为了改善城市面貌，旧城改造和城市建设的力度很大，由此产生了大量的住房需求。最后，居民的投资性购房需求增加。目前不少地区民间存在着巨大的流动资本，具有投资意识的人们普遍认为，一个国家或地区在经济快速发展初期必定会伴随着房地产价格的大幅上升，因此，住房市场成为其重要的投资选择，同时也吸引不少投机者。

（二）房地产供应结构不合理导致房价不断上涨

由于高价位、大户型商品房获取的利润高，在经济利益的驱动下，导致非住

宅建设速度快于住宅，高价位住宅建设速度快于低价位住宅。2006年全国住宅竣工面积2.08亿平方米，比2005年略降0.6%，而非住宅2006年竣工面积达到3.22亿平方米，比2005年同比增加15.6%。与此同时，经济适用住房供不应求的现象在各大城市普遍出现。2006年全国经济适用住房投资占房地产开发投资比重由上年的3.26%微升到3.69%，而别墅、高档公寓的投资比重却由上年的6.6%上升到7.4%。由此形成了这样一种不合理的供给结构：即高档住房偏多，而与绝大多数居民的消费能力相适应的经济适用房的供应明显不足，在高档住房的"成本推动"和中低档住房的"需求拉动"的共同作用下，引起房价的全面上涨。

二、中国房地产市场宏观调控的改进取向

从以上分析，可以看出房价不断攀升的原因既有需求层面的、也有供给方面的。因此，单纯从某一方面对房地产市场进行调控不能达到预期效果，并且事实也证明了这一点。有鉴于此，要确保房地产市场持续健康地发展，政府对于房地产市场的干预调控政策必须双管齐下，既要有调控供给的措施，也必须有调控需求的政策。

（一）政策取向原则

房地产业是国民经济支柱产业，房地产业的健康发展，对于巩固和发展宏观调控成果，保持国民经济平稳较快发展具有重要意义。相反，房地产业发生重大波动对国民经济的平稳发展所带来的危害也是巨大而深刻的。

在确定这一经济发展的基础前提下所有对房地产业进行调控的手段都不应从眼前的高增长出发，而应以长期发展的预期着眼，确定发展战略和相关政策。既要防止短期的暴涨，同时要支持、鼓励、保护其长期稳定的发展。房地产政策是经济政策和社会政策的一部分，其价值取向必须符合两者的目标要求。就住房政策对市场作用的弥补方面，政府有责任通过立法、行政过程，保证社会低收入人群的生活条件。因此，房地产市场调控政策的作用，不仅仅在于促进房地产业的发展，调整社会团体之间的利益，而且也在于维护公平，以求房地产业能够可持续地发展以及社会各阶层能够和谐共处。

（二）房地产市场宏观调控政策的改进取向

1. 增加住房有效供给

价格最终是由市场供求关系决定的。为了形成合理价格，一方面需要抑制需求，另一方面也必须大力增加有效供给。因此，首先在土地制度上需要盘活存量土地，加快已有土地供给的房屋建设速度，大力打击囤积土地行为。当前，一些房地产商储备土地已远超出其合理规模，大量土地供给闲置也成为房屋有效供给难以大幅增长的重要障碍之一。因此，必须规定，在土地利用招拍挂等方式出让

后，必须在一定期限内（比如两年）建成达到使用要求的房地产产品。否则，一旦超过期限，即从受让之日起征收高额土地闲置费，极端情况下可以采取收回土地及附属建筑物的严厉惩罚措施。其次，在新增房地产用地供应中，要进一步完善土地供应办法，推行经营土地出让招投标制，并采用综合评标的方式，改变一味价高者得之的惯例，尝试在挂牌和拍卖中增加规划设计、商品房售价等限制性条款来稳定房地产价格。加强土地整理储备工作，掌握调剂土地供应的主动权；完善土地一级开发制度，尽量采取熟地供应的方式出让经营性土地，规范土地市场。根据各地实际情况，在广泛征求房地产开发商、购房人和各方面专家意见的基础上，制定科学的土地供应计划，并及时向社会发布，以稳定市场预期。最后，大力加强廉租房建设。今后，廉租房必须占城镇当年新交付使用住宅面积中的一定比例（比如 20%）。这条措施应该作为地方政府政绩考核的一条关键指标。在增加供应量的同时，还要抑制需求的过快增长，应把握城市旧城改造和房屋动迁的节奏等。

2. 消除投机、抑制投资需求

一个健康的房地产市场首先应该满足居民的居住需求，然后才是满足市场的投资需求。否则就有可能成为大起大落的"资金市"，为投机和炒作者所利用，并有可能对经济金融秩序造成伤害。应此，应控制投资性、投机性的买房需求，继续支持居住性买房需求。首先，以覆盖全国范围的房屋权属数据库为基础，制定购买房屋数量限制措施。其次，制定相应的货币政策。一方面，居民购买一定面积标准以下的第一套房屋住宅，可以采用低首付和优惠税率。另一方面，对居民购买一定面积以上的第一套住宅及多套住宅要大幅提高首付比例甚至不提供贷款。再次，通过强化税收的调节作用，控制投资性购房，对投机性需求则用高额征税办法抑制短期炒作行为。最后，以覆盖全国范围的房屋权属数据库为依据开征物业税，对自住、投资和投机分别按不同税率征收，提高房屋持有成本。

3. 完善房地产税制

首先，建立房地产取得税收制度。建立和完善取得房地产时交纳的各项房地产税体系，如在房地产发生权益变更进行所有权登记时可征收登记税，土地、房屋等房地产所有权的原始取得或继承取得（有偿或无偿）时征收契税或房地产取得税，规范印花税征管程序等。

其次，开征房地产税，完善房地产保有税收制度。房地产税又称物业税、不动产税，是典型的财产税概念，不是房产交易行为的税收，主要针对土地、房屋等不动产征税，要求所有者每年缴付一定税款，而应缴纳的税值会随着其市值的改变而变化。随着国内房地产业持续高速的发展，开征统一规范的房地产税势在必行，开征房地产税是房地产持续发展的关键。在发达的市场经济体制下，房地产税是财产税中的一种，同其他财产税一样，与消费税、所得税一起构成一个国家税赋结构中的三大支柱。开征房地产税，能够矫正现行所得税的某些缺陷，堵塞逃税的漏洞，促进社会所得的公平分配，符合谁收益、谁付费的课税原则，可为政府提供丰富稳定的财政收入。

再次，规范并降低流转环节的税赋，提高持有环节的税赋。当前，人们对收入分配问题的敏感度比较高，所得税作为对流量进行调节的手段也为人们所熟识。对存量部分，我国目前基本上没有设计任何税种，而决定人们收入分配差距最重要的因素就是存量。因此，需要通过一定的宏观调节手段来调节收入分配差距。

最后，控制房地产投机行为，强化房地产收益税收。目前，一些公寓或商铺存在换手率奇高的现象，一年之内转让数次，说明这些物业购买不是用于自住或自用，而是用于投机。这种现象需要采取税收措施予以控制。

专题 10-1　预期对住宅价格的影响分析

自 1998 年取消福利分房以来，我国房地产业开始迅猛发展，同时各地房价也一路飙升，增长迅猛。国家为此出台了一系列调控政策，试图压制房价，但事与愿违，房价增速依旧。

国内外学者对我国房价上涨较快的原因进行了很多探讨，但是纵观对房地产市场的研究，我国学者对住宅价格的实证研究基本上未超过国外学者的研究框架和范围，主要从成本及收入、GDP 等宏观经济变量与住宅价格的关系着眼分析住宅价格的影响因素。张红、李文诞（2001）运用住宅价格回归模型和二次曲线模型对北京住宅价格变动进行实证研究，发现住宅实际建造成本和实际国内生产总值对住宅价格的变动具有显著影响。吴建峰（2002）以我国 22 个城市的数据为样本，对住宅价格、GDP、住宅投资指数和城市居民人均工资进行回归分析，发现城市住宅投资指数和城市居民人均工资对住宅价格影响显著，进而认为我国城市住宅平均价格主要是由投资成本决定的。沈悦、刘洪玉（2004）利用 1995～2002 年我国 14 个城市的住宅价格与宏观经济基本面数据进行了研究，从宏观层面分析了住宅价格的影响因素。吴公樑、龙奋杰（2005）利用我国 12 年住宅销售价格和人均实际收入数据分析，得出收入对房价的影响有两年滞后关系，但短期内对房价没有显著影响。

也有学者从区位理论出发进行研究。许晓辉（1997）运用地理信息系统技术绘制了上海市商品住宅等值线图，揭示了上海市商品住宅价格的空间分布规律，并通过建立回归模型，分析了区位因子对价格空间分布的影响。郑芷青（2001）对广州商品住宅价格时空分布规律进行了研究，认为地价、城市形态与功能结构、交通与绿化环境生活服务设施及物业管理水平是影响住宅价格的重要因素。

除此之外，我国学者还从房价、地价关系来进行分析，这与我国特有的土地所有制度相关。例如，严金海采用四象限模型、格兰杰因果检验等分析方法对中国房价和地价关系进行分析，认为短期内房价决定地价，长期内二者相互影响。

房地产价格上涨的内在机理到底是什么？无论是成本推动还是需求拉动，都必须以市场微观主体的变化为桥梁和载体。因此，本文引入预期理论，从预期角度来分析房地产价格，仍建立在供需理论之上，只不过本文进一步对供需变化背后的"人的动机"作进一步分析，试图回答"是什么推动了住宅价格的上涨"。

一、预期对住宅价格影响的一般分析

（一）预期对住宅需求的影响

需求有两方面含义，一是有购买意愿，即需要，这和个人偏好有关；二是有购买能力，这受个人可用于消费的财富的制约。以此建立某种商品的个人需求函数为：

$$q_i^d = q_i^d(p_i, p_k \mid k = 1 \cdots n, k \neq i, w) \quad i = 1, 2 \cdots \cdots, n \tag{10-1}$$

其中，q_i^d 和 p_i 分别表示个人对第 i 种商品的需求和第 i 种商品的价格，w 表示用于消费的财富水平。此函数的经济含义是，个人对第 i 种商品的需求 q_i^d，不仅与第 i 种商品的价格 p_i 有关，还与其所要购买的其他商品价格以及可用于消费的财富水平有关。

但是，房地产是一种耐用品，其消费也是跨期消费，因此在考虑房地产的需求时，必须进行跨期分析，而预期就在需求中起到了非常重要的作用。当购买者预期房价下降时，他可能会推迟购买，从而减少现期的需求；相反，当购买者预期房价上升时，他可能会提前购买，从而增加现期的需求。此外，购买者还会预期自己未来的收入和财富水平，而储蓄和贷款的存在，能够帮助消费者不受当期收入的约束，跨期分配财富和消费。以此，建立住宅的个人需求函数：

$$q_i^d = q_i^d(p_i, p_i^e, p_k \mid k = 1 \cdots n, k \neq i, w^e) \quad i = 1, 2 \cdots \cdots, n \tag{10-2}$$

其中，q_i^d 表示居民对第 i 种商品（住宅）的需求，p_i 和 p_i^e 分别表示住宅的当期价格和预期价格，p_k 表示其他商品的价格，w^e 表示预期的财富水平。并且，我们假设住宅是唯一的跨期消费品。

假定其他商品的价格及财富水平均是给定的，住宅的个人消费函数可简化为：

$$q_i^d = q_i^d(p_i, p_i^e) \tag{10-3}$$

住宅需求由消费需求和投资需求两部分构成。对于以消费为主的购房者而言，当预期房价上涨时，会选择当期购买，以避免未来用更高的代价来购房，因此对住宅的需求增加；反则反之。对于以投资为主的购房者来说，当预期房价上涨，他们期待价格上升带来的超额收益，购买意愿上升，即对住宅的需求增加；反则反之。

从而可以得出结论，预期对住宅现期的消费需求和投资需求的影响是同方向的，即预期房价上升，当期需求增加；预期房价下跌，当期需求减少。当供给不变，需求增加则房价上升，需求减少则房价下跌。即：

$$\frac{\partial q_i^d}{\partial p_i} < 0, \frac{\partial q_i^d}{\partial p_i^e} > 0 \qquad (10-4)$$

（二）预期对住宅供给的影响

在市场经济条件下，厂商追求的是技术和市场约束下的利润最大化，其供给函数可简单表示成：

$$q_i^s = q_i^s(p_i, c_i) \qquad (10-5)$$

其中，q_i^s 表示商品 i 的供给量，p_i 表示商品 i 的市场价格，c_i 表示商品 i 的成本。

住宅在建时可以通过囤积土地、暂缓销售等手段人为地拉长住宅生产的周期。因此，与需求分析相似，供给也必须进行跨期分析，引入价格预期 p_i^e 这一变量：

$$q_i^s = q_i^s(p_i, p_i^e, c_i) \qquad (10-6)$$

如果房地产开发商预期价格上涨，就会囤积土地或房产，以待价格上涨后出售以赚取更多利润，市场供给减少；反之，如果预期价格下跌，开发商加快开发和销售速度，避免价格下跌带来利润减少，当期市场供给增加。即：

$$\frac{\partial q_i^s}{\partial p_i} > 0, \frac{\partial q_i^s}{\partial p_i^e} < 0 \qquad (10-7)$$

（三）预期对住宅价格的影响

通过预期对需求和供给两方面的分析，我们发现：如果预期价格上涨，当期需求增加，当期供给减少，最终的结果是住宅市场当期交易价格上升；反之，如果预期价格下跌，则当期需求减少，当期供给增加，导致住宅市场当期交易价格下降。由此可见，预期通过作用于住宅市场需求和供给，导致住宅当期价格与未来预期价格的变化是同向的，这就是 Azariadis（1981）提出"自我实现的预期效应"。

二、预期对住宅价格影响的实证分析

（一）模型的设计

根据有效市场假设（Efficient-Market Hypothesis），在相关市场理性的前提下，资产的现有市场价格能充分反映所有有关和可用信息。股价是一个公司未来利润的贴现值，体现了人们对公司未来发展的预期。因此宏观调控传递给投资者的信息，实质上是投资者对预期的判断，并在一定程度上通过股价的波动来反映。

假设宏观调控政策对房地产市场参与者的预期，和其对股市投资者预期的影响是一致的，那么可以通过观察股价的异常波动来反推房地产调控政策对人们预期的影响（图10-1）。

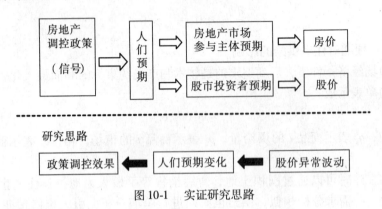

图 10-1　实证研究思路

（二）变量选取及数据来源

1. 样本选择

本文在选择样本公司时，依据以下几条标准：

（1）在我国证券市场上发行 A 股的上市公司，即上交所、深交所上市公司。

（2）按 CSRC 行业分类，属于"房地产业/房地产开发与经营业"的企业。

（3）剔除非正常经营的 ST 股票，共计 5 家上市公司。

依据这几条标准，我们筛选出 43 家房地产类上市公司作为研究样本，其中上交所上市公司 29 家，深交所上市公司 14 家。

2. 数据来源

研究中所用的原始数据包括 2004 年 1 月 1 日到 2005 年 12 月 31 日各样本上市公司的每日收盘价，及上证指数和深圳综指的每日收盘指数（复杂复权后）。这些数据均来自于天软（Tinysoft）金融分析软件。

（三）研究方法

本文采用"事件研究法"（Event Study）对房地产宏观调控政策的影响进行分析。事件分析法主要是分析突发事件对上市公司股票价格的影响，从而反映突发事件的冲击作用，即利用一个相对短时期金融市场的价格变化情况分析和衡量该事件的影响。事件分析方法的基本步骤是：定义窗口事件、确定事件窗口、计算正常收益和异常收益、提出检验结论，最后给出合理解释。

1. 确定窗口事件

窗口事件即可能会产生超额收益的事件。我们选择 2004 年和 2005 年两年的调控政策作为研究对象，原因是：（1）2006 年以后，由于股改、资产注入等事件的发生，许多公司的股价发生大幅度变动，会影响分析效果；（2）2006 年不少房地产公司借壳上市，房地产类股票大幅度扩充，样本前后不一致。

根据国研网相关资料，2004～2005 年，国家颁布的与房地产行业相关的重要政策事件共 20 项左右。本文选取窗口事件的具体依据是：

（1）按政策类型选取对房地产市场调控较为直接、具有代表性的政策措施，剔除了诸如对"控制信贷规模"、"调整存款准备金"等较为"间接"的政策及一些指引性规定。

（2）内容相同或相近的多项政策，选取先出台政策为窗口事件。如 2005 年 5 月 31 日，国税局等出台《关于加强房地产税收管理的通知》，实质是对 5 月 11 日七部委新政关于"调整和严格征管住房转让环节营业税"的进一步明确。所以我们选取 2005 年 5 月 11 日的调控政策作为窗口事件。

（3）出台时间相近的政策（间隔小于 5 天），选取其中对房地产市场调控最直接及出台较早的政策作为窗口事件。如 2004 年 4 月 27～30 日连续四天出台相关调控政策，选取 27 日"提高房地产开发项目自有资金比例"为窗口事件。

按照以上三项标准，我们共选取了 10 项房地产调控政策作为本文分析的窗口事件。在确定各项窗口事件的发生日时，一般以该项政策的出台时间为依据，若政策出台时间为非交易日，则以政策出台后的第一个交易日作为事件发生日（表 10-5）。

窗 口 事 件

表 10-5

窗口事件内容		事件发生日
行政调控政策	政府报告明确提出要抑制房价	2005-3-7 *
	"老国八条"表示调控房地产市场将是中央政府的今后工作重心	2005-3-28 *
	"新国八条"提出进一步加强房地产市场宏观调控的引导措施	2005-4-27
	提出"打击炒地"、"期房禁转"、"调整营业税"等一系列更为严厉的房地产调控措施	2005-5-11
金融调控政策	提高房地产开发的自有资金比例	2004-4-27
	提高存贷款基准利率	2004-10-29
	提高个人住房贷款利率及部分地区的最低首付款比例	2005-3-17
土地调控政策	禁止土地协议出让	2004-3-30
	严格土地有偿使用费征收	2004-12-6
	对建设用地供应"从严从紧"	2005-1-10

＊表示政策出台日为非交易日，以政策出台后的第一个交易日作为事件发生日。

2. 确定事件窗口

由于我国政策出台相对较频繁，故事件窗口不宜过大，否则会导致重叠，且考虑到一部分人可能提前知道消息而作出反应，故本文选取的事件窗口为 [−1，10]。

3. 确定正常收益，计算和检验异常收益

确定正常收益的方法有两种：不变收益模型（Constant Mean-Return）和市场模型（Market Model）。本文采用市场模型。

（四）实证检验结果

表 10-6 显示了不同宏观调控政策公布后房地产上市公司的累计异常收益率情况及检验结果。从分析结果看，本专题选取的 10 项宏观调控政策中，有 9 项政策的累计异常收益率超过 1%，并至少通过显著性水平为 90% 的统计检验。其中，5 项政策的累计异常收益率超过 4%，并且通过显著性水平为 99% 的统计检验。这说明，各项宏观调控政策确实影响人们对房地产市场的预期，并通过股价的异常波动反映出来。当然，这种显著性也可能与政策的筛选相关，即剔除了作用较为"间接"的调控政策。

实 证 分 析 结 果　　　　　　　表 10-6

	事件发生日	政策内容	CAR [−1，10]	∣t∣
行政调控政策	2005-3-7	政府报告明确提出要抑制房价	−6.56%	8.3223 ***
	2005-3-28	"老国八条"，表示调控房地产市场将是中央政府的今后工作重心	−2.49%	2.7619 **
	2005-4-27	"新国八条"，提出进一步加强房地产市场宏观调控的引导措施	4.85%	4.3887 ***
	2005-5-11	提出"打击炒地"、"期房禁转"、"调整营业税"等一系列更为严厉的房产调控措施	5.65%	4.9933 ***
金融调控政策	2004-4-27	提高房地产开发的自有资金比例	−1.45%	2.5977 **
	2004-10-29	提高存贷款基准利率	−4.10%	3.0697 ***
	2005-3-17	提高个人住房贷款利率及部分地区的最低首付款比例	−2.16%	1.8622 *
土地调控政策	2004-3-30	禁止土地协议出让	1.56%	3.1849 ***
	2004-12-6	严格土地有偿使用费征收	−0.58%	0.8377
	2005-1-10	对建设用地供应"从严从紧"	4.36%	4.3795 ***

说明：* 表示通过显著性水平 90% 的检验，** 表示通过显著性水平 95% 的检验，*** 表示通过显著性水平 99% 的检验。

1. 行政调控政策分析（包括财税政策）

2005 年 3 月初，温家宝总理首次在政府工作报告中明确提出要抑制高房价，拉开了 2005 年房地产市场宏观调控的序幕，随后是"新国八条"、"老国八条"及七部委"新政"。对于这四个先后出台的重量级行政调控政策，市场反应极不一致。前两者带来了较大的负的异常累计收益率（分别为 -6.5% 和 -2.49%），而后两者的异常累计收益率为正（分别为 4.85% 和 5.65%），似乎呈现出一种"先抑后扬"的态势。而且，这种负或正的异常收益率均随着时间推移、即政策信息的传递，而不断增加。

政府报告明确提出要抑制房价，表明局部地区房地产市场存在泡沫已经成为共识，房价过高问题已经上升到政治高度。在没有进一步明确的政策出台前，投资者存在着中央可能会打压房地产价格的预期，从而使累计异常收益率呈现出较大的负值。而随着"新国八条"及七部委新政等更为细化的政策的陆续出台，国家"打击投资性需求，保护正常需求，促进房地产业健康发展"的意图为人们所认知和接受。"对于房地产市场的大局而言，调控的真正目的不是打压房价，而是防止房价大起大落。"

2. 金融调控政策分析

金融政策作为一种价格参数政策，对人们预期的影响是显著的。三项金融调控政策在 [-1，10] 区间内均带来了负的累计异常收益率。而利率作为资本使用的价格，其变动带来的影响、尤其是短期影响更加明显。我们注意到两次加息政策出台的当天，房地产类上市公司的平均异常收益率 AR_0 均小于 -2%（分别为 -2.75% 和 -2.36%），而 [0，4] 区间内的累计异常收益率分别达到了 -5.19% 和 -4.98%。

金融政策分为两类：（1）作用于房地产开发企业的金融政策，如提高房地产开发企业自有资本比例和房地产开发贷款利率；（2）作用于购房者的金融政策，如提高住房需求者首付比例和贷款利率。

理论上分析，提高房地产开发企业自有资本比例会直接影响其资金流转，而贷款利率的升高直接导致开发成本的增加，迫使房地产开发企业减少投资规模和压缩利润，从而抑制投资过热。但是这类金融政策的调控效果取决于开发商对流动性和资金成本变动的承受能力。对于房地产类的上市公司而言，其资金规模雄厚，自有资本比例本来就相对较高，受政策影响较小；此外，贷款利率的小幅度增加，相对于项目开发的高额利润来说并不算什么，而且在需求旺盛的市场环境下，还可以通过提高房价将成本增量转嫁给消费者。所以，单从房地产开发企业的角度说，金融政策对房地产上市公司的影响并不大。与此相对应，2004 年 4 月 27 日"提高房地产自有资金比例"的政策公布后，CAR 为 -1.45%，绝对值小于其他两项金融政策。若考虑 [0，10] 区间❶内的 CAR，则接近于 0。

从消费者角度来说，提高贷款利率和首付比例，会影响消费者的支付能力，从而减少需求。但是，对资金相对充实的投资者来说，提高利率并不能改变其决定，因为房产升值的预期决定了房屋的资本成本。❷ 因此，金融政策对购房者、尤其是对投机者的影响，更多地体现在其预期的变化。加息对整个宏观经济过热的抑制具有信号作用，标志着经济管理当局对经济过热的认同和预警，也标志着我国银行利率将从低利率周期向高利率周期过渡，从而引发人们对未来利率及房地产市场预期的变化。这种预期在影响房地产投资者行为的同时，也必然会影响到证券市场投资者的心理，并迅速反映在股票价格的下跌方面。

3. 土地调控政策分析

严格的土地政策似乎并没有带来投资者对房地产上市公司的负面预期，其原因可能是：

（1）在需求旺盛的市场环境下，土地价格上升带来的成本增加可以转嫁给产品价格，从而对利润不会产生太大影响。

（2）一些房地产公司囤积土地，削弱了土地供给量减少带来的不利影响。

（3）上市的房地产公司大多资金雄厚，管理水平高。所以，更为规范的土地政策对运作规范的上市公司是相对有利的。

三、结论和政策建议

信息不完全和不对称以及行为人的非理性，使我国房地产市场上普遍存在着非理性的过度乐观预期，并推动住宅价格持续快速上涨，表现出价格的正反馈机制或外推式价格预期模式；非理性预期也影响了我国宏观调控政策的有效性，导致政策无效。为防止这种正反馈机制不断继续、价格不断膨胀并最终崩溃，必须通过外力来改变市场主体的这种非理性的过度乐观预期。

（一）公布更详细的房地产信息，改变公众价格预期

政府可以通过建立和完善房地产市场预警体系，加强数据、信息的统计、处理和公示，正确引导房地产企业的开发投资方向，促使市场形成理性预期。

（二）合理运用调控政策

股价的异常波动，显示行政、金融、土地等房地产市场宏观调控政策对人们的社会经济预期是有显著影响的。如何使这种预期维持，并最终影响房地产市场主体的行为，最终达到调控目标，在制定政策时应注意以下几点：

（1）充分估计市场可能产生的理性预期，避免因市场参与者的预期和博弈，

---

❶ 即认为无消息走漏。
❷ 米勒和莫迪里亚尼第二准则。

使政策受到干扰甚至挑战，从而失效。

（2）政策出台同时必须制定详细的实施细则，并坚决予以贯彻落实。

（3）后续政策应该清晰明朗，并保持一定的连续性，给消费者一个正确的市场预期，维护正常消费行为，避免房价的恐慌性下跌。

（4）适当进行政策的组合应用。因为不同政策作用的对象和影响程度都不同。通过政策组合，可以多方面影响不同市场参与者的预期，以最好地贴近和实现宏观调控政策的目标。

本专题参考文献

［1］曹振良等. 房地产经济学通论. 北京：北京大学出版社，2003，349.

［2］丹尼斯·迪帕斯奎尔、威廉·惠顿. 城市经济学与房地产市场. 北京：经济科学出版社，2002，8－19.

［3］曹振良、高晓慧等. 中国房地产业发展和管理研究. 北京：北京大学出版社，2002，303－304.

［4］崔新明. 城市住宅价格动力因素及其实证研究. 北京：经济科学出版社，2005，36－72.

［5］邵磊. 央行加息对房地产类上市公司的影响. 中国房地产金融. 2005，5：31－32.

［6］肖元真. 我国宏观调控下的房地产现状与趋势. 长江论坛，2005，5：32.

［7］张红. 房地产经济学讲义. 北京：清华大学出版社，2004，121－130.

［8］Hamilton B. W. & C. Schwab. Expected Appreciation in Urban Housing Markets. Jounal of Urban Economics. 1985，18：103－118.

参 考 文 献

[1] 毕宝德. 土地经济学. 北京：中国人民大学出版社，1993.

[2] 蔡育天. 房地产市场. 上海：上海社会科学院出版社，1993.

[3] 蔡育天. 房地产市场. 上海：上海社会科学院出版社，1994.

[4] 曹振良等. 房地产经济学通论. 北京：北京大学出版社，2003.

[5] 曹振良、高晓慧等. 中国房地产业发展和管理研究. 北京：北京大学出版社，2002.

[6] 陈龙乾等. 房地产经营与管理. 北京：中国矿业大学出版社，1996.

[7] 陈秀山. 现代竞争理论与竞争政策. 北京：商务印书馆，1997.

[8] 陈仲常. 产业经济理论与实证分析. 重庆：重庆大学出版社，2005.

[9] 崔新明. 城市住宅价格动力因素及其实证研究. 北京：经济科学出版社，2005.

[10] 丹尼斯·迪帕斯奎尔、威廉·惠顿. 城市经济学与房地产市场. 北京：经济科学出版社，2002.

[11] 董藩等. 房地产经济概说. 大连：东北财经大学出版社，2001.

[12] 高鸿业. 西方经济学（微观部分）. 北京：中国人民大学出版社，2003.

[13] 歌德伯戈. 城市土地经济学. 北京：中国人民大学出版社，1990.

[14] 葛新民. 泡沫经济理论与模型研究. 北京：经济科学出版社，2005.

[15] 巩存忠等. 宏观经济调控概论. 北京：当代中国出版社，1994.

[16] 郭松海. 房地产市场理论与实务. 北京：经济日报出版社，1995.

[17] 哈尔. R. 范里安. 经济学原理（第6版），上海：三联书店、上海人民出版社，2001.

[18] 侯廷智. 马克思主义经济学著作选读介绍. 北京：当代中国出版社，2001.

[19] 胡昌暖等. 价格学概论. 北京：中国人民大学出版社，1990.

[20] 黄河. 房地产法. 北京：中国政法大学出版社，1999.

[21] 黄建军. 房地产经营管理. 北京：企业管理出版社，1994.

[22] 季郎超. 非均衡的房地产市场. 北京：经济管理出版社，2005.

[23] 简新华. 产业经济学. 武汉：武汉大学出版社，2001.

[24] 蒋黎恒. 房地产经济学. 北京：化学工业出版社，2006.

[25] 况伟大. 垄断、竞争与管制—北京市住宅业市场结构研究. 北京：经济管理出版社，2003.

[26] 刘志彪等. 现代产业经济分析. 南京：南京大学出版社，2002.

[27] 吕萍. 房地产经营. 北京：中国人民大学出版社，1997.

[28] 罗龙昌. 房地产经营管理. 北京：暨南大学出版社，1995.

[29] 马克思. 资本论（第一卷），北京：人民出版社，1975.

[30] 马克思、恩格斯. 马克思恩格斯全集. 北京：人民出版社，1972.

[31] 潘蜀键. 房地产经营学. 北京：中国建筑工业出版社，1996.

[32] 平新乔. 微观经济学十八讲. 北京：北京大学出版社，2001.

[33] 乔志敏. 房地产经营管理教程. 北京：立信会计出版社，2001.

[34] 邱俊村. 退休老人及休闲环境研究－以润福生活新象为例. 武汉. 朝阳科技大学出版社，2002.

[35] 萨缪尔森. 经济学. 北京：商务印书馆，1982.

[36] 王全民. 房地产经济学. 大连：东北财经大学出版社，2002.

[37] 王怡方. 台湾老人住宅的过去、现在与未来发展. 台湾：台湾大学出版社，2006.

[38] 伍山林. 制度经济学. 北京：机械工业出版社，2003.

[39] 姚玲珍. 中国公共住房政策模式研究. 上海：上海财经大学出版社，2003.

[40] 姚玲珍. 房地产市场营销. 上海：上海财经大学出版社，2004.

[41] 尹世杰. 消费经济学. 北京：高等教育出版社，2003.

[42] 于立、王询. 当代西方产业组织学. 大连：东北财经大学出版社，1996.

[43] 约翰·伊特韦尔、默里·米尔孟特、彼得·纽曼编. 新帕尔格雷夫经济学大辞典. 北京：经济科学出版社，1992.

[44] 张红. 房地产经济学讲义. 北京：清华大学出版社，2004.

[45] 张宏力. 房地产经济学. 北京：机械工业出版社，2004.

[46] 张永岳等. 房地产经济学. 北京：高等教育出版社，2005.

[47] 赵效民、贾覆让. 社会主义市场模式研究. 北京：经济管理出版社，1991.

[48] 周京奎. 金融支持过度与房地产泡沫. 北京：北京大学出版社，2005.

[49] 周淑云. 房地产价格评估. 北京：中国建筑工业出版社，2001.

[50] 包宗华. 怎样全面的分析我国的房地产形式. 理论探索与争鸣. 2004，2.

[51] 曹国安、曹明. 西方国家的住房保障体制及其启示. 中国房地产. 2003，6.

[52] 陈伯庚. 邓小平住房制度改革思想在上海的伟大实践. 上海房地. 2005，9.

[53] 陈伯庚、顾志敏. 加强和完善房地产宏观调控探析. 中国房地产. 2005，7.

[54] 陈东琪. 全面认识近期经济形势和宏观调控. 中国物价. 2006，9.

[55] 陈光雄. 台湾银法住宅相关法规简介. 台湾老人医学杂志. 2006，3.

[56] 陈汉新. 对深化城镇住房制度改革的思考. 经济师. 2007，3.

[57] 褚超孚. 部分国家和地区住房政策的比较分析. 浙江房地产. 2005，1.

[58] 邓启惠. 浅谈市场进入壁垒及其效应分析. 经济问题. 1996，2.

[59] 丁健. 对发达国家和地区房地产市场规范化的研究. 外国经济与管理. 1998，4.

[60] 杜文星. 住宅房地产价格形成机制研究. 新疆农业大学硕士学位论文，2003.

[61] 樊华、叶艳妹. 英国房地产税制简介. 涉外税务，2005，4.

[62] 高雷等. 我国房地产市场的投机性分析. 统计观察. 2005，7.

[63] 高霞. 从房地产开发商到城市运营商—以波特竞争优势理论分析房地产中小开发企业的发展战略. 中国房地信息. 2005，5.

[64] 关涛. 房地产经济周期的微观解释. 行为经济学方法与实证研究. 2005，4.

[65] 胡健颖、苏良军、金赛男、姜万军. 中国房地产价格有几成泡沫. 统计研究. 2006，1.

[66] 贾小玫、卢凤、贾秀兰. 城市土地管理制度的国际比较及启示. 统计与决策. 2006，4.

[67] 蒋维静. 城市土地经营的制度阴影与创新. 城市问题. 2004，3.

[68] 况伟大. 空间竞争、房价收入比与房价. 财贸经济. 2004, 7.

[69] 李宏瑾、徐爽. 供给刚性、市场结构与金融. 财经问题研究. 2006, 8.

[70] 李京润. 城市运营商应运而生. 中国经济周刊. 2004, 16.

[71] 李世红. 国有房地产企业的制度创新问题. 财经理论与实践. 2002, 2.

[72] 李秀芝、王振峰. 对竞争理论演变的分析与评述. 学术交流. 2006, 9.

[73] 李蕴、朱雨口. 美国房地产税收体制对我国的启示. 中国房地产金融. 2003, 12.

[74] 林家彬、乌兰. 城市房地产税费改革：国际经验及政策建议. 改革. 2005, 5.

[75] 刘旦. 我国房价虚高的原因. 中国物价. 2007, 5.

[76] 刘斗荣. 简论我国的土地市场. 中国土地. 1999, 10.

[77] 刘琳、郑思齐、黄英. 房地产泡沫测度系数的编制方法. 中国房地产市场. 2003, 6.

[78] 刘玉录. 城市土地制度的国际比较及其启示. 中国房地产. 2002, 6.

[79] 罗学农. 简析房地产企业管理的差异化管理. 湖南大学学报. 2002, 11.

[80] 宁玉娟. 银行利率与房地产业关系的实证分析. 经济纵横. 2005, 9.

[81] 平新乔、陈敏彦. 融资、地价与楼盘价格趋势. 世界经济. 2004, 7.

[82] 邱强. 我国房地产泡沫的实证分析. 社会科学家. 2005, 1.

[83] 邵磊. 央行加息对房地产类上市公司的影响. 中国房地产金融. 2005, 5.

[84] 沈岳峰. 土地征用中的公共利益解析. 征地之声. 2002, 5.

[85] 沈悦、刘洪玉. 住宅价格与经济基本面：1995—2002 年中国 14 城市的实证研究. 经济研究. 2004, 6.

[86] 汪浩、王小龙. 通过公共产品的供给调控房地产市场. 北京大学中国经济研究中心内部讨论稿系列. 2004, 2.

[87] 王家庭、张换兆. 房地产融资方式多元化的经济学分析. 财经科学. 2005, 6.

[88] 王雪峰. 中国房地产市场泡沫的测度研究. 现代经济探讨. 2005, 8.

[89] 王志纲. 经营城市离不开城市运营商. 领导决策信息. 2002, 29.

[90] 望晓东、吴顺辉. 上海市房地产泡沫实证检测. 中国房地产金融. 2006, 11.

[91] 吴小丁. 现代竞争理论的发展与流派. 吉林大学社会科学学报. 2001, 2.

[92] 吴志良. 略论土地征用的公共利益目的. 东南学术论坛. 2004, 2.

[93] 肖元真. 我国宏观调控下的房地产现状与趋势. 长江论坛. 2005, 5.

[94] 许保利. 城市运营商：未来城市建设的主要承担者. 中共长春市委党校学报. 2004, 2.

[95] 张国平. 浅议城市经营中土地使用制度的构建. 海南金融. 2002, 11.

[96] 张金明. 论我国房地产市场的预期性质. 现代财经. 2003, 3.

[97] 张庭伟. 实现小康后的住宅发展问题—从美国 60 年来住房政策的演变看中国的住房发展. 城市规划. 2001, 4.

[98] 张永岳、陈伯庚. 上海市房地产中介服务机构发展初探. 中国房地产金融. 2000, 12.

[99] 郑思齐、刘洪玉. 吸纳周期：一个比空置率更能有效反映住宅市场供求状况的指标. 房地产市场. 2004, 2.

[100] 钟健、邓大悦. 房地产税制改革：国际借鉴与改革方向. 财经科学. 2003, 3.

[101] 方芳等. 美国土地房屋管理考察报告. 2007 年（内部资料）。

[102] 沈晓晖、张小宏：赴美房地产税收体制考察报告，2000，1.

[103] 行政院经济建设委员会人力规划处. 台湾 2006 年至 2051 年人口推计简报. 内部资料. 2006，6.

[104] 住宅合作经济与我国 21 世纪城镇住房问题研究综合报告. 现代财经：天津财经学院学报. 2001，10.

[105] 《中华人民共和国城镇国有土地使用权出让和转让暂行条例》.

[106] 国土资源部：《土地管理法》，http：//www. mlr. gov. cn/GuotuPoral/appmanager/guotu/a）index.

[107] 王慧. 楼市起步阶段的政策给养，http：//tj. house. sina. com. html，2006，9，28.

[108] 杨玲、晏群. 国外土地征用制度比较及借鉴. http：//www. zgpg. net，2003，7.

[109] 钟京涛. 当前我国土地市场的发展与完善. 载中国土地市场网（www. landchina. com）. 2005 年.

[110] 周大伟. 美国土地征用和房屋拆迁中的司法原则和判解——兼议中国城市房屋拆迁管理规范的改革. http：//www. civillaw. com. cn/weizhang/default. asp，2005，12.

[111] 香港地铁 2003 年业绩公告：www. mtr. com. hk.

[112] Jean Baptiste Sean. 政治经济学. 北京：商务印书馆，1963.

[113] Abraham J. M. and Herdershott H. P. Bubbles in Metropolitan Housing Markets. Journal of Housing Research. 1996.

[114] Andrei Shleifer. Inefficient Markets—An Introduction to Behavioral Finance. Oxford University Press，1998.

[115] Bourassa S. C. and Hendershott, H. P. Bubbles in Real Metropolitan House Price：Evidence from New Zealand. Real Estate Research Unit Working Paper Series Working Paper. 1997，5.

[116] Fisher Franklin M 1987 On the Misuse of the Profit – Sales Ratio to Infer Monopoly Power, The Rand Journal of Economics 18，pp. 384 – 396.

[117] Hall R. E. Struggling to Understand the Stock Market. American Economic Review. 2001.

[118] Hamilton B. W. & C. Schwab. Expected Appreciation in Urban Housing Markets. Jounal of Urban Economics. 1985，18.

[119] Hay，D and D. Morris. Industrial Economics and Organization. Oxford University Press，1991.

[120] Hotelling H. Stability in Competition. The Economic Journa. 1929，39.

[121] Lerner Abba P. The Concept of Monopoly and Measurement of Monopoly Power. Review of Economic Studies. 1934，1.

[122] Luara Mansnerus. Public Use，Private Use，And Judicial Review In Eminent Domain. New York University Law Review. 1983，58.

[123] Michael E. Porter，Competitive Strategy：Techniques for Analyzing Industries and Competitors，Free Press，1980.

[124] Tirole J. The Theory of Industrial Organization. MIT Press，1988.

[125] http：//www. cgmh. org. tw/cgv/.

[126] http：//law. moj. gov. tw/.

[127] http：//www. cepd. gov. tw/.

[128] http：//www. moj. gov. tw/.